Georg Benes / Friedrich-Karl Feyerabend /
Ulrich Vossebein (Hrsg.)

Qualitätsmanagement als interdisziplinäres Problem

Georg Benes
Friedrich-Karl Feyerabend
Ulrich Vossebein (Hrsg.)

FACHHOCHSCHULE GIESSEN FRIEDBERG

Qualitätsmanagement als interdisziplinäres Problem

Mit einem Geleitwort von
Prof. Dr. Burkhard Kampschulte

DUV DeutscherUniversitätsVerlag
GABLER · VIEWEG · WESTDEUTSCHER VERLAG

Die Deutsche Bibliothek – CIP-Einheitsaufnahme

Qualitätsmanagement als interdisziplinäres Problem /
Georg Benes . . . (Hrsg.). Mit einem Geleitw. von Burkhard Kampschulte. – Wiesbaden : Dt. Univ.-Verl., 1997
(DUV : Wirtschaftswissenschaft)
ISBN 3-8244-0354-4

Der Deutsche Universitäts-Verlag ist ein Unternehmen der Bertelsmann Fachinformation.

Lektorat: Monika Mühlhausen

Druck und Buchbinder: Rosch-Buch, Scheßlitz
Gedruckt auf chlorarm gebleichtem und säurefreiem Papier
Printed in Germany

ISBN 3-8244-0354-4

Geleitwort

Die Frage nach der Qualität eines Produktes oder einer Dienstleistung steht in der jüngeren Vergangenheit und Gegenwart im Blickpunkt des Interesses. Das gilt sowohl für den Markt, für Hersteller und Abnehmer von Produkten, als auch für die wissenschaftliche und öffentliche Diskussion. Qualität wird verstärkt als Wettbewerbsfaktor verstanden; neue Verfahren zur Zertifizierung von Qualität sind konzipiert und verbindlich eingeführt worden.

Dieses aktuelle Thema haben die Fachbereiche Sozial- und Kulturwissenschaften sowie Wirtschaftsingenieurwesen und Produktionstechnik mit ihrer öffentlichen Vortragsreihe aufgegriffen, die sie im Wintersemester 1996/97 unter das Motto „Qualitätsmanagement - über die Norm hinaus“ stellten. Das Programm gab einen praxisorientierten Überblick aus interdisziplinärer Perspektive, bot zum Rahmenthema Vorträge, die technische, ökonomische und juristische Fragen beantworteten.

Der vorliegende Band stellt nun die Einzelbeiträge für interessierte Leserinnen und Leser zusammen. Auf aktuellem Stand vermittelt er ein Gesamtbild zur betriebswirtschaftlichen Aufgabe Qualitätsmanagement. Gleichzeitig wird hier auch fündig, wer sich über spezielle Aspekte informieren will. Das Spektrum reicht von „Total Quality Management“ über „Servicemarketing als Qualitätsfaktor“ bis zur Frage der „Wirtschaftlichkeit von Qualitätssicherungssystemen“ und zur „Kostenoptimierung“.

Damit bietet sich das Buch für einen großen Kreis vor allem professionell Interessierter aus Wirtschaft, Wissenschaft und Ausbildung als Lektüre an.

Ich danke den an der Publikation beteiligten Fachbereichen und allen Autoren für ihr Engagement. Der Friedberger Vortrags- und Schriftenreihe wünsche ich eine erfolgreiche Fortsetzung.

Prof. Dr. Burkhard Kampschulte

Vorwort der Herausgeber

Begriffe wie „Qualität“, „Qualitätsmanagement“, „TQM“, „DIN ISO 9000“ oder „Umweltzertifikat“ sind in aller Munde; viele Unternehmen sind bereits zertifiziert, andere stehen kurz davor. In einem Hochlohnland wie Deutschland mit entsprechenden Produktionskosten ist „Qualität“ eine unabdingbare Voraussetzung, um international wettbewerbsfähig zu sein. Darüber hinaus erfordert die Arbeitsteiligkeit in der Produktion (Endhersteller – Zuliefer) das Einhalten vorher vereinbarter Qualitätsstandards. Ein weiterer Aspekt ist die Haftung des Herstellers oder Verkäufers für die Lieferung nicht qualitätsgerechter Produkte (Produzentenhaftung, Sachmängelgewährleistung). Es liegt im Eigeninteresse jedes Unternehmens, solchen Risiken durch ein funktionierendes Qualitätsmanagementsystem vorzubeugen. In den Betrieben, aber auch in der interessierten Öffentlichkeit besteht also Informationsbedarf zum Thema „Qualität“.

Vor diesem Hintergrund lag es für die Fachbereiche Sozial- und Kulturwissenschaften sowie Wirtschaftsingenieurwesen und Produktionstechnik der Fachhochschule Gießen-Friedberg nahe, „Qualitätsmanagement – über die Norm hinaus“ als Thema der seit 13 Semestern in Friedberg veranstalteten öffentlichen Vortragsreihe zu wählen.

Die Reihe wurde in mehrere Blöcke unterteilt. Eröffnet wurde sie durch einen Übersichtsvortrag von *Rüdiger Hempfling*. Es folgten Beiträge über Erfahrungen zu Qualitätsmanagement in Unternehmen. *Klaus Vollenbruch* schilderte TQM im Anlagenbau, *Wolfgang Leisenberg*, *Gerhard Esch* und *Martin Pebalka* berichteten über Erfahrungen mit der Zertifizierung im Mittelstand und *Martin Stroiczek* zeigte die erfolgreiche Implementierung eines QS-Systems. In einem zweiten Block standen betriebswirtschaftliche Gesichtspunkte auf dem Programm. *Richard Roth* behandelte das Servicemarketing als Qualitätsfaktor und *Georg Benes* sowie *Ulrich Vossebein* erörterten die Wirtschaftlichkeit von QS-Systemen. *Nino Grau* steuerte den Aspekt „Das Qualitätsparadigma - Prozesse beherrschen und dokumentieren“ bei und *Manfred Börgens* „Kostenoptimierung in der Qualitätssicherung“. Die Reihe wurde beschlossen mit drei Beiträgen zum Qualitätsmanagement in einem weiteren Sinn. *Jürgen Piening* und *Bernd Birkenstock* widmeten sich dem Thema „Vom Qualitäts- zum Umweltzertifikat“, *Friedrich-Karl Feyerabend* behandelte das Recht zur Qualitätsorganisation und

Martin Cziudaj fand in seinem Beitrag „Die Zukunft der ISO 9000: Trendsetter Automobilindustrie?“ auch kritische Worte zur Tendenz der Zertifizierung.

Der studienfachübergreifende Fachbereich Sozial- und Kulturwissenschaften verfolgt als Veranstalter öffentlicher Vortragsreihen zwei Ziele: Zum einem soll über wichtige Themen aus unterschiedlicher Sicht informiert werden, zum anderen will er damit Repräsentanten des öffentlichen Lebens sowie interessierten Unternehmen der Region ein Forum für das gemeinsame Gespräch schaffen.

Besonderer Dank gilt allen Referenten und Diskussionsteilnehmern, darüber hinaus Herrn Michael Bourhenne, Student des Wirtschaftsingenieurwesens, für die Betreuung der Manuskripte sowie dem Rektor der FH Gießen-Friedberg und allen in Friedberg vertretenen Fachbereichen für die Ermöglichung der Drucklegung.

Georg Benes
Friedrich-Karl Feyerabend
Ulrich Vossebein

Inhaltsverzeichnis

1) Qualitätsmanagement als interdisziplinäre Aufgabe 1
Georg Benes, Friedrich-Karl Feyerabend, Ulrich Vossebein

2) Die Entwicklung zu umfassender Qualität 9
Rüdiger Hempfling

3) Total Quality Management bei KWU 27
Klaus Vollenbruch

4) Zertifizierung im Mittelstand - Erwartung und Auditierung 45
Gerhard Esch, Wolfgang Leisenberg

5) Zertifizierung im Mittelstand - Erwartung und Wirklichkeit 55
Martin Pebalka

6) Erfolgreiche Implementierung eines Qualitätsmanagement- 73
systems
Martin Stroiczek

7) Service-Marketing als Qualitätsfaktor - was macht Kunden- 87
zufrieden und bindet sie?
Richard Roth

8) Wirtschaftlichkeit von Qualitätsmanagement-Systemen 115
Georg Benes, Ulrich Vossebein

9) Das Qualitätsparadigma Prozesse beherrschen und 135
dokumentieren
Nino Grau

10) Optimierungsverfahren und Risiko-Kennwerte für Stich- 153
probenprüfung und Kostenrechnung
Manfred Börgens

11) Umweltmanagement - die EG-Öko-Audit-Verordnung 183
Jürgen Piening

12) Vom Qualitäts- zum Umweltzertifikat 199
Bernd Birkenstock

13) Basiswissen zum Recht der Qualitätsorganisation 207
Friedrich-Karl Feyerabend

14) Die Zukunft der ISO 9000: 237
Trendsetter Automobilindustrie?
Martin Cziudaj

Qualitätsmanagement als interdisziplinäre Aufgabe

Georg Benes
Friedrich-Karl Feyerabend
Ulrich Vossebein

1. Einleitung

2. Die DIN EN ISO 9000ff

3. Qualität: Vom Altertum bis in die Zukunft

4. Qualitätsmanagement als interdisziplinäre Aufgabe

5. Wie führt man erfolgreich ein QM-System ein?

1. Einleitung

Die Diskussion um den Wirtschaftsstandort Deutschland wird in erster Linie vor dem Hintergrund der hohen Lohn- und Lohnnebenkosten geführt. Diese einseitige Orientierung kann aber die vorhandenen Probleme nicht lösen, da die Bundesrepublik im internationalen Vergleich immer ein Hochlohnland bleiben wird. Aus diesem Grund müssen die Kräfte in anderen Bereichen konzentriert werden, um die schwierige wirtschaftliche Situation langfristig verbessern zu können.

Ein großes Potential zur Stärkung der Wettbewerbsfähigkeit liegt beispielsweise im Bereich des Qualitätsmanagements. Genügte es vor einigen Jahren noch, den Absender „Made in Germany" auf den Produkten anzubringen, wird zwar heutzutage immer noch die hohe technische Qualität deutscher Produkte anerkannt, dies führt aber nicht mehr automatisch auch zu hohen Abverkaufszahlen.

Qualität ist, wie insbesondere die japanischen Unternehmen eindrucksvoll dokumentiert haben, nicht die Summe objektiv nachweisbarer technischer Eigenschaften, sondern ein subjektives Urteil durch den Kunden. Trotz der schon seit langem sehr intensiven Auseinandersetzung mit den Begriffen Qualität, Qualitätsmanagement (QM), Kundenorientierung u.s.w. scheint die Ausrichtung an Normen und technischen Eigenschaften bei der Bestimmung der Qualität in vielen Unternehmen immer noch die „normale" Vorgehensweise zu sein. Ohne die Konzentration auf die Marktbedürfnisse und die dort geforderte Qualität wird die langfristige Sicherung des Unternehmens in vielen Fällen aber nicht möglich sein. Erschwerend kommt hinzu, daß durch den Einsatz immer leistungsfähigerer Kommunikationsmittel die Transparenz der Weltmärkte ständig erhöht wird, so daß auch kleinere Unternehmen problemlos weltweit einkaufen können.

2. Die DIN EN ISO 9000ff

Ein Grund für die immer noch sehr stark technische Sicht der Qualität ist in der Normenreihe DIN EN ISO 9000ff zu sehen. In diesen 1987 eingeführten Normen zur Zertifizierung von QM-Systemen fehlt die explizite Berücksichtigung der Kundenwünsche. Andererseits wurde diese Norm von vielen Branchen als Voraussetzung für ihre Zulieferer definiert, so daß die Unternehmen versucht haben, die Norm zu erfüllen und damit das notwendige Zertifikat zu erhalten. In einer Untersuchung bei 200 mittelständischen Unternehmen (Benes, Vossebein 1996, S. 524), die mindestens 3 Jahre zertifiziert waren, ergab sich, daß als Hauptgrund für die Zertifizierung die Forderung seitens der Kunden angegeben wurde (vgl. Tabelle 1). Die Bewertung erfolgte anhand einer Skala von 1 (= trifft voll zu) bis 5 (= trifft nicht zu).

Tabelle 1: Gründe für die Zertifizierung

Begründung	**Bewertung**
Kundenforderung	2,4
Marketingzwecke	2,8
Verbesserung der betrieblichen Abläufe	2,8
Wettbewerbsdruck	3,1

Anhand der Ergebnisse in Tabelle 1 wird deutlich, daß die Einschätzung, durch ein zertifiziertes QM-System die betrieblichen Abläufe und damit die Wettbewerbsfähigkeit steigern zu können, nur eingeschränkt gesehen wird.

Eine Umkehr in eine mehr marktorientierte Sichtweise ist zu erwarten, wenn in der überarbeiteten Norm der Bezug zu den Kunden und deren Wünschen stärker berücksichtigt wird. Es bleibt aber abzuwarten, inwieweit es den Unternehmen gelingt, insgesamt eine qualitätsorientierte Atmosphäre zu erzeugen, in der alle Beschäftigten die Chancen einer Qualitätsorientierung erkennen und versuchen, diese auch zu nutzen.

3. Qualität: Vom Altertum bis in die Zukunft

Verfolgt man die Entwicklung des Qualitätsbegriffs, so kann man feststellen, daß bereits im Altertum bestimmte Qualitätsanforderung festgelegt wurden. Im Mittelalter und zur Zeit der Industrialisierung erfolgte eine zunehmende Konkretisierung der Qualitätsanforderungen, bevor am Anfang des zwanzigsten Jahrhunderts begonnen wurde, Ergebnisse der Qualitätsüberprüfung statistisch auszuwerten. Einen großen Entwicklungssprung ergab sich nach dem zweiten Weltkrieg mit der Einführung von Qualitätssicherungssystemen. Ab diesem Zeitpunkt ging man dazu über, Qualität nicht mehr zu erprüfen, sondern zu erzeugen. Dieser kleine sprachliche Unterschied bedeutet inhaltlich eine völlige Veränderung der Vorgehensweise, indem nun versucht wurde, bereits während des Produktionsprozesses kontinuierlich die definierten Qualitätsanforderungen zu erfüllen und nicht erst am Ende des Produktionsprozesses das fertige Produkt zu überprüfen. Mitte der achtziger Jahre erfolgte mit der Diskussion des Total Quality Management (TQM) eine tiefgehende Neuorientierung des Qualitätsbegriffs. TQM umfaßt alle Teilbereiche des Unternehmens und zielt sowohl auf die ständige Verbesserung der Produkte als auch der Prozesse, wobei die konsequente Orientierung an den Kundenbedürfnissen der Ausgangspunkt aller Überlegungen ist. Die erfolgreiche Umsetzung eines ganzheitlichen Qualitätsverständnisses kann zum Beispiel durch den European Quality Award, den Malcolm Baldrige National Quality Award oder den Deming Prize dokumentiert werden (Kamiske, Brauer 1995, S. 132-140).

Für die Zukunft bedarf es zunächst keiner weiteren Begriffsausweitung, sondern die Herausforderung wird vielmehr darin liegen, TQM tatsächlich langfristig erfolgreich in Unternehmen zu integrieren, wobei insbesondere im Bereich des Managements vielfach noch große Defizite vorzufinden sind.

4. Qualitätsmanagement als interdisziplinäre Aufgabe

Durch die Einführung des TQM wurde deutlich, daß die Erzielung einer hohen Qualität nicht auf eine Abteilung oder einen Unternehmensbereich übertragen werden kann, sondern alle Mitarbeiter dieses Ziel verfolgen müssen. Diese Forderung führt dazu, daß alle Unternehmensbereiche miteinander aktiv zusammen arbeiten müssen. Dies klingt auf den ersten Blick merkwürdig, weil die Theorie in der Regel davon ausgeht, daß alle Angehörigen eines Unternehmens versuchen, die festgelegten Unternehmensziele zu realisieren. Die Praxis zeigt aber häufig ein ganz anderes Bild. Hier gilt auch heute noch vielfach, daß die anderen Abteilungen eher als Konkurrenten und nicht als gleichberechtigte Partner oder sogar als Kunden bzw. Lieferanten angesehen werden.

Die unterschiedlichen Einflußbereiche, die im Zusammenhang mit der „Qualität" zu berücksichtigen sind, kann man in vier große Bereiche unterteilen (vgl. Abbildung 1).

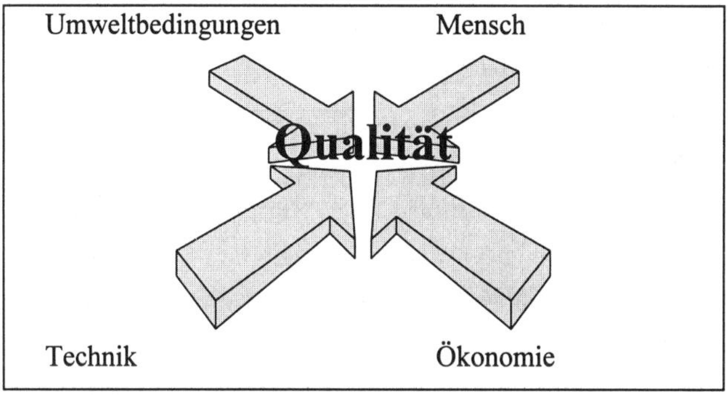

Abbildung 1: Einflußbereiche auf die Qualität

Zunächst gilt es, arbeitsfähige Teams aus den Bereichen Technik, wie zum Beispiel der Konstruktions- oder der Produktionsabteilung, und Ökonomie, Marketing, Vertrieb, Controlling u.s.w., zu bilden. Diese Aufgabe kann nicht durch eine Anweisung von „Oben" gelöst werden, sondern nur durch eine sehr gewissenhafte Auswahl und Schulung der Teammitglieder. Neben dem grundsätzlichen Verständnis für die Probleme der anderen müssen Teammitglieder über ein hohes Maß an sozialer Kompetenz verfügen. Diese äußert sich zum Beispiel in der Fähigkeit zuzuhören und Informationen direkt und ohne Vorbehalte an das Team weiterzugeben. Betrachtet man nur diese beiden Elemente der sozialen Kompetenz wird deutlich, daß der Einflußbereich Mensch explizit aufgeführt werden muß, da hier letztendlich die Frage beantwortet wird, ob die Teamziele jemals erreicht werden können.
Unterschiedliche Zielsetzungen der Bereiche Technik und Ökonomie erweisen sich meistens als sehr kostspieliges Unterfangen, da sich weder mit technisch sehr anspruchsvollen Produkten ohne Marktakzeptanz noch mit Produktkonzepten, die technisch nicht realisierbar sind, Erträge erzielen lassen.

Weitere Einflüsse auf die Erreichung einer bestimmten Qualitätsstufe sind in den Umweltbedingungen zusammengefaßt. Hierunter fallen in erster Linie rechtliche Aspekte. Durch den teilweisen Übergang von nationalem in europäisches Recht sind natürlich auch die beschreibenden Elemente hoher Qualität tangiert. Neben den rechtlichen sind in diesem Zusammenhang auch die umweltbezogenen bzw. von der Belastung der Umwelt hervorgerufenen Anforderungen an die Produkte bzw. Unternehmen zu nennen. Bereits heute haben die ersten Unternehmen neben der Zertifizierung nach DIN EN ISO 9000ff auch ein Umweltzertifikat erworben.

5. Wie führt man erfolgreich ein QM-System ein?

Diese vieldiskutierte Frage kann an dieser Stelle nicht vollständig beantwortet werden, da für jedes Unternehmen eine individuelle Antwort erarbeitet werden muß. In diesem Buch werden ganz unterschiedliche Aspekte einer qualitätsorientierten Unternehmenspolitik behandelt, anhand derer aufgezeigt wird, wie eine mögliche Lösung aussehen könnte. Zum Verständnis der unterschiedlichen Interpretationen des Qualitätsbegriffs erscheint es sinnvoll, sich am Anfang eines QM-Projekts mit der Frage auseinanderzusetzen, woher dieser Begriff kommt und welche Instrumente zur Realisierung einer „guten" Qualität eingesetzt werden können.

Zur Erhöhung der Wahrscheinlichkeit einer erfolgreichen QM-Implementierung sollte man neben dem intensiven Literaturstudium auch mit den Unternehmen Kontakt aufnehmen, die bereits über Erfahrungen mit der Einführung eines QM-Systems oder des TQM´s verfügen. Auch wenn unternehmensspezifische Unterschiede berücksichtigt werden müssen, können doch viele bereits gemachte Fehler im eigenen Unternehmen vermieden werden. Die Berichte aus der Praxis zeigen aber auch, daß die Errichtung eines QM-Systems viel Zeit und viele Ressourcen beansprucht. Deutlich wird weiterhin, daß ohne umfangreiche Schulungsmaßnahmen die Erfolgsaussichten nahezu bei Null liegen.

Ein Aspekt, der im Zusammenhang mit der Zufriedenheit der Kunden immer stärker in den Vordergrund gerückt wird, ist das Thema Servicequalität. Waren Serviceaspekte früher in erster Linie im Investitionsgüterbereich zu finden, werden heutzutage Serviceleistungen in allen Marktbereichen ganz gezielt eingesetzt, um sich von der Konkurrenz absetzen zu können. Serviceleistungen sind in vielen Märkten die einzige Chance, sich Wettbewerbsvorteile zu erarbeiten, da weitgehend homogene Produkte angeboten werden.

Die Frage, wie kann man den Nutzen eines QM-Systems quantifizieren wird in einem weiteren Beitrag diskutiert. Auch wenn die endgültige Beantwortung dieser Frage noch nicht angegeben werden kann, zeigen die Ergebnisse einer Umfrage bei mittelständischen Unternehmen recht deutlich, in welche Richtung die weiteren Forschungsbemühungen gehen müssen. Auffällig ist, wie wenig dieses Thema bisher in den Unternehmen behandelt wird, obwohl nur dann langfristig QM-Systeme aufrechterhalten werden können, wenn die Mitarbeiter und die Geschäftsführung auch den Nutzen dieser Systeme nachvollziehen können.

Neben der Produktqualität ist die Qualität der Prozesse im Unternehmen zu überprüfen und zu verbessern. Obwohl der Zusammenhang zwischen Prozeß- und Produktqualität, qualitativ hochwertige Prozesse führen zu hoher Produktqualität, nicht zwingend ist, sind bei durchdachten und gut dokumentierten Prozessen in der Regel auch Produkte mit einer hohen Qualität zu erwarten. Die Einbeziehung der Prozeßqualität gewinnt insbesondere in den Fällen an Bedeutung, in denen es sich um Einzelfertigungen oder um Dienstleistungen handelt. Im ersten Fall macht das Herausprüfen schadhafter Produkte am Ende des Produktionsprozesses keinen Sinn, im Fall der Dienstleistungen ist es quasi unmöglich.

Die Konzentration auf die weichen Faktoren des TQM´s führt allerdings nicht dazu, daß die klassischen Methoden der Qualitätssicherung dadurch überflüssig werden. Dies trifft zum Beispiel auf die Ziehung von Stichproben zur Qualitätskontrolle zu. Obwohl es in der Literatur zahlreiche Musterstichprobenpläne gibt, lassen sich im Einzelfall erhebliche Kosteneinsparungen erzielen, wenn auf der Grundlage der gegebenen Situation im Unternehmen, Fehlerquote, Prüfkosten pro Stück, Kosten pro Los für den Fall der Zurückweisung, Reklamationskosten, ein optimaler Stichprobenplan erarbeitet wird.

Beobachtet man die Diskussion zum Thema Umwelt, wird schnell deutlich, daß Umweltaspekte einen immer höheren Stellenwert bekommen werden. Zur Zeit existiert die EG-Öko-Audit-Verordnung, die „Verordnung (EWG) 1836/93 über die freiwillige Beteiligung gewerblicher Unternehmen an einem Gemeinschaftssystem für das Umweltmanagement und die Umweltbetriebsprüfung“, nach der sich Unternehmen zertifizieren lassen können. Auch wenn die Öko-Zertifizierung zur Zeit noch nicht den Stellenwert der QM-Zertifizierung hat, ist damit zu rechnen, daß zukünftig umweltrelevante Forderungen stark an Bedeutung gewinnen werden.

Die weiter fortschreitende Harmonisierung in Europa wirkt sich auch auf die Anforderungen an ein QM-System aus. Waren früher überwiegend nationale Rechtsvorschriften zu beachten, steht nun die europäische Rechtssprechung in vielen Fällen im Vordergrund. Ein Beispiel für eine veränderte Rechtsgrundlage ist das Produkthaftungsgesetz. Die Erhöhung des Verbraucherschutzes ist natürlich in den internen Qualitätsanforderungen umzusetzen.

Neben der kontinuierlichen Weiterentwicklung der DIN EN ISO 9000ff müssen die Unternehmen auch branchenspezifische Anforderungen beachten. Beispielsweise werden heute in der Automobilindustrie die QS 9000 sowie die VDA 6 „Qualitätsstandard der deutschen Automobilindustrie“ als Basis für die Beurteilung von Qualitätsmanagementsytemen angesehen.

Literaturverzeichnis

1) Benes, Georg/ Vossebein, Ulrich: Wandel in der Gewichtung - ein Vergleich zweier Umfragen über die Erfahrungen zertifizierter Unternehmen, in QZ 41 (1996) 5, S. 524-528

2) Kamiske, Gerd, F./ Brauer, Jörg-Peter: Qualitätsmanagement von A bis Z, 2. überarb. und erw. Auflage, München Wien 1995

Die Entwicklung zu umfassender Qualität

Rüdiger Hempfling

1. Einführung

2. Qualität als Ziel

    2.1 Geschichtliche Entwicklung des Qualitätswesens

    2.2 Der Qualitätsbegriff

    2.3 Der Weg zu umfassender Qualität

3. Total Quality Management

    3.1 Übersicht

    3.2 TQM - Elemente in der Führung

    3.3 TQM - Elemente im Marketing

    3.4 TQM - Elemente in der Entwicklung

    3.5 TQM - Elemente in der Fertigung

    3.6 TQM - Elemente für die Menschen im Unternehmen

4. Ausblick

1. Einführung

Seit etwa 1985, hauptsächlich als Reaktion auf die Markterfolge der japanischen Automobilindustrie, konnten, zunächst in Nordamerika und etwas verzögert auch in Europa, viele Qualitätsoffensiven beobachtet werden. Die Einführung von Qualitätsmanagementsystemen nach DIN ISO 9000 und deren anschließende Zertifizierung stellt dabei nur einen vorläufigen Höhepunkt dar. Viel stärker als früher wird der Einfluß von Qualität als entscheidender Wettbewerbsfaktor in gesättigten globalen Märkten erkannt. Doch auf der einen Seite ist Qualität als Begriff nicht objektiv meßbar und deshalb schwer zu definieren, auf der anderen Seite herrscht Uneinigkeit, wie die nunmehr erweitert definierte Qualität in den verschiedenen Unternehmen am besten erreicht werden kann.

So haben sich in der industriellen Praxis und auch im Dienstleistungsbereich, begleitet von vielen Literaturbeiträgen, in jüngster Vergangenheit zahlreiche qualitätserhöhende Ansätze entwickelt, die schließlich unter den Begriff Total Quality Management subsummiert worden sind. Im folgenden sollen, nach einem Überblick über die geschichtliche Entwicklung, die wichtigsten Ansätze des Total Quality Managements, zugeordnet zu betrieblichen Hauptstrukturen, kurz dargestellt werden.

2. Qualität als Ziel

2.1 Geschichtliche Entwicklung des Qualitätswesens

Im Laufe der Geschichte hat sich das Qualitätswesen immer schneller gewandelt. Diese Entwickling ist in Abbildung1 veranschaulicht.

Bereits im Altertum wurde eine Haftpflicht des Baumeisters bei Qualitätsmängeln am Bau festlegt (Codex des Hammurabi um 1700 v. Chr., siehe Meyna). Darüber hinaus wurde im Altertum vor allem Wert auf die korrekte Mengenbemessung der Güter gelegt, wobei es mangels einheitlicher Maßsysteme nur lokal und zeitlich begrenzte Normierungen gab.

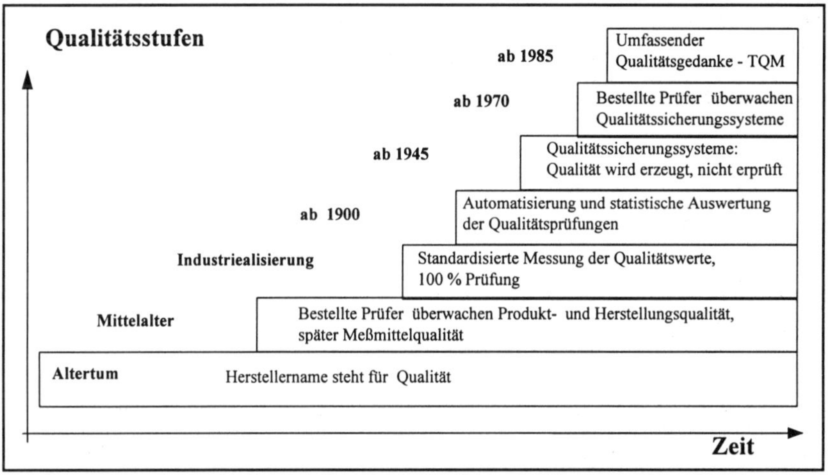

Abbildung 1: Geschichtliche Entwicklung des Qualitätswesens

Der Nachweis weiterer Qualitätsmerkmale wurde im allgemeinen mit der Dokumentation der Herkunft einer Ware gleichgesetzt (siehe Masing). So war jeder Kaufmann daran interessiert, seine Ware nach seinem besten Können und Wissen herzustellen, und diese dann unverwechselbar zu kennzeichnen.

Im Mittelalter wurde die amtliche Überwachung der Qualität eingeführt. Von der Obrigkeit bestellte und vereidigte Schau- oder Zunftmeister hatten dafür zu sorgen, daß sowohl die Waren einem bestimmten Qualitätsniveau entsprachen als auch die Zunftvorschriften in den Werkstätten eingehalten wurden. Die Qualität wurde durch ein Beschauzeichen bestätigt. Daneben war es Pflicht, daß ein Meisterzeichen angebracht wurde, das im Streitfall die Herkunft der Ware eindeutig erkennbar machte. Dieses Vorgehen diente allerdings mehr fiskalischen Zwecken, denn mit der Qualitätsbestätigung wurde auch der Handel überwacht und damit konnten Steuern erhoben werden. Der Verbraucherschutz fiel eher zufällig dabei ab.

Mit Beginn der Industrialisierung, der Entwicklung des Meßwesens und der maschinellen Produktion wurden die amtlichen Qualitätsprüfer durch die unternehmensinterne Qualitätskontrolle ersetzt. Es konnten Qualitätsmerkmale direkt gemessen werden. Zur gleichen Zeit entwickelten sich die alten Meisterzeichen zu Markenzeichen eines Herstellers. Die Amtshandlungen verlagerten sich nunmehr auf die Normung des Meßwesens und die Einführung des Eichwesens sowie die Überwachung der Meßmittel.

Anfang unseres Jahrhunderts kamen im Zuge der Massenfertigung und der Notwendigkeit zur Reduzierung des Prüfaufwandes die statistischen Methoden in der Qualitätssicherung in Gebrauch, die sich allerdings erst langsam durchsetzten und bis heute unverzichtbar sind. Mit deren Einsatz kann die 100 % Prüfung durch eine aussagekräftige Stichprobenprüfung ersetzt werden.

Nach dem zweiten Weltkrieg entwickelten sich vor allem zunächst in Japan Qualitätssicherungssysteme. Kerngedanke ist dabei, daß sich die Qualität eines Produktes nicht durch eine Endprüfung erreichen läßt, sondern daß während des gesamten Produktentstehungszyklus auf die Qualität geachtet werden muß. So werden neben der Fertigung auch die Entwicklung und das Marketing in die Qualitätssicherung einbezogen.

Vor allem wegen der Erfolge der japanischen Industrie mit ihren hoch entwickelten Qualitätssicherungssystemen wurden ab 1985 in USA und etwas zeitversetzt in Europa nachhaltig umfassende Qualitätsansätze gefordert, die alle bis dahin noch nicht erfassten Bereiche des betrieblichen Geschehens mit einbeziehen sollen. Gleichzeitig wurde mit der DIN ISO 9000 eine Standardisierung von Qualitätssicherungssystemen geschaffen.

2.2 Der Qualitätsbegriff

Qualität zu definieren ist ein immer schwieriger gewordenes Kunststück. Während es zwar genügend allgemein anerkannte Festlegungen gibt (Geiger, Schildknecht) haben alle eine gewisse Unanschaulichkeit gemeinsam bzw. bedürfen der weiteren Erläuterung. Ich möchte zur Eingrenzung des Problems zwei extreme Ansätze formulieren, zwischen denen die meisten Definitionen eingeordnet werden können.

(1) Qualität ist gegeben, wenn alle geforderten Qualitätsmerkmale erfüllt sind.
(2) Qualität ist gegeben, wenn der Kunde zufrieden ist.

Die erste Definition legt meßbar formulierte Qualitätsmerkmale zugrunde, die zweite Definition berücksichtigt umfassend alle Aspekte, die zur Kundenzufriedenheit beitragen können. Die beiden Ansätze sind in Abbildung 2 veranschaulicht.

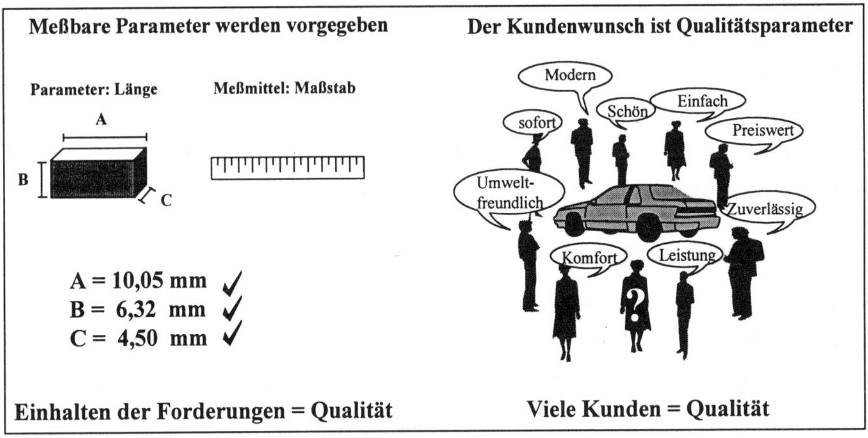

Abbildung 2: Zwei extreme Ansätze zur Definition von Qualität

2.3 Der Weg zu umfassender Qualität

In den Jahren 1900 bis etwa 1970 stand das Synonym „Made in Germany“ für höchste Qualität. Diese Qualität wurde im Wesentlichen durch Gründlichkeit, Verläßlichkeit, Gewissenhaftigkeit und aufwendige Qualitätskontrollen in der Fertigung erreicht. Im Zuge der Einführung von Qualitätssicherungssystemen reichten diese Maßnahmen nicht mehr aus.

Der Gedanke, sich durch umfassende Qualität einen Wettbewerbsvorteil zu verschaffen, wurde nach 1945 in Japan konsequent verfolgt. Dankbar nahmen die Japaner die Lehren der Amerikaner Deming, Juran und Feigenbaum auf, die insbesondere durch Ishikawa auf die japanischen Verhältnisse angepaßt und erweitert wurden (vgl. Schildknecht, Runge). Seit dieser Zeit trat die japanische Industrie einen so unübersehbaren Siegeszug an, daß sich die westliche Welt diesem Gedankengut nicht mehr verschließen kann. Vorteilhaft ist alles, was zu guter Qualität führt, Qualität muß umfassend definiert werden, wobei selbstverständlich der Kunde im Mittelpunkt steht.

Damit wird Qualität ein eigenständiges Firmenziel und es gilt nun, die angestrebte Qualität zu definieren und zu realisieren. Die Definition der Qualität läßt sich dabei auf eine einfache Formel bringen:

Das Unternehmen mit höchster Qualität erfüllt und übererfüllt alle Kundenwünsche bei gleichzeitig hohem Ertrag, auf Dauer.

Die Realisierung dieses Zieles ist weitaus schwieriger. Bei dem Versuch, der Beste zu werden, sind viele Wege beschrieben und beschritten worden, viele Methoden wurden erarbeitet, hochgelobt und wieder verworfen, wobei Kritiker oft von altem Wein in neuen Schläuchen sprachen und auch Fachleute nur mit viel Mühe die Übersicht bewahren konnten. Heute werden umfassende Qualitätskonzepte mit dem Begriff Total Quality Management (TQM) beschrieben, wobei die Standpunkte, was alles zu TQM zu zählen ist, nicht einheitlich sind. Im Zweifelsfall gilt eher mehr als weniger.

3. Total Quality Management

Zu den Elementen der umfassenden Qualität können neben Werkzeugen auch Methoden, Verfahren, Geschäftsstrategien und geschäftspolitische Ansätze gezählt werden. Fällt schon die eindeutige Abgrenzung dieser Begriffe schwer, so wird die Abgrenzung im Hinblick auf die Inhalte noch schwieriger. Ist ein Rechenprogramm nun ein TQM - Werkzeug oder ist der Einsatz dieses Programmes eine TQM - Strategie oder ist beides Inhalt der Qualitäts - Politik?

3.1 Übersicht

Zur Erleichterung der Übersicht sind die wichtigsten aus Literatur und Praxis bekannten Elemente des TQM einigen betrieblichen Hauptstrukturen zugeordnet. Die Elemente und die gewählten Bereiche eines Betriebes sind in Abbildung 3 dargestellt.

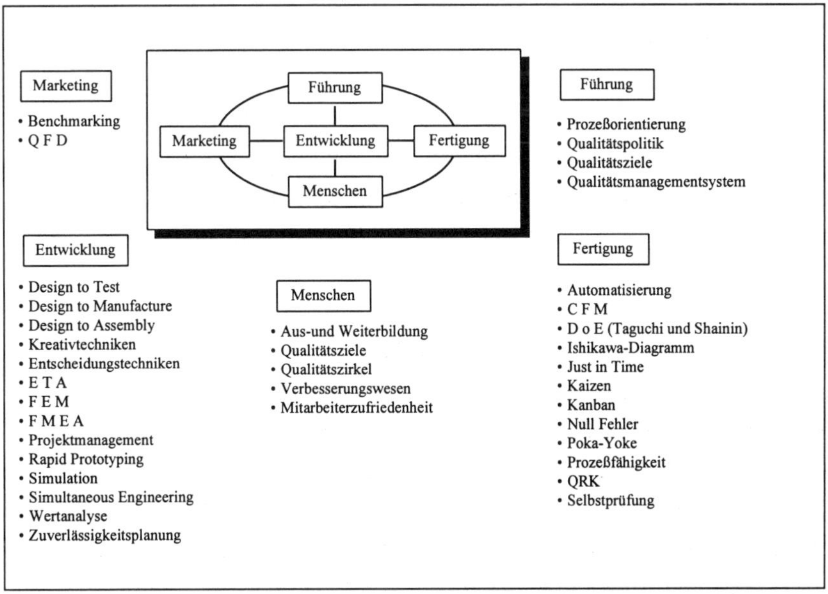

Abbildung 3: Aufteilung eines Betriebes in fünf Hauptbereiche und Zuordnung von TQM - Elementen zu diesen Bereichen.

Bei einem Vergleich der in Abbildung 3 gewählten Bereiche mit den üblichen Organisationsstrukturen in einem Fertigungsbetrieb, fällt zunächst die Übereinstimmung in wesentlichen Hauptfunktionen wie (Geschäfts-) Führung, Marketing, Entwicklung und Fertigung auf. Ein wesentlicher Unterschied besteht jedoch in der Fokussierung auf die Mitarbeiter, was in dieser Konsequenz aus Japan übernommen wurde sowie in der Wichtung der Kundenbetrachtung im Marketing.

3.2 TQM - Elemente in der Führung

Die Führung umfaßt sowohl die oberste Führung (Geschäftsleitung) als auch die Führungskräfte allgemein. Der Führung obliegt die Festlegung der Qualitätspolitik, die Ableitung der daraus resultierenden Qualitätsziele, die Schaffung der Voraussetzung zur Realisierung der Ziele, die Kontrolle der Ergebnisse sowie die Publizierung der Ziele und Ergebnisse.

Prozeßorientierung: Eine weitreichende Änderung der Organisation des Betriebes. Im ersten Schritt werden ablauforganisatorische Maßnahmen ergriffen, die die Abkehr von funktionalen Einheiten hin zu prozeßorientierten Einheiten beinhalten. Später erfolgt die Auflösung einzelner Abteilungen zugunsten von Strukturen, die sich an Geschäftsprozessen orientieren.

Qualitätspolitik und Qualitätsziele: Formulierung des für das Unternehmen relevanten Qualitätsbewußtseins und Ableitung von meßbaren Einzelzielen sowie Festlegung der Verantwortung für die Realisierung. Als Anhaltspunkt für den Inhalt der Qualitätspolitik kann das Bewertungsschema für die Vergabe des Europäischen Qualitätspreises (EQA) herangezogen werden. Dieses Schema ist in Abbildung 4 wiedergegeben. Das Bewertungsschema soll verdeutlichen, welche betrieblichen Bereiche bei der Qualitätsrealisierung besonders gewichtet werden, also vordringlich zu beachten sind.

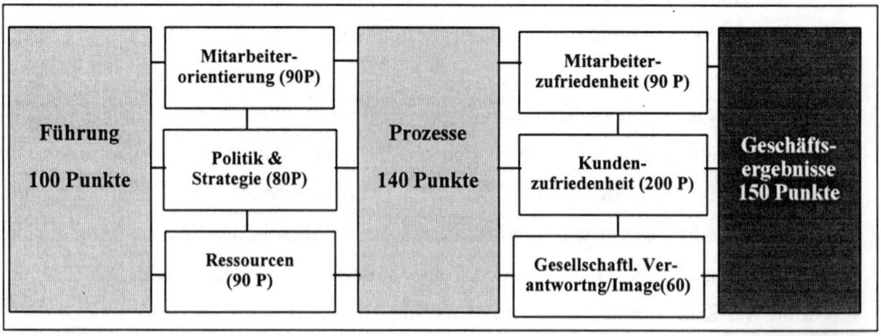

Abbildung 4: Bewertungsschema zur Vergabe des Europäischen Qualitätspreises

Qualitätsmanagementsystem: Mit der Realisierung der Qualitätsziele wird ein Qualitätsmanagementsystem aufgebaut, das bei entsprechender Übereinstimmung mit der Normenreihe DIN ISO 9000 auch nach dieser Norm zertifiziert werden kann.

3.3 TQM - Elemente im Marketing

Für das Marketing sind relativ spät Qualitätselemente entwickelt worden, obwohl der Grundgedanke der Hinwendung zu den Kundenwünschen, auch Kundenorientierung genannt, recht alt ist.

Benchmarking: Eine Methode des Vergleichs mit den Besten im Wettbewerb zur Analyse der Stärken und Schwächen, sowohl in der eigenen Branche als auch in verwandten Branchen unter Berücksichtigung vieler betriebswirtschaftlicher Parameter.

Quality Function Deployment (QFD): Eine aufwendige und komplexe Methode, die wichtigsten Kundenwünsche mit dem geringstmöglichen Aufwand zu realisieren und Verbindungen zwischen Forderungen und Erfüllungstechniken aufzudecken. Das Prinzip der QFD Methode veranschaulicht Abbildung 5 (vgl. Masing)

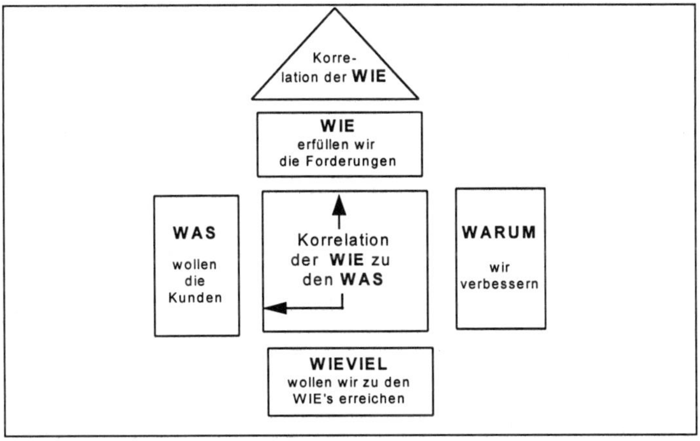

Abbildung 5: Prinzip der QFD - Methode

3.4 TQM - Elemente in der Entwicklung

Die TQM-Elemente in der Entwicklung zielen auf die Vermeidung von Fehlern, die herkömmlich erst in späten Produktphasen entdeckt werden sowie auf kostengünstige und schnelle Durchführung der Entwicklung. Zur Vermeidung von Fehlern zählt auch das Finden der besten Lösung.

Dabei ist ein ganzes Arsenal von wirkungsvollen Methoden entwickelt worden. In Abbildung 6 sind stellvertretend zwei Methoden gezeigt. In der Entwurfssystematik nach VDI geht es um das Finden der besten Lösung in kurzer Zeit, beim Projektmanagement um die systematische Abarbeitung komplexer Aufgabenstellungen.

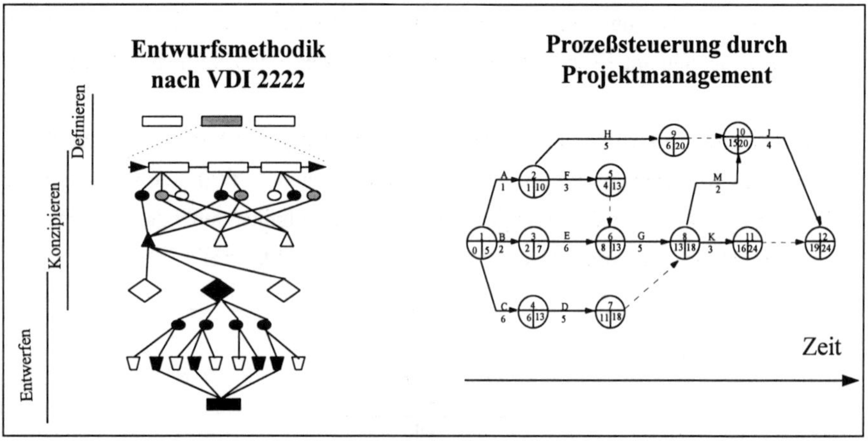

Abbildung 6: Zwei TQM - Elemente der Entwicklung: Entwurfsmethodik nach VDI 2222 und Netzplantechnik innerhalb des Projektmanagements

Design to Test, Design to Manufacture, Design to Assembly: Bei diesen Verfahren wird vor dem Abschluß der Entwicklung der ausführliche Nachweis erbracht, daß die fertigen Produkte sowohl testbar (besonders wichtig bei hochintegrierten Halbleiterschaltungen) als auch fertigbar und montierbar sind. Damit sollen von vornherein Probleme bei der Serienfertigung vermieden werden.

Kreativtechniken und Entscheidungstechniken: Es wird systematisch die beste Lösung erarbeitet. Dazu wird eine Vielzahl von möglichen Alternativen gesucht und dann entsprechend vorher erarbeiteter Kriterien die Beste ausgewählt. Die Entwurfsmethode nach VDI kann als eine Kreativtechnik bezeichnet werden.

Event Tree Analysis (ETA) und Failure Mode and Effect Analysis (FMEA): Beide Methoden unterstützen systematisch die Suche nach möglichen Schwachstellen oder Fehlern. Sie können sowohl für die Produktentwicklung wie auch die Prozeßentwicklung angewendet werden.

FEM, Finite Elemente Methode: Numerisches mathematisches Näherungsverfahren zur Lösung von partiellen Differentialgleichungen bei der Anwendung auf Randwertaufgaben. Die gesuchte Lösung wird durch einen Spline - Ansatz approximiert, nachdem das Definitionsgebiet der Randwertaufgabe in regelmäßige Teilgebiete zerlegt worden ist.

Projektmanagement: Ein Synonym für zielgerichtetes, planvolles, effektives Vorgehen in Arbeitsgruppen bzw. Projektteams nach vorher festgelegten Regeln. Bei der Vorgehensweise werden Methoden der Systementwicklung mit entsprechenden Review - Techniken und Iterationsschritten angewendet. Eine immer mehr anerkannte Grundlage zur Beherrschung komplexer Abläufe, die auch in der DIN ISO 9004 empfohlen wird. Zum Projektmanagement können noch weitere fachtechnische wie führungsrelevante Elemente aus dem betrieblichen Umfeld hinzugezählt werden, auf die hier aber nicht eingegangen werden kann. (vgl. **Madauss**)

Rapid Prototyping: Verschiedene hochtechnisierte Verfahren (u.a. auf der Basis von Photopolymerisation), die eine Herstellung von Versuchsmustern unmittelbar aus den CAD - Daten gestatten, ohne vorher Werkzeuge erstellen zu müssen. Die Zuordnung dieser Technologien zu den TQM Elementen wird vor allem mit der Zeitersparnis und der frühen Fehlererkennung begründet.

Simulation: Allgemeine Beschleunigung der Problemlösung durch vorheriges - weitgehend den tatsächlichen Gegebenheiten angepaßtes- modellieren der Lösung am

Rechner. Der Übergang von Simulationsrechnungen zu analytischen Rechnungen ist dabei fließend.

Simultaneous Engineering (SE): Weitgehende Parallelisierung der Vorgänge bei der Produktinnovation mit dem Einsatz interdisziplinärer Teams. Durch die Methodik des SE sind nachweislich bis zu 40 % der ursprünglich geschätzten Zeiten bei Produktentwicklungen eingespart worden.

Wertanalyse: Ein komplexes, umfassendes Verfahren, den wesentlichen Kern einer Lösung herauszuarbeiten und möglichen Ballast zu erkennen und dabei zu vernachlässigen. Elemente der Wertanalyse findet man in vielen der oben beschriebenen Verfahren.

Zuverlässigkeitsplanung: Methodik zur theoretischen Voraussage und Einhaltung von Zuverlässigkeitswerten technischer Geräte und Systeme.

3.5 TQM - Elemente in der Fertigung

Die Fertigung ist der klassische Bereich der Qualitätssicherung. Die Elemente des TQM zielen hierbei auf stabile, qualitätsfähige Prozesse bei immer geringerer Abweichungen der Produkte von den Soll - Maßen. Dadurch können Produktprüfungen durch die Prozeßüberwachung ersetzt werden.

Diese Ziele sind in Abbildung 7 veranschaulicht, in der die Vorgehensweise zur Prozeßkontrolle schematisch neben der Darstellung der Verteilung von Produktparametern in Abhängigkeit vom Prozeßfähigkeitsindex c_p zu sehen ist.

Automatisierung: Durch Einsatz von Maschinen werden menschliche Fehler vermieden. Damit wird diese Maßnahme zu einem wirkungsvollen Werkzeug.

Continuous Flow Manufacturing (CFM): Diese Methode zielt auf die Minimierung der Losgröße bis hin zu Losgröße 1. Selbstverständlich müssen dabei Rüstzeiten gegen Null realisiert werden. Mit CFM sinkt der Bestand und steigt die Wirtschaftlichkeit.

Design of Experiments (nach Taguchi und Shainin): Zielgerichtete Methode zur Planung von Versuchen, um mit möglichst geringem Aufwand die Abhängigkeit der Fertigungspräzision von verschiedenen Parametern herauszuarbeiten.

Ishikawa - Diagramm (Fischgräten-Diagramm oder Einflußanalyse): Zur Veranschaulichung von Ursachen und deren Auswirkungen, bzw. zur Analyse des Einflusses verschiedener Größen auf bestimmte Parameter hat Ishikawa die wegen ihrer Form auch Fischgräten-Diagramm genannte Darstellungsform entwickelt. Es geht hierbei um die Erkennung von Fehlerursachen für unerwünschte Auswirkungen. Das Diagramm ist sehr verwandt mit der schon länger bekannten Fehlerbaumanalyse.

Just in Time (einschließlich Kanban): Kanban, im japanischen einfach mit „Schild" zu übersetzen, steht im Sprachgebrauch heute für alle mit der Einführung der Just in Time - Zuliefermethode verbundenen komplexen Tätigkeiten. Just in Time bedeutet schlicht die Lieferung der richtigen Menge von Gütern zur richtigen Zeit unmittelbar vor deren Weiterverarbeitung. Die Just in Time Methode verlangt neue Verfahren des Umgangs mit dem Lieferanten und dessen Qualitätskontrolle, setzt sich aber wegen des wirtschaftlichen Vorteils durch geringe Lagerbestände weiter durch.

Kaizen: Dieser japanische Ausdruck steht für das Streben nach jeder Art von Qualitätsverbesserung im Sinne von Qualitätsförderung, Qualitätssteigerung und Qualitätserhöhung (vgl. **Geiger**). Umfassend kann damit ein System zur Sicherstellung der Verbesserung aller Vorgänge, Prozesse und damit der Produkte und Dienstleistungen bezeichnet werden.

Null Fehler: Dieses in den sechziger Jahren formulierte Konzept führte - in Verbindung mit den damaligen Null-Fehler-Programmen - vielfach zu Mißverständnissen. Die Null-Fehler-Methode ist als Motivationsziel zu sehen, wobei weitgehende Einigung herrscht, daß vollkommene Vermeidung von Fehlern nicht erreicht werden kann

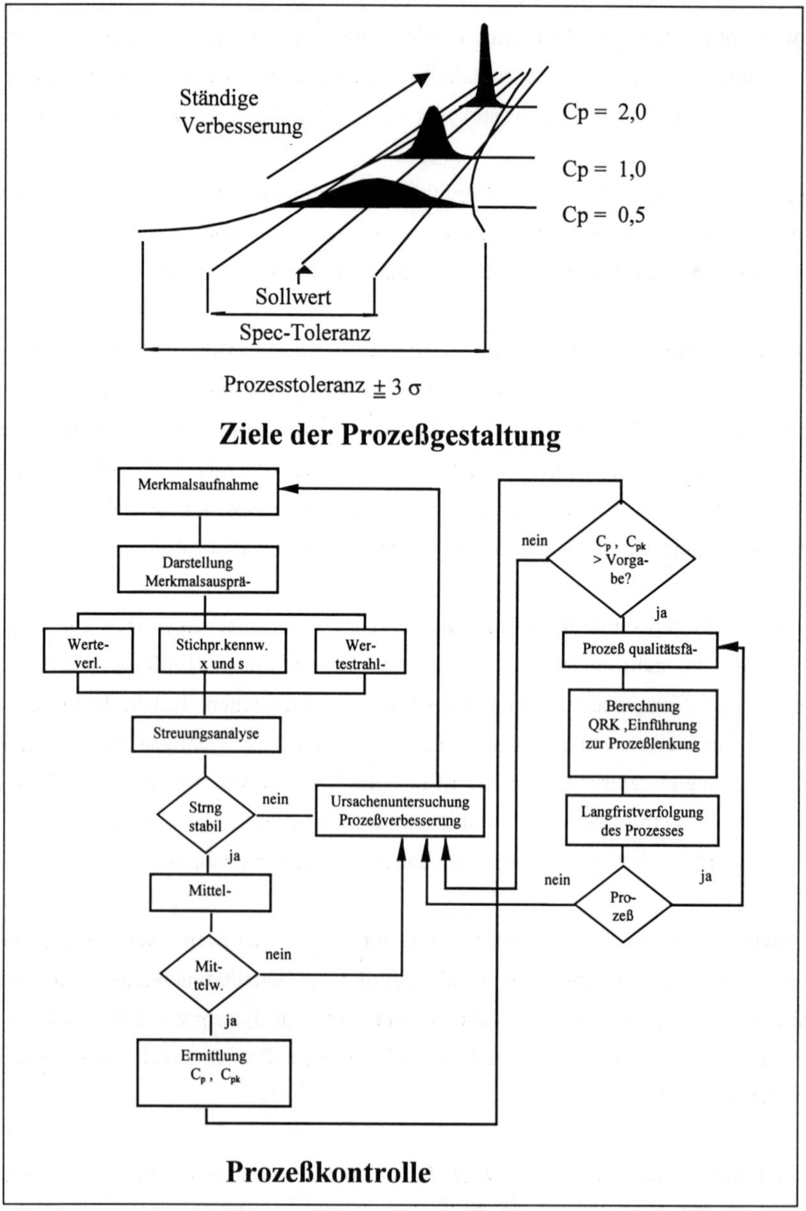

Abbildung 7: Darstellung der Verteilung von Produktparametern in Abhängigkeit von c_p und Ablaufschema zur Prozeßkontrolle

und wegen der nötigen Kosten auch nicht erstrebenswert ist (vgl. **Schildknecht**). Das heutige Ziel liegt bei etwa 5 bis 20 Fehlern pro einer Million Produkte.

Poka-Yoke: Poka ist ein Fehler und Yoke dessen Vermeidung, Poka Yoke ist eng verbunden mit den Null Fehler - Programmen und wird oft als Teil von Kaizen angesehen. Betroffen sind speziell Tätigkeiten, die zur Planung und Realisierung von Angebotsprodukten gehören.

Prozeßfähigkeit: Fertigungsprozesse müssen beherrscht sein, damit stets die gleichen oder vorhersehbare Ergebnisse erzielbar sind. Darüber hinaus muß der Prozeß die Einhaltung der Qualitätsforderungen sicherstellen, also qualitätsfähig sein. Kann ein Produkt mittels beherrschter und qualitätsfähiger Prozesse hergestellt werden, ist es im weiteren Sinne prozeßfähig. Die Fähigkeit eines einzelnen Prozesses wird durch den Prozeßfähigkeitsindex c_p gekennzeichnet.

Qualitätsregelkarten: Mittels Qualitätsregelkarten (QRK) wird ein laufender Prozeß überwacht und gesteuert. QRK sind Formblätter zur graphischen Darstellung von Werten, die bei der Prüfung von Parametern aus einem laufenden Prozeß ermittelt werden. In aller Regel werden Stichproben betrachtet und die ermittelten Werte werden nach statistischen Gesetzmäßigkeiten weiterverarbeitet.

Selbstprüfung: Im Gegensatz zur Prüfung durch eigenständige Prüfstellen wird hierbei die Verantwortung für die Qualität des Produktes auf die Herstellungsverantwortlichen übertragen. Eine zunächst umstrittene Maßnahme, sollte doch gerade der Prüfer unabhängig vom Hersteller sein, die sich aber wegen der hohen Motivationswirkung bewährt hat.

3.6 TQM - Elemente für die Menschen im Unternehmen

Aus- und Weiterbildung: Ein wesentlicher Grundgedanke moderner Qualitätsphilosophien ist, daß nur gut ausgebildete Mitarbeiter auch gute Ergebnisse erzielen. Mitarbeiterschulung ist daher eine sehr wichtige Komponente im gesamten Qualitätswesen geworden.

Qualitätsziele: Wie einzelne Ziele für die normale Ausübung der Tätigkeiten, werden auch Ziele zur Verbesserung der Qualität im individuellen Arbeitsbereich der Mitarbeiter vereinbart. Oft werden diese Ziele und deren Erreichung veröffentlicht.

Qualitätszirkel: Eine gut organisierte Gruppenarbeit zur Verbesserung der Qualität im Unternehmen. Die Qualitätszirkel können hierarchisch gegliedert werden, sie finden regelmäßig statt. Zur Moderation werden Mitarbeiter ausgebildet. Wichtig ist, daß eine weitgehende Entscheidungsbefugnis der Gruppe besteht. In Abbildung 8 sind hierarchisch gegliederte Qualitätszirkel veranschaulicht. Was die Arbeitsebene nicht lösen kann, wird auf höherer Ebene entschieden.

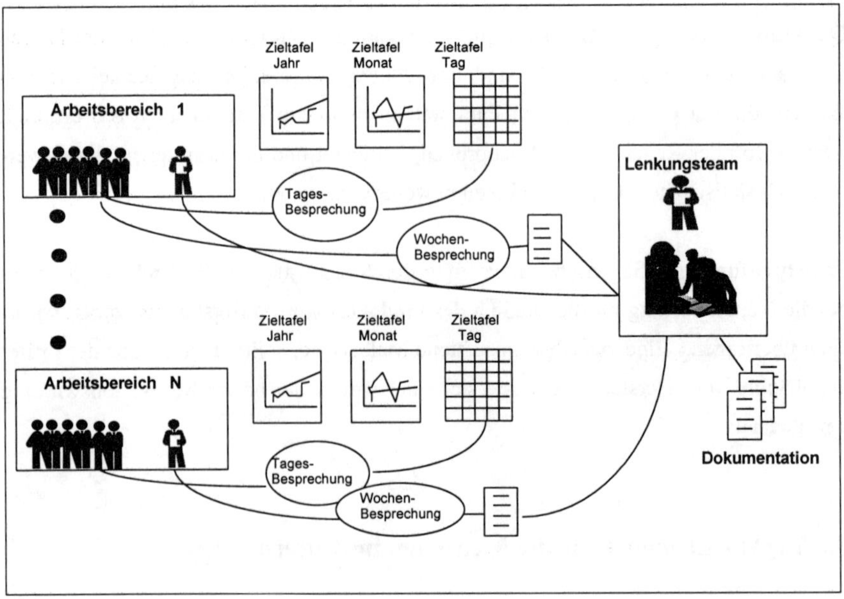

Abbildung 8: Organisation von Qualitätszirkeln

Verbesserungswesen: Ein gut organisiertes Verbesserungswesen, mit Prämien oder anderen Anreizen, ergänzt die Arbeit der Qualitätszirkel.

Mitarbeiterzufriedenheit: Eine wesentliche Voraussetzung zur Erzielung von kontinuierlichen Spitzenleistungen sind zufriedene Mitarbeiter. Die Zufriedenheit wird meßbar gemacht und es gilt, Wege zur Steigerung der Mitarbeiterzufriedenheit zu finden. Dieser Parameter wird auch bei der Verleihung des Europäischen Qualitätspreises bewertet.

4. Ausblick

Die seit einigen Jahren starke Zuwendung der Unternehmen zu mehr Qualität ist auch von kritischen Stimmen begleitet. Einmal wird die zu starke Formalisierung durch die Zertifizierung von Qualitätsmanagementsystemen nach immer neuen Normen und der damit verbundene bürokratische Aufwand bemängelt. Darüber hinaus wird die sich ständig ändernde Vielfalt von Methoden und Verfahren angegriffen, die bei genauer Betrachtung doch große Ähnlichkeiten aufweisen. Dennoch ist ein Ende des Strebens nach Qualität nicht abzusehen, denn bei der heutigen umfassenden Definition der Qualität und der damit verbundenen Wettbewerbsbedeutung ist die ständige Verbesserung sogar zwingend.

Man darf gespannt sein, wie die weitere Entwicklung vor allem in den bisher nicht so stark tangierten Bereichen der Dienstleistung verläuft.

Literaturverzeichnis

1) Walter Geiger: Qualitätslehre, 2. Auflage; 1994

2) Bernd J. Madauss: Handbuch Projektmanagement 5. Auflage, 1994

3) Walter Masing (Hrsg.): Handbuch Qualitätsmanagement, 3. Auflage, 1994

4) Arno Meyna: Zuverlässigkeitsbewertung zukunftsorientierter Technologien, 1994

5) Joachim H. Runge: Schlank durch Total Quality Management, 1994

6) Rolf Schildknecht: Total Quality Management, 1992

Total Quality Management bei KWU

Klaus Vollenbruch

1. Einführung

2. Zertifizierung

3. top mit TQM

4. Das EFQM-Modell

4.1 Befähigerkriterien

4.2 Die Ergebniskriterien

4.3 Folgerungen

5. Einordnung des EFQM-Modells

6. Business Excellence Prozeß

6.1 Der Selbstbewertungsprozeß

6.2 Durchführung der Selbstbewertung

7. Mitarbeiterbefragung (MAB)

8. Zielvereinbarung und Kursbuch

9. Vorgesetztenbeurteilung / Führungsgespräch

10. Visionen

1. Einführung

Dieser Beitrag zu TQM soll die 5jährige Geschichte unserer Bemühungen um eine ständige Verbesserung innerhalb des Siemens Bereiches Energieerzeugung KWU aufzeigen.

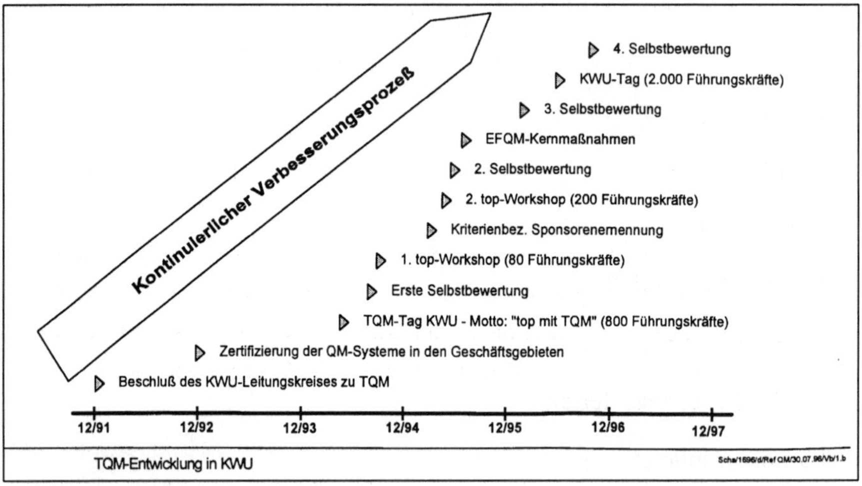

Abbildung 1: TQM-Entwicklung in der KWU

Die schon immer an das Kraftwerksgeschäft gestellten hohen Qualitätsanforderungen haben es mit sich gebracht, daß die allgemeine Entwicklung der Qualitätskonzeption konsequent beobachtet wurde.Im Dezember '91 fiel daher der Entschluß im KWU-Leitungskreis, TQM in einem 3-Stufen-Konzept einzuführen.

Im ersten Schritt wurden Vorträge für Führungskräfte zum TQM-Verständnis angeboten und eine Broschüre über TQM-Grundsätze an alle Mitarbeiter (MA) verteilt. Beispiele hierfür sind:

- das neue Qualitätsverständnis:

  Total Quality Management (TQM) ist eine Methode, welche die gesamte Kette des Leistungsprozesses umfaßt und alle vorstehenden Bemühungen mit einschließt. TQM soll mithelfen, unsere Wettbewerbsposition nachhaltig und langfristig zu stärken[1].

- Die Einbindung aller Führungskräfte und Mitarbeiter:

Die Leiter der Geschäftsgebiete legen für ihren Verantwortungsbereich die Ausführungsbestimmungen zur TQM-Einführung fest. Alle Geschäftsgebiete sollen ihre Arbeitsprozesse nachweislich so beherrschen, daß sie von einem akkreditierten Institut nach DIN EN ISO 9001 zertifiziert werden können. Die laufenden bzw. geplanten Projekte zur Produktivitätssteigerung sind in das TQM-Konzept einzubeziehen. Das zentrale KWU-TQM-Team übernimmt die Beratung des Leitungskreises bezüglich Koordinierung und Ausrichtung aller Aktivitäten auf die Gesamtzielsetzung[1].

Quelle und Ursprung aller wirtschaftlichen Güter ist die menschliche Arbeit. Je weiter das endgültige Produkt der Arbeit sich vom natürlichen Rohstoff entfernt, je höher also sein Veredelungsgrad ist (bis hin zur nahezu rohstofffreien Dienstleistung), desto ausschließlicher bestimmt die Güte der Arbeit die Güte ihres Resultats. In rohstoffarmen, (und deshalb) hochindustrialisierten Hochlohnländern, wie Japan und Deutschland, die ihren Importbedarf nur durch den Export anspruchsvoller, komplexer, also hochveredelter Industrieprodukte decken können, ist Qualitätsmanagement daher letztlich und im Kern Personalmanagement[2].

TQM gilt als umfassender Begriff aller Maßnahmen. Folgende Aufgaben sind für die Geschäftsgebiete vordringlich:

- Festlegung von Zielen und Projekten
- Einbindung aller Organisationseinheiten und Prozeßketten
- Festlegung des Trainingsprogramms für Führungskräfte und MA
- Förderung der Q-Gruppenarbeit

- Controlling der TQM-Aktivitäten
- Erreichung der Ratio Ziele

Bei diesen Bemühungen sollen die Grundgedanken des Europäischen Qualitätspreises, EFQM, beachtet werden. Die Kundenzufriedenheit, die Zufriedenheit der Belegschaft und der gesellschaftliche Nutzen werden vom Verhalten der Führungskräfte geprägt. Die Verwirklichung ihrer Politik und Strategie, die Personalplanung sowie der Mittel- und Prozeßeinsatz sind grundlegende Faktoren zum Erreichen ausgezeichneter Geschäftsergebnisse[1]).

2. Zertifizierung

Qualität ist zentrales Unternehmensziel bei Siemens:

Die Wirtschaftlichkeit von Kraftwerken hängt entscheidend von der Zuverlässigkeit, Sicherheit und Lebensdauer ab. An diesen Qualitätsansprüchen orientieren sich deshalb die technischen Lösungen von Siemens/KWU.

Über die individuelle Verantwortung der Mitarbeiter hinaus hat Siemens/KWU Qualität als zentrales Unternehmensziel festgeschrieben: Die *Qualitätsordnung* bestimmt Grundsätze, Aufgaben und Verantwortlichkeiten, um Qualität zu planen und zu realisieren. Die vier Geschäftsgebiete haben diese Qualitätsordnung in ihre *Qualitätsmanagementsysteme* umgesetzt, die in *QM-Handbüchern* beschrieben werden. Daß solche Systeme sich fortentwickeln, daß sie kritisch geprüft und kontinuierlich verbessert werden, versteht sich von selbst[3]).

Zertifizierung bei Siemens/KWU

Durch Zertifikate akkreditierter Zertifizierungsstellen, z. B. der Deutschen Gesellschaft zur Zertifizierung von Qualitätsmanagement-Systemen (DQS) oder der TÜV-Zertifizierungsgemeinschaft (TÜV-CERT), wurde allen vier KWU-Geschäftsgebieten sowie den neun Vertriebsregionen und den Werken im Zeitraum 12/92 bis 1/94 bestätigt, daß deren Arbeitsprozesse den genormten Qualitätsmanagementsystem-Anforderungen entsprechen, und daß diese Arbeitsprozesse beherrscht werden3).

3. top mit TQM

Im Laufe des Jahres 1993 wurde die siemensweite top-Bewegung ins Leben gerufen. Auf der Basis eines notwendigen, kulturellen Wandels sind Produktivität, Innovation und neue Märkte die Säulen, die unser Wachstum durch stärkere Kundenorientierung mobilisieren. Konsequenterweise hat der Bereich KWU seine TQM-Bemühungen unter den Slogan „top mit TQM" gestellt4).

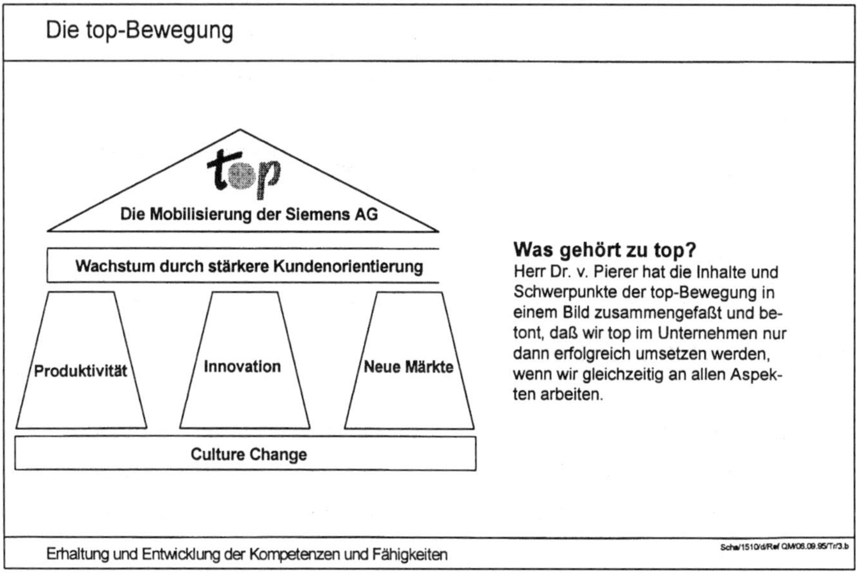

Abbildung 2: Die top-Bewegung

Die Erfahrungen dieser ersten 2 Jahre haben aber gezeigt, daß der notwendige Wandel nicht nur durch fachbezogene Informationen, sondern durch einen Paradigmen-Wandel herbeigeführt werden muß. Hierzu wurde 4/94 ein TQM-Tag (für ca. 800 Führungskräfte) durchgeführt. Die Programmstruktur mit den Elementen

- Mobilisierung der Führungskräfte
- Methodische Ansätze, Aufzeigen konkreter Einzelbeispiele

geht aus Abbildung 3 hervor.

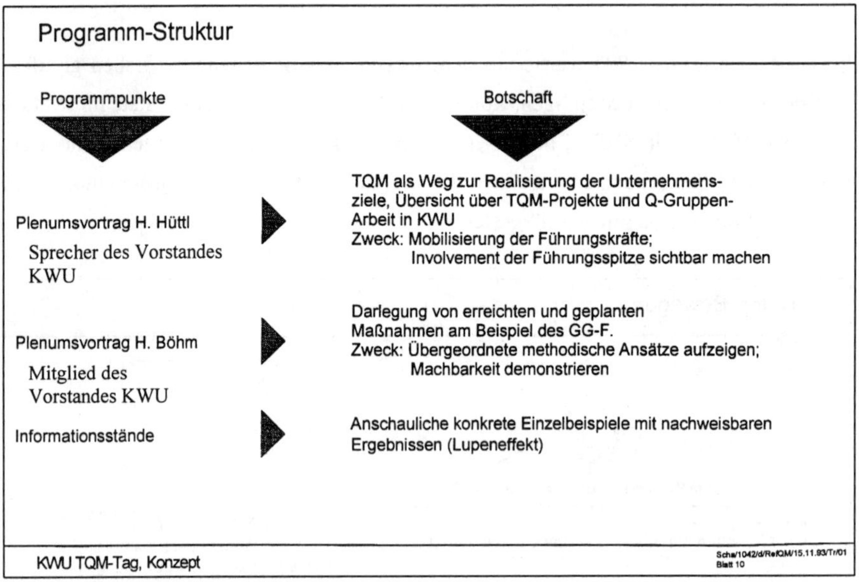

Abbildung 3: KWU TQM-Tag

Probeweise und als Schulungsmaßnahme konzipiert, erfolgte im Juli/August '94 eine Selbstbewertung aller Geschäftsgebiete. Im Rahmen eines top-Workshops, den das top-Zentrum der Siemens AG für alle Bereiche organisiert hat, hat sich die KWU mit ihren obersten 80 Führungskräften endgültig verpflichtet, konsequent dem EFQM-Modell zu folgen, einschließlich der Teilnahme an der EQA-Ausschreibung ab 1997.

4. Das EFQM-Modell

Das Modell des EFQM[5)] unterteilt sich in Befähiger- und Ergebniskriterien. Die im Modell formulierten Anforderungen ermöglichen den Vergleich zwischen der Leistungsfähigkeit der eigenen Organisation und dem Benchmark, einer imaginären 1000-Punkte-Firma, die aus heutiger Sicht die „Business Excellence" darstellt.

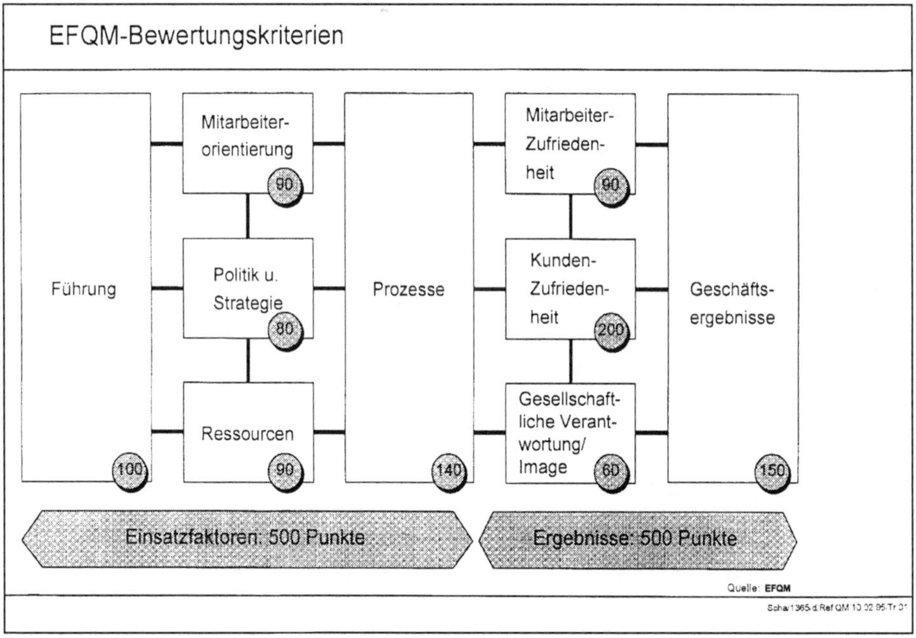

Abbildung 4: EFQM-Bewertungskriterien

Dies verdeutlicht die Zielsetzung und den Zweck des europäischen Modells für Business Excellence. Anhand regelmäßiger Selbstbewertungen soll das Unternehmen seine Verbesserungen auf dem Weg zur Unternehmensqualität beurteilen. Somit ist die absolute Punktzahl, die eine sich selbstbewertende Organisationseinheit erzielt, ein Maß für die Wettbewerbsposition. Die erzielte Verbesserung - von einer zur nächsten Selbstbewertung - geben ein Maß für die Managementleistung auf diesem Weg.

Die Kriterien unterteilen sich auf der Befähigerseite in bis zu 6 Unterpunkte (a-f). Die Ergebniskriterien sind jeweils in 2 Unterpunkte gegliedert. Als weitere Unterteilung bietet das Modell Ansatzpunkte, die als ***mögliche*** Hinweise zu verstehen sind, zu denen jedes ***top***-Unternehmen bei der Darlegung seiner Business Excellence Nachweise liefern sollte. Die Ansatzpunkte der einzelnen Befähigerkriterien stehen für die Managementprozesse des Unternehmens. Sie beantworten **WIE** die Prozesse im Unternehmen ablaufen.

Bei den Ergebniskriterien liefern die Ansatzpunkte die Hinweise, welche Kennzahlen zur ganzheitlichen Steuerung des Geschäftes sinnvoll sein könnten. Mit ihnen wird beschrieben, **WAS** das Unternehmen erzielt, bzw. erzielt hat. Die Anwendung des Modells hat vielfältigen Nutzen, u. a.:

- Ermittlung von Verbesserungsbereichen
- Definition und Controlling von Projekten
- Bestandteil von Zielgesprächen
- Benchmarking nach innen und außen

4.1 Befähigerkriterien

In den Befähigerkriterien ist jeweils zu beschreiben, **„wie"** bestimmte Prozesse ablaufen. Hierbei handelt es sich um die Managementprozesse des Unternehmens, mit deren Hilfe lenkend und steuernd auf die Geschäftsprozesse des Unternehmens Einfluß genommen wird. Darzulegen ist also das Arbeiten **am Prozeß**. Managementprozesse, die sich aus den Ansatzpunkten der Befähigerkriterien ableiten lassen, sind beispielsweise:

- wie kommuniziert wird,
- wie Ziele vereinbart werden,
- wie die Politik und Strategie formuliert wird, aber auch
- wie die wesentlichen Geschäftsprozesse identifiziert werden.

Die Geschäftsprozesse sind sicherlich wesentlicher Bestandteil des EFQM-Modells, denn ohne diese Prozesse ist ein Unternehmen nicht vollständig beschreibbar. Hinsichtlich der Maßstäbe und der Bewertung anhand der Kriterien des Modells sind nur die Managementprozesse im Fokus der Betrachtung. Dieses Zusammenwirken soll mit den Definitionen **„Arbeiten im Prozeß“** und **„Arbeiten am Prozeß“** verdeutlicht werden.

4.2 Die Ergebniskriterien

Nicht die Geschäftsprozesse, jedoch deren Ergebnisse sind im Rahmen der Ergebniskriterien Bestandteil des Modells. In ihnen weist das Unternehmen die Leistungsfähigkeit seiner geschäftlichen Aktivitäten nach und indirekt auch die Effektivität und Effizienz der steuernden und lenkenden Einflußnahme auf das Geschäft durch die Managementprozesse. Bei den Ergebniskriterien stehen sinnvollerweise nicht nur die monetären Geschäftsergebnisse im Vordergrund, sondern auch die Themen, die bei ihrer Erfüllung die monetären Ergebnisse stark beeinflussen. Hierbei handelt es sich um die verbleibenden Ergebniskriterien:

- Kundenzufriedenheit,
- Mitarbeiterzufriedenheit und
- gesellschaftliche Verantwortung und Image.

Hinzu kommen noch als Teil des Kriteriums Geschäftsergebnisse, die nicht finanziellen Ergebnisse, bei denen es sich um Leistungskenngrößen der Geschäftsprozesse, wie z. B. Durchlaufzeit, Liefertreue etc. handelt.

4.3 Folgerungen

Dies verdeutlicht, daß es einen Regelkreis zwischen den Bestandteilen des EFQM-Modells (Befähiger und Ergebnisse) und den Geschäftsprozessen gibt, der in der

Reihenfolge Managementprozesse, Geschäftsprozesse und Ergebnisse abläuft. Geschlossen wird der Regelkreis durch die Interpretation der Ergebnisse in Form definierter Kennzahlen, die Hinweise liefern, welche Maßnahmen getroffen werden müssen, um die Befähiger und somit auch die Geschäftsprozesse zu verbessern bzw. zu stabilisieren. Es gibt also nur einen indirekten und auch noch zeitlich verschobenen Zusammenhang zwischen den Befähiger- und den Ergebniskriterien.

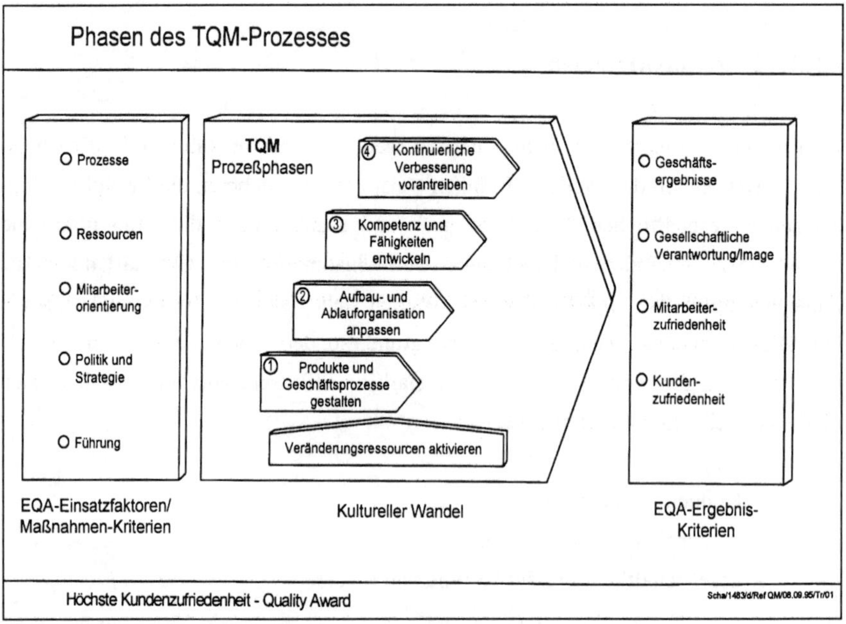

Abbildung 5: Phasen des TQM-Prozesses

Dies bedeutet, daß Maßnahmen, die zur Verbesserung der Befähigerkriterien getroffen werden, in ihrer Wirkung durch die Geschäftsprozesse beeinflußt werden und erst nach einer gewissen Zeit sich positiv in den Ergebniskriterien niederschlagen können.

5. Einordnung des EFQM-Modells

Wie erläutert, sind im EFQM-Modell die Managementprozesse und die Ergebnisse Bestandteil der Betrachtung. Die Geschäftsprozesse sind ausgeklammert, haben aber eine nicht zu vernachlässigende Wirkung. Dieser Zusammenhang folgt einer bestechenden und wie in solchen Fällen üblich einfachen Logik. Die Mathematik lehrt uns, daß, wenn in einem Dreieck zwei Eckpunkte (die Winkel) und deren Abstand zueinander definiert sind, das ganze Dreieck beschrieben ist.

Übertragen auf das EFQM-Modell bedeutet dies, wenn die Managementprozesse der Befähigerkriterien systematisch geführt werden und die Ergebniskriterien über Jahre einen gewünschten positiven Trend aufweisen, dann entsprechen die Geschäftsprozesse auch den Anforderungen einer Business excellence. Somit reichen wiederholte Selbstbewertungen nach den Anforderungen des EFQM-Modells unter scheinbarer Vernachlässigung de Geschäftsprozesse völlig aus, um die Business excellence beurteilen zu können.

6. Business Excellence Prozeß

Wirkungsvoll kann das Modell in Form von Selbstbewertungen nur genutzt werden, wenn die Selbstbewertungen in einen übergreifenden Managementprozeß integriert sind. Dieser als **Business Excellence Prozeß** zu bezeichnende Prozeß ist ein wesentlicher Schritt hin zu der lernenden Organisation. Die Selbstbewertung ist hierin integraler Bestandteil. Basierend auf den Ergebnissen von Kunden- und Mitarbeiterbefragungen und aus dem Trend der restlichen Kennzahlen werden die notwendigen Maßnahmen erarbeitet. Diese Maßnahmen beziehen sich auf die Verbesserung der Managementprozesse, der Befähigerkriterien und auf die Geschäftsprozesse zwischen den Beurteilungszeiträumen.

Umsetzung der Maßnahmen und Verbesserung der Kennzahlen sind im übernächsten Schritt Gegenstand kaskadenartiger Zielvereinbarungen über alle Ebenen der Hierarchie hinweg für das nächste Geschäftsjahr. Die Budgetgespräche stecken hierbei den finanziellen Rahmen ab und müssen deshalb vor den Zielvereinbarungen ablaufen[5]).

6.1 Der Selbstbewertungsprozeß

Der Demingkreis oder auch Plan-Do-Check-Act-Kreis (PDCA)[6]) ist eine Grundlage, die sich auf den kontinuierlichen Verbesserungsprozeß anwenden läßt. Die Selbstbewertung deckt die Funktion Check, d. h. Review des Vorgehens, ab. Dies geschieht nach dem Grundsatz:

> Bewertet kann nur werden, was auch wirklich durch Dokumente und Aufzeichnungen nachweisbar ist.

6.2 Durchführung der Selbstbewertung

Die zeitliche Abfolge erstreckt sich über Benennung der Beteiligten, zwei Bewertungsrunden, dem Sammeln der Nachweise und die abschließende Gesamtbewertung auf ca. 2 Monate. Als Beteiligte sind Sponsoren je Kriterium und Geschäftsgebiet (GG) aus dem Kreis der ersten und zweiten Führungsebene, Fachberater und die QM-Organisation benannt.

Aufgaben der Sponsoren:

- Überprüfung der Maßnahmen hinsichtlich möglicher Gemeinsamkeiten beim Vorgehen
- Beschreibung der ausgewählten übergreifenden Themen nach einer einheitlichen Systematik
- Beschreibung aller relevanten EFQM-Managementprozesse nach einer einheitlichen Systematik
- Sicherstellung bzw. Einführung des „closed loop“ bei allen Geschäfts- und Mana-

gementprozessen in den GG und den gemeinsamen Aufgaben, Vergleichbarkeit von Maßnahmen und Ergebnissen durch ausgewählte Kennzahlen.

Aufgaben der Fachberater:

- Erarbeitung bzw. Koordination von übergreifenden Konzepten
  Kriterium, Prozeßbeschreibungen für Managementprozesse,
  Kennzahlen für Befähiger- und Ergebniskriterien
- Überprüfung der EFQM-Anforderungen bzgl. ihrer flächendeckenden Behandlung und KWU-einheitlichen Umsetzung
- Themenbezogene Hinzuziehung weiterer Fachkenner
- Vorlage der Konzepte beim Sponsorensprecher zur Abstimmung zwischen den Geschäftsgebieten

Auch der Ablauf der Selbstbewertung läßt sich als Regelkreis darstellen und beschreiben:

- Festlegung der Schwerpunkte aus den Standard-Ansatzpunkten je Kriterium
- Beschreibung des Vorgehens zu den relevanten Ansatzpunkten der Befähigerkriterien als „closed loop" (Regelkreis)
- Messen der Kennzahlen für Vorgehen und Umsetzung bei den Befähigerkriterien sowie für Güte und Umfang bei den Ergebniskriterien
- Sammeln der Nachweise zu den Ansatzpunkten
- Sichtung der Nachweise
- Feststellung von Stärken und Verbesserungsbereichen
- Selbstbewertung für das Kriterium, ganzheitliche Betrachtung der Unterpunkte (Prozentwerte festlegen)
- Maßnahmen zur Absicherung der Stärken und zur Umsetzung von Verbesserungen ableiten
- Prioritäten und Verantwortliche für die Maßnahmen festlegen

Dabei bedienen sich alle Beteiligten gleicher formalisierter Hilfsmittel. Zur Umsetzung erforderlicher Maßnahmen stehen eine Vielzahl bereits entwickelter Werkzeuge zur Verfügung. Sie sind, das zeigen auch die Titel, überwiegend in anderen Kulturkreisen entstanden. Auf die richtige Auswahl solcher Methoden für den jeweiligen Zweck und die Anpassung an unsere kulturellen Gegebenheiten muß daher große Sorgfalt gelegt werden. Im folgenden sollen nun die wichtigsten Maßnahmen, die bei Siemens KWU in Angriff genommen wurden, kurz geschildert werden.

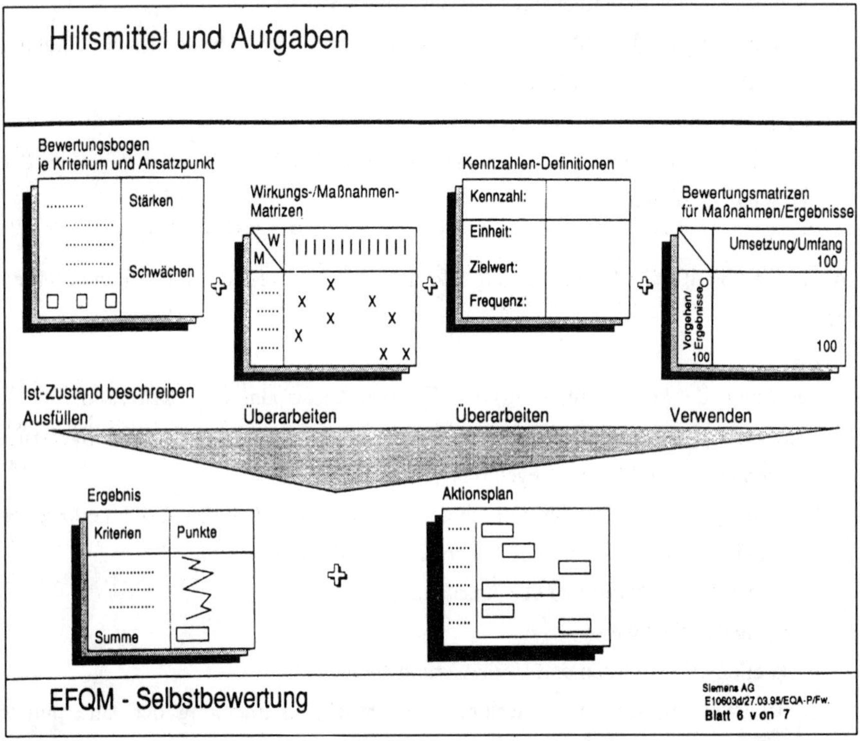

Abbildung 6: EFQM - Selbstbewertung

Besonders vielfältig und produktspezifisch sind die Produktivitätsprogramme, die letztlich auf eine vollständige Restrukturierung der Geschäftsprozesse hinauslaufen.

Die **Restrukturierung** hat zum Ziel[7]):

- Neuorientierung der strategischen Ausrichtung, also z. B. Konzentration auf erfolgsträchtige Marktsegmente, transparente Abgrenzung, Beobachtung und erforderliche Maßnahmen für defizitäre Geschäftsfelder.
- Anpassung/Redimensionierung der Ressourcen. Häufig lassen sich Geschäfte nur durch radikale Kostenschnitte durch ein „Down Sizing der Ressourcen" mit guter Aussicht auf raschen Erfolg weiterführen.
- Unterstützt muß dies in vielen Fällen durch eine Veränderung der Aufbaustruktur der Organisation werden.

So wurde in unserem z. Z. wichtigsten Marktsegment „GuD-Anlagen" (kombinierte Gas-Dampf-Kraftwerke) eine Kostenreduzierung von 30 % und eine Bauzeitverkürzung von 32 auf 24 Monate erreicht. Im Geschäftsfeld Kraftwerksleittechnik wurde eine neue Generation TELEPERM XP geschaffen, die moderne „Mensch-Maschine-Interfaces" mit „offener Kommunikation" bietet.

Im Geschäftsgebiet N (Nukleare Energieerzeugung) wurden nach einer Umstrukturierung ein mit Schwerpunkt Gesamtanlagen ausgerichtetes Unternehmen auf den neuen Schwerpunkt Service-Leistungen mit Hilfe der TCT-Methode (Total Cycle Time) was Geschäftsprozesse angeht, optimiert. So wurden Verkürzungen der Durchlaufzeiten bei der Angebotslegung von 50 %, beim Engineering von bis zu 40 % erreicht. Die Betriebsunterbrechung für Kraftwerksrevisionen wurden am Beispiel GKN II von 34 Tagen 1991 auf 17 Tage 1995 halbiert[8]).

7. Mitarbeiterbefragung

Die Meinung unserer Mitarbeiter über ihr Unternehmen bildet die wichtigste Informationsquelle für die Planung und Umsetzung von Maßnahmen auf dem Weg unseres kulturellen Wandels.

Durch eine Projektgruppe Mitarbeiterbefragung (MAB) wurden die Ziele der MAB festgelegt. Daran schloß sich eine Vorbefragung in Form von Einzel- und Gruppeninterviews mit insgesamt 255 Mitarbeitern aus den unterschiedlichsten Ebenen und Funktionen an verschiedenen Standorten an. Dabei bestand für die Mitarbeiter bei der MAB 1995 im Rahmen von drei offenen Fragen die Möglichkeit, ihre selbst formulierten Meinungen im Fragebogen wiederzugeben. Die dort geäußerten Wünsche wurden in die Überarbeitung des Fragebogens für die MAB 1996 mit einbezogen, so wurden u. a. zwei Fragen zur Unternehmensstrategie neu aufgenommen und der Fragebogen insgesamt gestrafft. Im Rahmen des Review des Befragungsprozesses wurden für die MAB 1996 weitere Verbesserungsmaßnahmen eingeführt.

8. Zielvereinbarung und Kursbuch

Entsprechend der Politik unseres Unternehmens, Mitarbeiter zu (Mit-) Unternehmern zu machen und ihre individuellen Fähigkeiten und Energien auf gemeinsame Ziele hin auszurichten, wurde 1995 der Prozeß der Zielvereinbarung und des Kursbuches eingeführt. Ziele zu definieren und abzustimmen war als solches kein grundlegend neuer Prozeß. Neu ist jedoch, daß der Prozeß kaskadenförmig über alle Ebenen unter Beteiligung von jeweils drei Ebenen geführt wird, und daß sich die Ziele der KWU nach den vier Ergebniskriterien des EFQM-Modells gliedern.

Das Kursbuch unterstützt als Dokumentationsmedium den Prozeß und schafft Transparenz durch die Darstellung der Ziele der verschiedenen Ebenen. Es stellt die Verbindung zum jeweiligen Auftrag einer Organisationseinheit sowie zu den Arbeitsschwerpunkten des Geschäftsjahres und den Leitlinien sowie der Vision der KWU dar.

9. Vorgesetztenbeurteilung / Führungsgespräch

Mindestens einmal jährlich treffen sich Mitarbeiter und Führungskraft und sprechen über das Führungsverhalten in ihrer Gruppe. Ziel ist dabei nicht, den Vorgesetzten an den Pranger zu stellen, sondern ihm offene, konstruktive Hinweise darüber zu geben, wie er die Qualität seiner Führung optimieren kann.

Die Mitglieder der jeweiligen Einheit bestimmen durch Mehrheitsentscheid eine Vertrauensperson. Jedes Gruppenmitglied erhält anschließend einen Fragebogen, auf dem verschiedene Dimensionen des Führungsverhaltens anhand einer fünfstufigen Skala mit ca. 40 Fragen anzukreuzen sind. Die Auswertung der Fragebögen erfolgt DV-gestützt durch die Vertrauensperson. Danach erläutert sie der Führungskraft die Abweichung von Selbst- und Gruppeneinschätzung und moderiert die anschließende Diskussion. Im Regelfall ergibt sich aus der Diskussion eine Maßnahmenliste für die Führungskraft, die dann als Basis für das nächste Führungsgespräch dient.

10. Visionen

Anläßlich des 2. top-Workshops wurden 9 Leitsätze zu den Kriterien des EFQM-Modells als Visionen (Abbildung 7) in Workshops erarbeitet: Diese wurden durch einen Arbeitskreis zu der Vision ***Power for Generations*** als Dach zusammengefaßt.

Abbildung 7: KWU-Tag 96

Literaturverzeichnis

1) KWU Broschüre: TQM - Qualität durch und durch, 8/92

2) Karl Josef Ehrhart: Das Gold in den Köpfen ,QZ 40

3) Klaus Vollenbruch: Zertifizierung gewährleistet anerkannte Produktqualität, Siemens Power Journal, 1/95

4) Adolf Hüttl: Aus dem Vorwort zu Siemens Power Journal, 1/95

5) Dr. Christian Frühwald: Anwendung des EFQM-Modells für Business Excellence (Entwurf)

6) W.E. Deming: Quality and Competive Position, Institut of Technoly, Massachusetts, MA 02139, 1992

7) Dr. Hans Böhm: Die Umsetzung von TQM in den Geschäftsgebieten, KWU TQM-Tag, 27.04.94

8) Eberhard Schomer: Siemens Power Journal, 2/96

Zertifizierung im Mittelstand - Erwartung und Auditierung

Gerhard Esch / Wolfgang Leisenberg

1. Zertifizierung - aus der Sicht eines nicht zertifizierten Unternehmens

1.1 Argumente für eine Zertifizierung

1.2 Argumente gegen eine Zertifizierung

1.3 Schlußfolgerung

2. Zertifizierung - aus der Sicht eines Auditors

2.1 Einleitung

2.2 Das interne Audit

2.3 Das externe Audit

2.4 Resümee für externe Audits

2.5 Zum Abschluß

1. Zertifizierung - aus der Sicht eines nicht zertifizierten Unternehmens

Wolfgang Leisenberg

Die Gründe für eine Zertifizierung, die Argumente dafür und dagegen, sind von Firma zu Firma verschieden. Aber es gibt auch Argumente pro und kontra Zertifizierung, die vielen Unternehmen gemeinsam sind. Die wichtigsten dieser Argumente konnte der Verfasser, Geschäftsführer einer Engineering-Firma mit 30 Mitarbeitern, in der Erfahrungsgruppe DIN ISO 9000 der IHK Friedberg mit anderen Interessierten austauschen.

1.1 Argumente für eine Zertifizierung

Ein Argument, für viele das entscheidende, ist, daß der *Kunde* nur mit zertifizierten Unternehmen zusammenarbeitet. Im Bereich der mittelständischen Wirtschaft, wo sich viele unzertifizierte Unternehmen bewegen, ist das (noch?) kein zwingendes Argument für eine Zertifizierung. Aber schon bei ähnlichen Projekten im angelsächsischen Bereich ist der Kunde oft erstaunt, daß die Zertifizierung in Deutschland noch nicht der Normalfall ist.

In manchen Fällen wird die Zertifizierung als *Marketing-Instrument* angesehen, um damit beim Abnehmer den Eindruck zu erwecken, daß das Produkt eine gegenüber dem nichtzertifizierten Mitbewerber höhere Qualität aufweist, was zwar wünschenswert wäre, aber nicht der Fall sein muß.

Läßt man die Betrachtungsweise vom Abnehmer her außer acht, dann fragt man sich, welche Vorteile eine Zertifizierung für den Betrieb selbst haben könnte. Hier sind schon größere Differenzen in der Betrachtungsweise von Unternehmen zu Unternehmen zu beobachten.

Beispielsweise wird die Herstellung von Lieferbeton schon seit langem so weitgehend überwacht, daß eine Zertifizierung keine oder kaum zusätzliche Qualitäts- oder Abwicklungsverbesserungen erwarten läßt. In anderen Bereichen wie dem Anlagenbau kann dies anders sein.

Obwohl natürlich jede erfolgreiche Firma ein Qualitätssystem im weitesten Sinne besitzt, formal nachvollziehbar oder nicht, zwingt eine Zertifizierung doch dazu, die *Abläufe einmal ganz genau zu untersuchen und festzuhalten.* In vielen Fällen wird man Grauzonen entdecken, wo der Informationsfluß oder die Verantwortlichkeiten nicht klar definiert sind.

Bei dieser systematischen Betrachtung der Prozesse werden auch Wege deutlich, wie Fehler vermieden oder aber an der frühest möglichen Stelle wieder korrigiert werden können. Dies wirkt sich in einer meßbaren Reduktion der *Abwicklungsfehler* und *Nacharbeits-Kosten* und, was im Anlagenbau besonders wichtig ist, in einer höheren *Kundenzufriedenheit,* aus.

Dies ist zwar nicht direkte Folge einer Zertifizierung, aber doch eine Folge dessen, daß man gezwungen ist, sich mit den Abläufen intensiv auseinanderzusetzen, wozu sonst, weil „es ja funktioniert" kein Anlaß bestünde.

Ein weiters Argument für die Zertifizierung ist die Bildung eines *Qualitätsbewußtseins* und die Einbeziehung der Mitarbeiter in den Qualitätsprozeß.

1.2 Argumente gegen eine Zertifizierung

Natürlich hat jede Sache auch Schattenseiten. Als häufigstes Argument gegen die Zertifizierung wird neben den *Kosten* die Gefahr einer *Bürokratisierung* genannt.

Dieses Argument kann man nicht von der Hand weisen, denn es wird eine umfangreiche Dokumentation verlangt, und die Regeln und Arbeitsabläufe, die man festgelegt hat, müssen eingehalten werden. Dies birgt die Gefahr der *Einengung* und des Verlustes an *Kreativität* bzw. die Förderung einer *schematischen Vorgehensweise* in sich.

Aber diese Argumente gelten nur in den Fällen, in denen dem Betrieb ein QM-System „verordnet“ wurde, das dann ohne Integration in den Betriebsablauf nur noch als ein *notwendiges Übel* betrachtet wird.

1.3 Schlußfolgerung

Betrachtet man die Argumente für und gegen die Zertifizierung, dann muß man sagen, daß die *Vorteile deutlich überwiegen.* Die *Nachteile sind vermeidbar*, wenn ein organisches Zusammenwachsen von Betriebsablauf und Qualitätssystem erreicht wird.

Aus den Erfahrungen anderer Betriebe und von Fachleuten müssen bei der Einführung eines QM-Systems nach DIN ISO 9000 zweckmäßigerweise folgende *Grundsätze* beachtet werden, um die negativen Auswirkungen zu vermeiden, bzw. die positiven zu stärken:

- Es sollte *nicht* ein QM-System am Reißbrett entworfen und dem Betrieb *übergestülpt* werden, sondern die Abläufe sollten vom Qualitätsstandpunkt her optimiert und dann den einzelnen Elementen der DIN ISO 9000 zugeordnet und, wo nötig, ergänzt werden.

- Es sollte im Q-Handbuch *möglichst wenig festgelegt* werden, insbesondere dort, wo die DIN „kann“-Bestimmungen vorsieht. Dies erhält die Flexibilität und läßt der Kreativität ihren Raum.

- Die Verfahrens- und Arbeitsanweisungen sollten möglichst *grafisch* dargestellt werden (Flow-Charts o. ä.), und nur soweit im *Detail festgelegt* sein, daß daraus nicht ein schematisches Arbeiten ohne eigene Initiative entsteht.

- Die *Mitarbeiter* müssen sich mit den Abläufen *identifizieren* können. Deshalb müssen sie in die Erarbeitung der Vorschriften einbezogen werden. Vor Ort sieht man vieles anders und auch im Detail genauer als in den höheren Ebenen.

Die jeweils notwendigen *Dokumente* sollten allen Mitarbeitern schnell und einfach *zugänglich* sein. Änderungen, da dokumentierungspflichtig, müssen an allen Orten, an denen das Dokument gebraucht wird, sofort nachvollziehbar sein. Hier gibt es mittlerweile Software (z. B. von Siemens), die eine papierlose Dokumentation in einem PC-Netz erlaubt, in dem jeder den Zugriff auf exakt die Daten (Verfahrensanweisungen, Arbeitsanweisungen, Normen) hat, die seinen Arbeitsbereich betreffen.

2. Zertifizierung - aus der Sicht eines Auditors

Gerhard Esch

2.1 Einleitung

Die Grundlage für die Einführung eines QM-Systems ist das Qualitätsaudit. Es handelt sich um ein Instrument, das die Schwachstellen im Unternehmen aufdecken und zu Verbesserungsmaßnahmen führen soll. Die eingeleiteten Verbesserungsmaßnahmen sind durch sogenannte Nachaudits auf ihre Wirksamkeit zu überprüfen.

Abbildung 1 zeigt eine Übersicht der Auditarten, die ein QM-System bietet bzw. die Anforderungen der einzelnen Auditarten darstellt. Nun soll nicht mehr auf weitere Erklärungen der einzelnen Auditarten eingehen werden, da schon genügend Lektüren auf dem Markt vorhanden sind. Vielmehr soll über praktische Erfahrungen (12 Jahre im Bereich der Qualitätssicherung davon 6 Jahre als Leiter QM) hinsichtlich interner Audits sowie externer Audits von Zertifizierungsstellen berichtet werden.

2.2 Das interne Audit

Als erstes soll das interne Audit angesprochen werden, da es sich aus der Sicht des Verfassers um das wichtigste Audit überhaupt handelt. In der Abschlußphase beim Aufbau eines QM-Systems, wird mit dem internen Audit der Grundstock zur erfolgreichen Implementierung gelegt. Es ist sicherzustellen, daß alle Anforderungen des ausgewählten QM-Systems erfüllt sind. Ganz wichtig sind noch folgende Fragen:

- Sind noch Verbesserungspotentiale vorhanden?
- Gibt es positive Aspekte für das Unternehmen?
- Gibt es positive Aspekte für den Mitarbeiter?

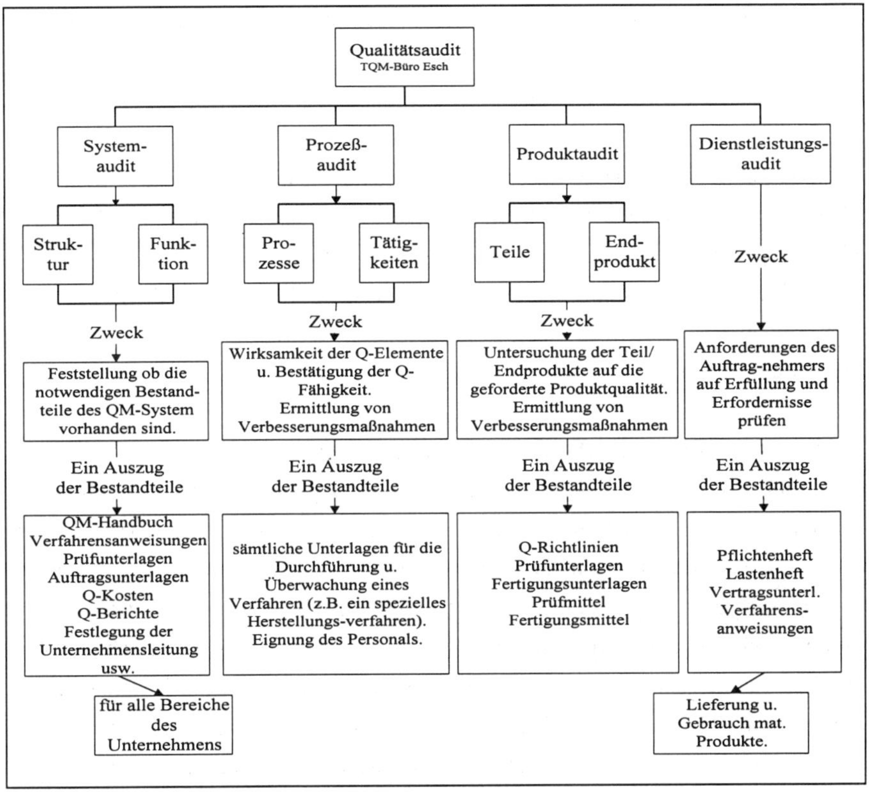

Abbildung 1: Übersicht der Auditarten

Bevor das interne Audit durchgeführt wird, hat der QMB die Aufgabe (in Zusammenarbeit mit der Geschäftsleitung) ein Auditteam auszuwählen, welches sich aus Mitarbeitern aller Bereiche des Unternehmens zusammensetzt. Das Team kann aus dem oberen Management bis zum Angestellten / Arbeiter bestehen, was viele Vorteile mit sich bringen kann, wie z.B. die Identifikation von der obersten bis zur untersten Stufe des Unternehmens mit dem QM-System.

Wichtig: Das Team sollte ein Personenkreis sein, der fachlich und menschlich im Unternehmen anerkannt ist. Dies erleichtert die Aufgabe des internen Audits erheblich. Das Team ist von dem QMB auf das interne Audit durch Schulungen vorzubereiten.

Gemeinsam sollte eine Frageliste entwickelt werden. Hier sollte man sich von benannten Stellen als Hilfsmittel deren Frageliste zur Hand nehmen und an die Bedürfnisse des Unternehmens anpassen.

Hat das Auditteam seine Aufgaben abgeschlossen, werden nun die Mitarbeiter des Unternehmens vom QMB auf das Audit durch interne Schulungen vorbereitet. Es ist ein Auditplan über Termin, Uhrzeit, Bereiche bzw. Abteilungen und den zu auditierenden Q-Elementen zu erstellen. Zum Beispiel die Geschäftsleitung muß entsprechend dem Element 01 und 02 die Ziele des QM-Systems abstecken und den Qualitätskostenbericht erstellen.

Ist das interne Audit abgeschlossen, sind für die Bereiche mit Abweichungen, die Auditberichte, zu erstellen. Diese sind mit dem jeweiligen verantwortlichen Bereichsleiter festzuhalten. Gleichzeitig ist ein Termin abzustimmen, an dem das Nachaudit durchgeführt werden soll, um die Verbesserungsmaßnahmen auf Wirksamkeit zu überprüfen. Sollten alle Maßnahmen des QM-Systems erfüllt sein, so kann das offizielle Audit durch das Zertfizierungsunternehmen eingeleitet werden. Die Auswahl des Zertifizierungsunternehmen (ZU) ist von der Geschäftsleitung mit dem QMB zu treffen. Hat man ein ZU ausgesucht, erfolgt zunächst ein Informationsgespräch mit dem in der Regel zukünftigen Auditor. In diesem Informationsgespräch sollten folgende Punkte angesprochen werden:
- Die allgemeinen Bedingungen für die Zertifizierung des QM-System
- Die Geschäftsbedingungen (ZU und Auftraggeber)
- Die Zertifizierungskosten

Die weitere Aufgabe der Geschäftsleitung sowie des QMB ist in diesem Infogespräch auch das QM-Konzept und die Ziele, die man mit diesem System erreichen will, klar darzustellen. Sollten hier schon gravierende Diskrepanzen hinsichtlich des aufgebauten QM-Systems in bezug auf sein Konzept bzw. Ziel auftreten, sollte man sich von diesem ZU / Auditor trennen. Das soll aber nicht heißen, wenn vorab Fehler im QM-System festgestellt wurden, diese auch zu akzeptieren. Es geht mehr darum, daß ein ZU bzw. Auditor nicht ihr / sein Konzept und System unbedingt durchsetzen müssen. Die Zertifizierten müssen sich mit ihrem System, daß sie aufgebaut haben, identifizieren und es auch verteidigen. Hier gilt die Regel: „Unser Unternehmen muß damit leben und arbeiten, nicht das ZU bzw. der Auditor“. Man hat ja auch in der Vergangenheit, d.h. vor dem Aufbau des QM-Systems, nicht alles verkehrt gemacht, sonst wäre das Unternehmen schon nicht mehr existent.

Ist der Vertrag mit dem ZU abgeschlossen, werden die Unterlagen des QM-Systems wie das QM-Handbuch, die Verfahrensanweisungen, die Prüf- und Arbeitsanweisungen usw. zur Prüfung durch die Auditoren zur Verfügung gestellt. Bei dieser Prüfung werden die Unterlagen auf Erfüllung der entsprechenden Nachweisforderungen geprüft. Ist die Unterlagenprüfung positiv ausgefallen, erhält man einen Auditplan über die voraussichtliche Dauer und den Termin für das Audit. Der Tag des externen Audit ist da.

2.3 Das externe Audit

Der Anfang des externen Audits könnte folgendermaßen gestaltet werden:
- Vorstellung der externen Auditoren
- Überprüfung der Geschäftsleitung
- Überprüfung der Vertragsprüfung (Vertrieb, Auftragsannahme usw.)
- Überprüfung der Entwicklung / Konstruktion (Designlenkung)
- Überprüfung des Einkaufs (Beschaffung)
- Überprüfung der Fertigung (Produktion) usw.

Die Aufteilung der Aufgaben beim Audit ist folgende:

- Das Unternehmen muß die praktische Anwendung seines QM-Systems demonstrieren.
- Die Aufgabe der Auditoren ist, die praktische Anwendung des dokumentierten QM-Systems zu überprüfen und auf Erfüllung der Nachweisforderungen zu bewerten.

Nach Beendigung des Audits wird das Unternehmen in einem Abschlußgespräch über das Auditergebnis unterrichtet und Abweichungen im Abweichungsbericht festgehalten. Die Abweichungsberichte sind vom Auditbeauftragten des Unternehmens gegenzuzeichnen. Sind Nachaudits erforderlich, wird ein Termin festgelegt. Einige Tage später erhält man einen ausführlichen Auditbericht mit dem offiziellen Ergebnis.

2.4 Resümee für externe Audits

In den QM-Unterlagen ist nur das zu beschreiben, was auch in dem Unternehmen umgesetzt wird. Das Unternehmen profitiert nicht von aufgebauschten QM-Systemen oder von gekauften bzw. abgeschriebenen Handbücher sowie von dubiosen Beratungsunternehmen. Das große Erwachen kommt dann meistens während des externen Audits. Mit den Argumenten „die wollen nur unser Geld; unser Unternehmen braucht so etwas nicht; wir wollten doch nur wegen unseren Kunden das Zertifikat usw." werden aufgedeckte Mängel kommentiert und begründet. Sind Abweichungen während des Audits festgestellt worden und liegt noch nicht die nötige Erfahrung vor, so sollte ruhig der Auditor während des Abschlußgespräches nach Ratschlägen und Tips zur Fehlerbehebung befragt werden.

2.5 Zum Abschluß

Das Unternehmen muß lernen sein QM-System zu leben, alle Mitarbeiter mit einzubinden, die Verantwortung weiterzugeben und auch Verbesserungsvorschläge von der Basis zu holen. Nur so kann ein praktizierendes QM-System mit all seinem Vorteilen genutzt werden.

Zertifizierung im Mittelstand - Erwartung und Wirklichkeit

Martin Pebalka

1. Das Unternehmen
   1.1 Vorstellung des Unternehmens
   1.2 Stellung im Markt
   1.3 Stand von Qualitätssicherung und Umweltschutz
2. Erwartungen an das System
   2.1 Produktqualität
   2.2 Kundendienstqualität
   2.3 Wirtschaftlichkeit
   2.4 Organisation
   2.5 Mitarbeiter
   2.6 Umweltschutz
3. Wirklichkeit
   3.1 System
   3.2 Elemente
   3.3 Praktische Dinge
4. Zusammenfassung
5. Nachsätze

Viele Beiträge und Berichte vermitteln den Eindruck, daß die DIN ISO 9000 ff. nicht den besten Ruf hat, weil an diese Norm Erwartungen gestellt werden, die sie in Wirklichkeit gar nicht erfüllen kann und soll.

Den Erwartungen, die von unserem Unternehmen gestellt wurden, werden im ersten Teil zunächst einige branchentypische Besonderheiten des Unternehmens vorangestellt. Dabei soll kurz auf die Produkte, die Stellung im Markt und den bisherigen Stand der Qualitätssicherung sowie, im Hinblick auf das Öko-Audit, auch auf den des Umweltschutzes eingegangen werden. Im zweiten Teil geht es darum, wie bereits die Erwartungen durch die Besonderheiten des Transportbetons bestimmt werden. Der dritte Teil handelt schließlich von der Wirklichkeit und stellt eine kleine Auswahl von Problemen und ihrer Lösungen vor.

1. Das Unternehmen

1.1 Vorstellung des Unternehmens

Die Wetterauer Lieferbeton GmbH & Co. KG hat ihren Sitz in Bad Nauheim und produziert mit 13 Mitarbeitern in drei Mischwerken Betone, Spezialbetone, Estriche, Mauermörtel und Anhydrit-Fließestriche. Bei der Produktion werden Bindemittel, Zuschläge und Wasser nach Rezeptur dosiert und dann gemischt. Die Produkte werden mit einer Flotte von 12-14 Fahrmischern an die Baustellen geliefert, zum Teil aber auch durch die Kunden selbst abgeholt.

Im Transportbeton gibt es keinen Alltag. Die Arbeitszeit richtet sich nach den Kunden. Jede Mischung ist eine Einzelanfertigung, die just-in-time produziert und geliefert werden muß. Partnerschaftliche Verhältnisse mit Kunden und Lieferanten sind selbstverständlich. So muß bei großen Betonagen gemeinsam vorausgeplant werden, weil der Lagerbestand eines Mischwerkes dabei an einem Tag mehrfach umgeschlagen wird, auch nachts oder am Wochenende. Die Arbeit endet erst, wenn die Schalung voll und eventuell anfallender Restbeton recycelt ist. Und wer zu spät kommt, den bestraft der Beton mit Aushärtung.

1.2 Stellung im Markt

Das Unternehmen steht bei der Belieferung gewerblicher wie privater Kunden sowohl mit anderen Transportbetonlieferanten, als auch mit anderen Baustoffen in Konkurrenz, beispielsweise den Trockenmörtelsystemen. Die Liefergebiete der anderen Transportbetonunternehmen sind jedoch, genauso wie das Eigene, durch den Treibstoffverbrauch und lange Umlaufzeiten der Fahrzeuge sowie die durch das Abbinden beschränkte Transportzeit der Produkte und die dadurch notwendige Zumischung von teuren Erstarrungsverzögerern beschränkt. Die Konkurrenz durch andere Baustoffe ist gering, solange die Kunden zufrieden sind. Um solche Kundenzufriedenheit zu erreichen hat der Transportbeton die folgenden Trümpfe in der Hand:

Geschulte Verkäufer, ein Entwicklungs- und Prüflabor und eine enge Zusammenarbeit mit den Verbänden und Zementherstellern bieten Know-how, wie z.B. betontechnologische Beratung bei der Auswahl oder Entwicklung von Betonsorten und logistische Beratung zum Einbau des Betons, für den wir auch Betonpumpen stellen. Auf Anfrage können Kontakte zu Unternehmen, die den Beton nachbehandeln, wie etwa glätten oder vacuumieren, und F&E-Kontakte für Sonderrezepturen vermittelt werden.

Die Betonnorm schreibt für Transportbeton aufgrund geeichter Dosiereinrichtungen und leistungsstarker Zwangsmischer niedrigere Mindestzementgehalte vor, als für baustellengemischten Beton. Dieser Kostenvorteil in der Produktion, aber auch der aus dem Großeinkauf des Materials wird an die Kunden weitergegeben. Beim Einsatz von Transportbeton hat der Kunde keine Kapitalbindung für Mischeinrichtungen sowie Material und entlastet, besonders in den Innenstädten, seine Baustelle von Staub und Lärm. Für werksgemischten Leicht-Mauermörtel können Nachweise gemäß der Wärmeschutzverordnung ausgestellt werden. Den Abnehmern von Mörtel werden kranbare Kübel gestellt, die nach Bedarf an die Baustelle gebracht und auch wieder abgeholt werden.

Bemerkenswerterweise beschränken sich diese Trümpfe auf die Bereiche Service und Preis. Die Produktqualität wird überhaupt nicht erwähnt, sie zählt nicht, ist genormt, und sie wird vom Kunden einfach vorausgesetzt. Damit sind die Bemühungen, es dem Kunden so bequem aber auch so preiswert wie möglich zu machen, sehr wichtig, um gegen die natürlichen Feinde des Transportbetons, die Hersteller von Element-Systemen, den Stahlbau, und alle Baumärkte, die Mischmaschinen verkaufen, zu konkurrieren.

1.3 Stand von Qualitätssicherung und Umweltschutz

1.3.1 Stand der Qualitätssicherung

Die Betontechnologie ist mit einem Alter von über 100 Jahren ausgereift. Funktionierende Rezepturen werden nicht mehr geändert, nur die Mischtechnik konnte stetig verbessert werden. Ein seit Jahrzehnten bewährtes System mit internen und unabhängigen externen Prüfstellen überwacht die Rezepturen, die Ausgangsstoffe und das Produkt sowie die Anlagen und Fahrmischer. Produktqualität, Prüftechnik und die langjährig optimierten Arbeits- und Verwaltungsabläufe haben nur ein geringes Verbesserungspotential.

Die Zeit zwischen Produktion und Prüfung beträgt mindestens 28 Tage. Daher sind kontrollierte Prozesse bei Beton nichts neues, sondern die Geschäftsgrundlage. Nur geprüfte und freigegebene Rezepturen, Ausgangsstoffe und Verfahren machen Produktqualität und –eigenschaften vorhersagbar. Schwankungen der Produktqualität sind noch am ehesten bei den verarbeiteten Zuschlägen zu erwarten, die zumeist Naturprodukte sind. Um gegebenenfalls rechtzeitig Korrekturen durchzuführen, wird die Festigkeitsentwicklung der verschiedenen Sorten mit Stichproben fortlaufend beobachtet. „Neue“ Produkte, wie wasserundurchlässiger Beton für weiße Wannen, Stahlfaserbeton, der keine konstruktive Bewehrung braucht, hochfeste Betone aus dem Bohrinselbau oder Ökobeton zum Wegebau in Schutzgebieten haben langjährige Erprobungen hinter sich, bevor sie auf den Markt kommen. Im Sinne von Element 4, Design, wird keine Grundlagenforschung betrieben und kein neuartiger Baustoff zur Marktreife gebracht, sondern es werden Rezepturen entwickelt und erprobt, mit denen die zielsichere Herstellung von Betonen mit definierten Eigenschaften aus den vorort eingesetzten Ausgangsstoffen möglich ist.

Traditionell gibt es für Beton eine Art ungeschriebener Produkthaftung, die sicher mit zur Entwicklung der bestehenden Qualitätssicherungssysteme beigetragen hat. Im Schadensfall muß der Nachweis einer korrekten Lieferung angetreten oder Ersatz geleistet werden. Eine Rückverfolgbarkeit der Produkte ist daher nicht nur eine Normforderung, sondern sie liegt auch im Eigeninteresse. So werden die Einwaagen aller Chargen protokolliert. Denn auch wenn im Produktionsprozeß genau nach Rezeptur dosiert wird, kann durch Verarbeitungsfehler die geforderte Festigkeit verfehlt werden.

Zur Fehlervermeidung werden die Kunden auf jedem Lieferschein informiert, daß der Beton an Festigkeit verlieren kann, wenn er während der Aushärtung nicht vor Sonne, Frost und Erschütterungen, wie etwa beim Rammen, geschützt wird. Abhängig von der Rezeptur weist ein Zusatztext auf verlängerte Schalfristen hin, etwa bei einem erhöhten Flugaschenanteil, der den Beton u.a. wasserundurchlässig macht, oder wenn ein Erstarrungsverzögerer zugemischt wird. Im Falle von Anhydrit-Fließestrich ist es eine Vorbeugemaßnahme, wenn das Produkt ausschließlich an Kunden geliefert wird, die es auch durch bewertete Fachbetriebe einbauen lassen.

Das größte Qualitätsproblem – aus der Sicht des Kunden – sind Verspätungen. Aus der Sicht des Kundendienstes bzw. des Disponenten gibt es für die „Betontaxis“, Bedarfsspitzen deren Aufkommen nur bedingt planbar ist und für die weder Mischanlagen noch Fuhrpark ausgelegt sind. Für große Betonagen kann der Fuhrpark bei rechtzeitiger Anforderung durch Leihfahrzeuge erweitert und die Mischanlagen können durch Kooperation mit anderen Unternehmen entlastet werden. Doch zumeist müssen solche Auftragsüberhänge durch geschickte Disposition entschärft werden, wobei Vorbestellungen immer Vorrang haben. Das kann für einen Tagesbesteller bedeuten, eine Stunde warten zu müssen, aber ehe ein Kunde hängen gelassen wird, bitten wir einen Mitbewerber, die Lieferung auf unsere Rechnung teilweise oder ganz zu übernehmen.

Die Qualitätssicherung im Transportbeton, auch bei den Kunden- und Lieferantenschnittstellen, hat durch die Eigenarten der Produkte sowie langjährige Erfahrungen und Lernprozesse einen Stand erreicht, der die Anforderungen der DIN ISO 9000 nicht zu scheuen braucht. Ähnliches gilt im Bereich des Umweltschutzes.

1.3.2 Umweltschutz

Der Beton hat ein schlechtes Image weil er beliebt ist. Die Natur wird zubetoniert und nicht zugeplant oder zuasphaltiert, weil Beton für viele konstruktive Probleme die einzige Lösung und, weil wetterfest, auch sichtbar ist und damit am stärksten ins Auge sticht. Eine von den Bauwerken getrennte Betrachtung läßt den Baustoff Beton in einem besseren Licht erscheinen.

Bei den Bindemitteln wird lediglich der Zement unter Energieaufwand hergestellt, Hüttensand ist ein Recyclingprodukt aus der Eisenproduktion, Flugasche kommt aus der Rauchgasentstaubung von Kohlekraftwerken und „Anhydrit“, der Estrichgips, stammt aus der Rauchgasentschwefelung. Bei den Zuschlägen wird, soweit technisch möglich und auch aus Kostengründen, lokales Material eingesetzt. Für die Anlieferung der Ausgangsstoffe und für die Auslieferung der Produkte werden ausschließlich Mehrwegverpackungen, nämlich Kieslaster, Silozüge und Fahrmischer verwendet. Das beim Recycling von Rückbeton anfallende Spülwasser wird ebenso wie das auf dem Betriebsgelände anfallende Niederschlagswasser gesammelt und in der Produktion eingesetzt. Aber auch am Ende des Produktzyklus läßt sich Beton gut recyceln, besonders effektiv bei Wiedereinbau vorort, z.B. bei Fahrbahnerneuerungen.

Damit ist der Transportbeton ein gutes Beispiel dafür, wie Kostendruck zu ökologischen Lösungen führen kann. Doch gerade deshalb wird eine offizielle Bestätigung des jetzigen Standes durch eine Zertifizierung im Umweltbereich nicht angestrebt, weil zusätzlicher Nutzen oder weitere Verbesserungen nur mit einem unverhältnismäßig hohem Aufwand erreicht werden können.

2. Erwartungen an das System

Ein neu ernannter Qualitätsbeauftragter hat viele Fragen: Was ist Qualität und wie kann man sie erkennen und nachweisen? Brauche ich einen Abweichungsbericht, wenn das falsche Fax-Papier bestellt wurde? Muß die Fehlerfreiheit von selbsterstellten Programmen bestätigt werden? Darf ich nur noch den Bleistift Nr. 9000 von Faber Castell verwenden?

Klare Antworten sind selten. Doch auch unklare Faustregeln sind nützlich bei der Orientierung im Labyrinth der Elemente: Qualität erkennt man an Meßlisten und Kundenfragebögen. Abläufe die keinen Einfluß auf die Produkt- und Kundendienstqualität haben, werden nur geregelt, wenn sie noch nicht bereits durch eine bestehende Norm geregelt sind, wenn es angemessen und sinnvoll ist oder, wenn es unumgängliche Forderungen der DIN ISO 9000 ff. sind. Viele Forderungen sind durch Verweise auf bereits angewandte Normen oder durch Festschreibung bestehender Regelungen erfüllbar.

2.1 Produktqualität

Der Kunde fordert Betone nach Norm mit definierten Eigenschaften und Mindestfestigkeiten, die konstruktiv vorgegeben sind, und ist selten bereit für zusäzliche Qualität mehr auszugeben, genauso wie bei einer Diskette. Deshalb ist eine noch exaktere Einhaltung der Rezepturen bei Transportbeton technisch sinnlos und ohne Einfluß auf die Stellung im Markt, denn in der Regel sind Reklamationen eher auf Verarbeitungs- als auf Materialfehler zurückzuführen.

Aus der Sicht eines Bauunternehmens hängt das Haftungsrisiko viel stärker von den Sach- und Sprachkenntnissen der Beton-Kolonnen ab, als von dem Lieferanten, der mit einer Materialprobe leicht in Regreß genommen werden kann. Daher wird von der Einführung eines Qualitätsmanagement-Systems keine Steigerung der Produktqualität erwartet, was ja eigentlich das Spannendste an einem Qualitätsmanagementsystem ist.

2.2 Kundendienstqualität

Wie eine Bankverbindung soll den Kunden auch eine Qualitätsverbindung mit genormter Schnittstelle und einem kompetenten Ansprechpartner geboten werden können, um die Voraussetzungen für eine unternehmensübergreifende Zusammenarbeit im Qualitäts-Management zu schaffen.

Dabei geht es auch darum, zu wissen, welche Bescheinigungen oder Dokumente welchen organisatorischen oder juristischen Zweck erfüllen, um mit Kunden oder anderen Transportbetonunternehmen, etwa im Rahmen von Liefergemeinschaften bei größeren Objekten, zusammenzuarbeiten, ohne dabei den Verwaltungsaufwand über das Notwendige hinaus zu erhöhen.

2.3 Wirtschaftlichkeit

Die wirtschaftliche Lage der Bauindustrie ist bekannterweise gespannt. Alteingesessene Firmen können wackeln und Abenteurer florieren. Wenn die Bonität eines Kunden ungenügend geprüft wird, gibt es bei Insolvenzen das Nachsehen. Wird zu langsam geprüft, dann liefert ein Mitbewerber. Mit der Einführung des Qualitätsmanagement-Element „Vertragsprüfung" soll der Vertrieb durch vereinfachte Regelungen entlastet werden, um schneller reagieren zu können ohne dadurch die Gefahr von Forderungsausfällen zu erhöhen.

Im Falle eines unverschuldeten Schadens möchten wir sicher sein, alles getan zu haben, weil wir unseren Kunden, aber schlimmstenfalls im Rahmen der Produkthaftung auch einem Gericht, darlegen müssen, warum wir uns weigern, einen Schaden im Rahmen der Kulanz zu regulieren. Der Streitwert kann dabei leicht die jährlichen Unterhaltskosten für ein Qualitätsmanagement-Systems übersteigen.

2.4 Organisation

Wer hauptsächlich genormte Produkte vertreibt, wird auch den Normgedanken bei der Darstellung von Abläufen befürworten. Die Einführung einer überbetrieblichen, einheitliche Sprache zur Identifizierung und Beschreibung von Betriebsabläufen nutzt allen Beteiligten. Wenn erst mit dem Qualitätsmanagement-System eine Art Stadtplan des Betriebs erstellt ist, wird es leichter ein Problem einzukreisen und zu lösen.

Die Betriebsabläufe auf Transportbetonanlagen haben sich seit ihren Anfängen in den 50- und 60er Jahren nicht mehr grundlegend geändert. Seither sind die Produktions-

und Verwaltungsprozesse kontinuierlich verbessert worden. Daher gibt es nur ein geringes Verbesserungspotential, wenn das bestehende Qualitätssicherungs-System zum Qualitätsmanagement-System erweitert wird. Am Anfang soll das System so schlank wie möglich gestaltet und gegebenenfalls erst später, als „selbstlernende Organisation" in kritischen Punkten verändert oder erweitert werden.

2.5 Mitarbeiter

Von dem System wird erwartet, die Mitarbeiter zu entlasten. Eine Identifizierung von qualitätsbestimmenden Prozessen und ihre Sammlung und Darstellung in einem Handbuch soll helfen, die Tätigkeiten aus dem Umfeld der Gewohnheit zu lösen und den Mitarbeitern neu bewußt zu machen.

In einem Mischwerk kann eine Funktion bzw. Stelle viele, aber auch sehr verschiedene Tätigkeiten umfassen. Es kann sogar sein, daß ein Mitarbeiter mehrere Funktionen hat, z.B. ein Mischmeister: er produziert nicht etwa nur den Beton und disponiert die Aufträge, er kennt auch die Anlage wie seine Westentasche und wartet sie vom Radlader fahren bis zum EPROM-Wechsel. Der Betriebsschlosser ist für Reparaturen zuständig, aber er ist auch Springer für die Mischmeister und die Betonpumpen. Die dafür notwendige Flexibilität soll auf jeden Fall erhalten bleiben und nicht durch bürokratische Regelungen erstickt werden. Diese Mehrfachfunktionen wurden nicht zusammengefaßt, weil das System einen einfachen Wechsel zwischen dezentralen Mischmeister-Disponenten und einem System mit einer zentralen Disposition ermöglichen sollte.

2.6 Umweltschutz

Obwohl wir ruhigen Gewissens einem Öko-Audit entgegensehen könnten, scheuen wir aus personellen und finanziellen Gründen die Durchführung. Banken und Versicherungen sollen zwar in Zukunft ihre Zusammenarbeit davon abhängig machen, doch die betrieblichen Umweltrisiken sind vergleichsweise gering und Altlasten werden gewöhnlich mit einem Preßlufthammer beseitigt. Daher ist weder die Einführung eines

Umweltmanagement-Systems geplant, noch sind dafür zusätzliche Schnittstellen vorgesehen.

3. Wirklichkeit

Bei einer bereits zertifizierten Transportbetongesellschaft ergab sich bei einer Auswertung, daß von zehn Abweichungen neun auf verspätete Lieferungen oder falsche Bestellungen (Sorte, Zeit, Pumpe) zurückgehen. So z.B., wenn nach dem Anlaufen einer Baustelle auf einmal ein Vorarbeiter mit geringen Deutschkenntnissen anhand eines für ihn vorbereiteten Notizzettels telefonisch Beton bestellen soll.

Solche und weniger drastische Fälle lösten dort den Großteil der Abweichungsberichte aus. Nur eine von zehn Abweichungen war auf Dispositionsfehler, Material- oder Produktmängel oder auf technische Fehler zurückzuführen. Diese Auswertung läßt erwarten, daß die geforderte Formulierung von quantitativen Qualitätszielen zunächst nur formell erfolgen kann, weil einerseits jede, auch sehr subjektive Beschwerde eines Kunden erfaßt werden soll, andererseits aber auch weiterhin Vorbesteller zuerst beliefert werden.

Dispositionsfehler werden sich nie vermeiden lassen, es kann lediglich geprüft werden, ob ein systematisches Problem vorliegt. Abweichungsberichte über Material- und Produktmängel dokumentieren nur die von den Mitarbeitern oder der Prüfstelle protokollierten Fehler für das Qualitätsmanagement-System und werden für die Berichte an die Geschäftsführung gebündelt. Korrekturmaßnahmen werden weiterhin im Rahmen des bestehenden QS-Systems ausgelöst. Technische Fehler und Wartungskosten werden bereits über Wartungsberichte und über separate Konten erfaßt. Auch hier wird das Qualitätsmanagement-System vor allem zusammenfassen.

3.1 System

Ein Musterhandbuch für Transportbetonunternehmen mit Material zu allen Ebenen des Systems war ungeheuer nützlich, um die Tiefe der Nachweise und den Grad an Detaillierung festzulegen. Der Teil A, das eigentliche Handbuch, konnte in weiten Teilen übernommen werden, auch deswegen, weil sich Qualitätspolitik und Prozesse in Transportbetonwerken prinzipiell ähneln. Im Teil B, den Verfahrensanweisungen, gab es erwartungsgemäß einen größeren Anpassungsbedarf. Dort war jeder Eintrag, wie z.B. Mitarbeiter, Bereiche, Verantwortlichkeiten und deren Darstellung in den Flußdiagrammen, im Einzelnen nachzuprüfen und anzupassen oder neu zu erstellen. Im Teil C wurden Arbeitsanweisungen nur erstellt, wenn eine Verfahrensanweisung nicht ausreicht, wie etwa bei Prüfungen oder beigestellten Produkten.

Bestehende Dokumente wurden unverändert in das System einbezogen, wie z.B. die Unterlagen zur vorgeschriebenen Fahrerschulung. Lediglich das Konditionsblatt wurde überarbeitet und ein einheitlicher Abweichungsbericht - die Fehlermeldung an den Qualitätsbeauftragten - wurde neu erstellt.

Quantitative Qualitätsziele, wie x % weniger Verspätungen, y % weniger Materialmängel und z% weniger Produktionsausfälle, an denen später die Funktion des Systems gemessen wird, sind mit Vorsicht zu formulieren.

3.2 Elemente

Es ist die Aufgabe des Qualitätsbeauftragten, nach einer Schulung mit theoretischem Schwerpunkt, aus dem Rahmen fallende Produktionsvorgänge an die Forderungen des Qualitätsmanagement-Systems anzupassen und ihnen bereits bestehende Prozesse oder Verweise auf andere Normen zuzuordnen. Weil das eine nicht immer spannende unendliche Geschichte ist, wird im Folgenden nur eine Auswahl von Elementen behandelt.

3.2.1 Element 4 „Design“

Im Transportbeton wurden schon früh betriebsinterne Prüfstellen für Produktdesign und -prüfung eingerichtet. Diese Prüfstellen zur Eigenüberwachung sind jedoch bei vielen Gesellschaften schon lange „outgesourced“. Freie Prüfgesellschaften, die beim

Hessischen Ministerium des Inneren akkreditiert sind und genauso wie ein betriebseigenes Betonlabor einer zweistufigen Fremdüberwachung unterliegen, haben oft diese Funktion übernommen.

Es versteht sich, daß die Abläufe eines Mischwerkes eng mit denen einer Prüfstelle verzahnt sind. Beim Aufbau eines Qualitätsmanagement-Systems sind daher zwei Wege denkbar, für die es auch Präzedenzfälle gibt. Ein betriebseigenes Betonlabor wird immer mitzertifiziert, ein externes Prüflabor kann mitzertifiziert werden, aber auch als akkreditierter Dienstleister betrachtet werden. Weil unsere Eigenüberwachung durch eine Prüfgesellschaft durchgeführt wird, sind wir den zweiten Weg gegangen, und haben vertraglich die Systemschnittstellen festgelegt.

3.2.2 Element 6 „Beschaffung“

Die Beschaffung von Material heißt zum einen Einkauf durch die Geschäftsführung, die mit den Lieferanten befristete Rahmenverträge abschließt, und zum anderen den Abruf des Materials durch die Mischmeister. Die Bindemittel werden ab Werk in Silozügen geliefert, die Zuschläge mit Kamera überwacht.

Die Erfüllung der Normforderungen ist mit den bestehenden Abläufen möglich. Die echten Probleme liegen in dem Timing der Anlieferung, wobei ein Stau im schlimmsten Fall zum Produktionsstop führen kann. Es gibt kein Sperrlager. Entweder wird ein ganzes Silo gesperrt, oder, bei Zuschlägen, das fehlerhafte Material mit dem Radlader aus der Box gefahren und außerhalb des Arbeitsbereiches des Schrappers, der automatischen Fördereinrichtung, gelagert. Auch wenn diese Schrapper nicht nach dem FIFO, sondern nach dem LIFO- Prinzip funktionieren, und damit die Auditfrage ob das Lager eine First-In-First-Out organisiert ist, mit einem Nein beantwortet werden muß, sind andere Unternehmen damit zertifiziert worden.

3.2.3 Element 9 „Prozeßlenkung“

Die Lenkung eines Prozesses mit einer Dauer von 30 Sekunden kann sich im Wesentlichen nur auf die Überwachung von automatischen Abmeß- und Mischeinrichtungen und einer Produktprüfung nach Augenschein beschränken.

Um aus einem Prozess-i.O. (in Ordnung) auf ein Produkt-i.O. schließen zu können, umfaßt der Leitstand einer Mischanlage auch unzählige Kontrollinstrumente. Dem Verfasser ist kein vergleichbar überwachter Prozeß bekannt. Das kann ein Mangel an Information sein, oder daran liegen, daß Prüfungen, die sich sonst über eine ganze Prozeßkette erstrecken, in einem einstufigen Prozeß zusammenfallen.

Eine Prüfung nach Augenschein ist daher keine Scheinerfüllung einer Normforderung. Sie hat hauptsächlich den Zweck die Konsistenz (Flüssigkeit) des Produktes, vor allem beim morgendlichen Anfahren der Anlage, und die Funktion der Instrumente zu kontrollieren.

3.2.4 Element 10 „Prüfung“

Die Norm fordert eine Zwischenprüfung, das ist jedoch bei einem einstufigen Mischprozeß so sinnvoll, wie ein Frühstücksei nach 2 Minuten zu köpfen, um zu sehen ob es schon halbfest ist.
Hier brachte die Erkenntnis weiter, daß im Sinne der Norm Transportbeton auch als Zwischenprodukt betrachtet werden kann, welches erst in der Schalung des Kunden zum Endprodukt wird. Damit wird die bisherige End- zur Zwischenprüfung und die Nach- eine Endprüfung, wobei für alle Mitarbeiter weiterhin die bisherigen Bezeichnungen für Produkte und Prüfungen gültig bleiben.

Die Unterschrift eines Mischmeisters auf dem Lieferschein bedeutet nicht mehr, daß alles seine Richtigkeit hat, sondern, daß die Einrichtungen ordnungsgemäß funktioniert haben und, daß das (Zwischen-) Produkt einer Prüfung nach Augenschein unterzogen wurde und damit den Prüfstatus „bestanden“ hat.

3.2.5 Element 13 „Lenkung fehlerhafter Produkte“

Je nachdem, ob ein fehlerhaftes Produkt bereits bei der Produktion oder erst nach dem Einbau festgestellt wurde, wird bei der Fehlerbehandlung in zwei verschiedene Verfahrensanweisungen verzweigt. Fehlerhafter Frischbeton kann leicht recycelt werden, aber fehlerhafter Festbeton muß schlimmstenfalls wieder ausgebaut werden. Die Fehlerkosten erhöhen sich dabei vergleichsweise stark. Normalerweise wird lediglich von einer Verzehnfachung der Fehlerkosten ausgegangen, wenn ein Produktfehler nicht sofort, sondern erst bei einer späteren Prüfung entdeckt wird. Dieser starke Anstieg der Fehlerkosten nach Aushärtung der Produkte ist eine weitere Erklärung für den bereits erreichten Stand des Qualitätssicherungs-Systems.

3.2.6 Element 15 „Lagerung von der Auslieferung bis zum Versand“

Der Umgang mit den Begleitpapieren, die Auslieferung der Produkte durch die Fahrmischer sowie die Zugabe von Fließmittel durch die Fahrer unmittelbar vor dem Entladen werden hier geregelt.
Die Produkte werden weder gelagert noch vor dem Versand konserviert. Dabei wird der Zusatz von Erstarrungsverzögerern oder Betonverflüssigern als integralen Bestandteilen der Rezeptur bereits im Element Design und deren Zugabe im Element Produktion behandelt.

Weil Beton nur durch Papiere identifizierbar ist, ist der Umgang mit Lieferscheinen bereits ausführlich geregelt. Dabei hat der Lieferschein für die Fahrer gleichzeitig die Funktion eines Abweichungsberichtes, auf dem auch eine Verspätung wegen Stau oder nur eine Funkstörung festgehalten wird. Auch Stichproben der Prüfstelle werden auf dem Lieferschein dokumentiert. Ein Nachweis für die Beantwortung der Audit-Frage, ob das Etikett die Ware beschädigt, wird nicht geführt.

3.2.7 Element 18 „Schulung"

Die Mitarbeiter haben bereits ein Bewußtsein für Qualität. Sie haben die Umstellung der Zementnorm hinter und eine Umstellung auf eine europäische Betonnorm vor sich. Die Begeisterung und Konzentrationsfähigkeit der Mitarbeiter nach einem 12-Stunden-Tag ist verständlicherweise endlich, doch sie sehen die Notwendigkeit ein. Vor allem, nachdem im Verlauf der ersten Schulung klar wurde, daß sich durch die Einführung eines Qualitätsmanagementsystems nichts grundlegend ändert. Teils wurden für Schulungen Termine vereinbart, teils wurde geschult wenn Zeit war. Dies war aufgrund der geringen Betriebsgröße gut möglich. Die Einwirkungen auf die Betriebsabläufe waren eher gering.

Die Übergabe von Verantwortlichkeiten an andere wird bewußter. Bei einem Mitarbeiter, der mehrere Funktionen inne hat, kann eine Übergabe der Verantwortung an sich selbst auch komische Seiten haben.

3.2.8 Element 19 „Kundendienst"

In diesem Element soll die Organisation des Kundendienstes zur Wartung der Produkte dargelegt werden. Aber wenn Beton gewartet bzw. saniert werden muß, dann ist das kein Serviceproblem, sondern ein Totalschaden, denn Wartungsfreiheit ist eine bei Vertragsabschluß unausgesprochen vorausgesetzte Produkteigenschaft, wie z.B. auch die graue Farbe.

Das Auslassen eines Elementes ist jedoch nicht möglich, weil die Norm, auch in gut begründeten Fällen, eine vollständige und umfassende Beschreibung aller Elemente verlangt. Daher sind in diesem Element die Beratung der Kunden und das Bereitstellen von Dienstleistungen beschrieben, soweit diese nicht bereits als Regelfall über den Verkauf, die Bestellannahme oder den Versand geregelt sind. Hier stehen natürlich die privaten Kunden im Vordergrund, die mehr Beratung brauchen.

3.3 Praktische Dinge

Ein gar nicht so unwichtiges Problem ist die korrekte Verwendung von männlichen und weiblichen Anreden und Bezeichnungen wie z.B. der/die Mitarbeiter/Innen. Sie ist wünschenswert, aber sie schränkt die Übersichtlichkeit der Dokumente ein und führt vor allem in Tabellen zum Platzmangel. Daher wurde ausschließlich die männliche Form verwendet und im Vorwort zum Handbuch darauf hingewiesen, daß damit alle Mitarbeiter gemeint sind.

Zur Erstellung der Unterlagen wurde ein PC-kompatibler 586/50 Rechner mit 24 MB RAM sowie ein Reset-bedürftiges Büropaket und ein Programm für Flußdiagramme eingesetzt. Der Speicher war vor allem beim Ausdrucken knapp. Typischerweise ist gleichzeitiges Arbeiten in mehreren Dokumenten erforderlich. Jedes Dokument wiederum, z.B. eine einzelne Verfahrens-Anweisung, besteht aus mehreren Dateien, nämlich aus Text, Tabellen, Logo und Flußdiagrammen, für die auch die zugehörigen Anwendungsprogramme geladen sein müssen. So ist angemessene Hard- und Software ein unverzichtbares Werkzeug.

Aus jetziger Sicht der Dinge stellt sich die ISO 9000 ff. als eine Papierdatenbank dar, in der identifizierte Prozesse und ihre Verknüpfungen niedergelegt sind. Daher sollte eine geeignete CAQ- Software den Qualitätsbeauftragten bei der Erstellung der Dokumente und der Wartung des Systems entlasten können.
Das Anlegen geheimer Papier- und Tonervorräte muß eine Vorbeuge- und nicht Korrekturmaßnahme sein und für das Kopieren, auch mit Sortierer, ist immer doppelt so viel Zeit einzukalkulieren wie zunächst angenommen, oder es ist an „outsourcing“ zu denken.

4. Zusammenfassung

Der Transportbeton verfügt über eine ausgereifte Technologie und umfassende Qualitätssicherungs-Strukturen. Das Risiko eines Bauherrn hängt damit vorwiegend von der Verarbeitung des Betons ab. Beton nach Norm kennt keine Produktionsgeheimnisse, dennoch ist die Herstellung eine Kunst. Weiche Kriterien, z.B. ob sich Beton oder

Mörtel gut „verschaffen" oder pumpen läßt, sind in keiner Norm zu regeln, aber wichtig für diejenigen, die den Beton bestellen und einbauen.

Alles in allem sind nur wenige Änderungen durch das Qualitätsmanagementsystem zu erwarten, weil nicht das Erfassen verzwickter Prozesse oder die Aufdeckung von optimierungsfähigen Strukturen, sondern eher die Neuinterpretation, Aktualisierung und Ergänzung des bestehenden Qualitätssicherungs-Systems im Vordergrund stand. Dennoch gilt, alles kann verbessert werden. Wir sind erst dann wirklich gut, wenn die Baumärkte in unserem Liefergebiet keine Mischmaschinen mehr verkaufen, doch das wird niemals als quantitatives Ziel im Qualitätsmanagement-System erscheinen.

5. Nachsätze

Vieles vom Vorgetragenen wird aufgrund der Eigenheiten des Transportbetons nicht so ohne weiteres übertragbar sein, aber es zeigt, wie anpassungsfähig und flexibel die DIN ISO 9000 ff. ist. Globaler Rat zu Qualitätsmanagement-Systemen ist schwer zu geben, zumal vor einer Neufassung der Norm, die wiederum nur einen unter vielen Qualitätswegen darstellt. Lokaler Rat ist, lieber das Handbuch den Abläufen anzupassen, Texte durch Listen und Listen durch Tabellen zu ersetzen sowie daran zu denken, daß eingesparte, nicht eingeführte, Dokumente Erfolge sind.

Die Eingangs erwähnte Enttäuschung über die DIN ISO 9000 ff. ist wohl auch darauf zurückzuführen, daß man durch Zertifizierung zwar zum Teilnehmer im Qualitätsverkehr wird, aber daß die Norm nicht sagt, wo das Ziel und wie es am leichtesten zu erreichen ist, sowie durch die Fixierung auf das Zertifikat, obwohl es erst spannend wird, wenn das System einige Zeit gelaufen ist.

Wenn manche Transportbetonunternehmen noch zögern, anstatt mit wehenden Fahnen einer an sich guten Sache voranzugehen, dann nicht, weil sie ein schlechtes Qualitätsgewissen haben, sonder wegen einem „Vorwärts in die Vergangenheit"-Gefühl.

Es bleibt, dem Qualitätskreis der FH Gießen-Friedberg für die Einladung zu danken.

Literaturverzeichnis

1) N.N.: Leitfaden zur Erstellung eines Qualitätsmanagementhandbuchs für die Betonindustrie, Bundesverband der Deutschen Transportbetonindustrie e.V. (BTB), Duisburg, 1994

2) N.N.: Transportbeton - vom Werk bis auf die Baustelle, ebenda, 1992

3) N.N.: Beton nach Maß - Betontechnische Daten von der Praxis für die Praxis, Dyckerhoff AG, Wiesbaden, 1994

4) N.N.: Der Betonkalender, Ernst & Sohn, Berlin

5) Robert M. Pirsig: Zen und die Kunst ein Motorrad zu warten, Fischer TB

Erfolgreiche Implementierung eines Qualitätsmanagement-systems

Martin Stroiczek

1. Einleitung
2. Was ist Qualität?
3. Abgrenzung ISO 9001-TQM
4. Implementierung der ISO 9001
5. Change Management
6. Methoden, Werkzeuge
7. Ausblick

1. Einleitung

Die ISO 9000 Normenreihe hat sich als Standard für Anforderungen an ein Qualitätsmanagementsystem weltweit durchgesetzt. Sie ist inzwischen ein vom Kunden gefordertes Qualitätsmerkmal geworden. Ein modernes Qualitätsmanagementsystem muß den heutigen und künftigen Marktanforderungen gerecht werden. Dabei gilt es die steigenden gesetzlichen Anforderungen zur Produkthaftung, Umwelt usw. zum Bestandteil des Qualitätsmanagementsystems werden zu lassen.

Dieser Beitrag soll ein Gefühl für die Wertigkeit der ISO 9001 vermitteln sowie Grenzen und Chancen aufzeigen. Es gibt kein allgemeingültiges Rezeptbuch, dazu sind die Unternehmen, ihre Produkte, Prozesse und Menschen zu vielfältig

2. Was ist Qualität?

"Qualität" ist eines der am häufigsten verwendeten Begriffe im Wirtschaftsleben. "Qualität" ist eine Selbstverständlichkeit. Wer hat sich jemals gegen "Qualität" ausgesprochen?

Eine Selbstverständlichkeit muß nicht näher beschrieben werden. Man geht davon aus, daß sie sich selbst erfüllt. Man glaubt, daß man sich fast nicht darum zu kümmern braucht, da durch Einrichtung einer Qualitätsstelle alles nötige geschehen sei. Ein Kunde entscheidet sich nur dann für uns, wenn er davon überzeugt ist, daß die erbrachte Leistung einen größeren Beitrag zur Lösung seines Problems liefert, als die unserer Wettbewerber. Deshalb *entscheidet der Kunde über unsere Qualität.*

Qualität ist die Erfüllung von Anforderungen und Erwartungen unserer Kunden. Wichtig ist deshalb zu wissen, was der Kunde von uns fordert und erwartet. Nicht die an internen Maßstäben orientierte Leistung ist ausschlaggebend. Es zählt letztlich nur das, was den Nutzen unseres Produktes für den Kunden erhöht - und darüber entscheidet der Kunde.

Abbildung: 1: Die Kundenentscheidung

3. Abgrenzung ISO 9001-TQM

Die Norm ISO 9001 legt Forderungen an ein Qualitätsmanagementsystem fest, die in erster Linie dazu dienen "*Kundenzufriedenheit durch die Verhütung von Fehlern in allen Phasen vom Design bis hin zur Wartung zu erreichen*"[1].

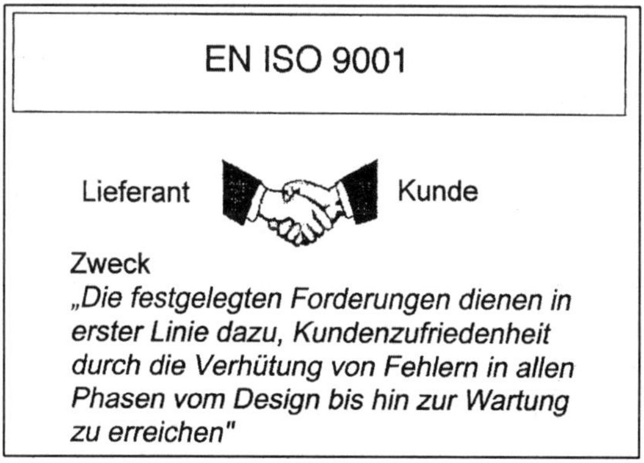

Abbildung 2: Zweck der EN ISO 9001

Damit liegt die Wirkung des QM-Systems mehr auf die Reduzierung von Fehlern. Es entspricht längst nicht mehr der marktwirtschaftlichen Qualitätsdefinition, daß mit der Null-Fehler-Zielsetzung gleichzeitig auch eine hohe Kundenzufriedenheit einhergeht. Wichtige Elemente eines Total Quality Management Systems (TQM) wie Effizienz der Prozesse, Wirtschaftlichkeit, Führung und Mitarbeiterführung und eine starke Kundenorientierung fehlen gänzlich. Zwar muß zur Erfüllung der Norm die oberste Leitung ihre Qualitätspolitik festlegen und dokumentieren. „*Die Qualitätspolitik muß relevant für die organisatorischen Ziele ... sowie für die Erwartungen und Erfordernisse seiner Kunden sein.*" Und das Unternehmen "*muß sicherstellen, daß diese Politik in allen Ebenen der Organisation verstanden, verwirklicht und aufrechterhalten wird*"[2]. Doch zur Zertifizierung reicht es im Sinne der Normausrichtung eine Q-Politik zur Fehlerreduzierung zu betreiben. Zur Mitarbeiterführung reicht es aus „*für die Schulung aller Mitarbeiter sorgen, die mit qualitätswirksamen Tätigkeiten betraut sind.*" Personal „*muß auf der Basis einer angemessenen Ausbildung, Schulung und/oder Erfahrung entsprechend den Forderungen qualifiziert sein*"[3].

Die Norm ist nur so gut wie ihre Interpretation. Die Erfüllung der ISO 9001 ist ein wichtiger Schritt. Eine auf Null-Fehler-Zielsetzung ausgerichtete Qualitätspolitik ist der erste Meilenstein auf dem Wege zum TQM-System. Es bleibt einem selbst überlassen mehr aus der "Qualitätspolitik" herauszuholen. Man kann dahinter ein komplettes TQM-System "verstecken".

Aus Erfahrungen im eigenen Unternehmen mit den Lieferanten, Gesprächen mit Zertifizierern und gängigen Studien lassen sich drei Gruppen von zertifizierten Unternehmen grob klassifizieren.

1 - Unternehmen von Kunden bedrängt, wollen nur das Zertifikat. Eine nicht optimierte Organisation wird in Verfahrensanweisungen lieblos betoniert. Qualität wird nicht verbessert, einzig die Kosten und die Mitarbeiterunzufriedenheit wegen der einhergehenden Bürokratie steigen. Marktanteile werden nicht gesichert.

2 - Unternehmen zuerst von Kunden bedrängt, erkennen das Potential der ISO 9001. Die Organisation wird durch saubere Definition von Schnittstellen teiloptimiert.

Teilweise erfolgen Qualitätsverbesserungen. Das System bleibt kostenneutral. Marktanteile lassen sich sichern.

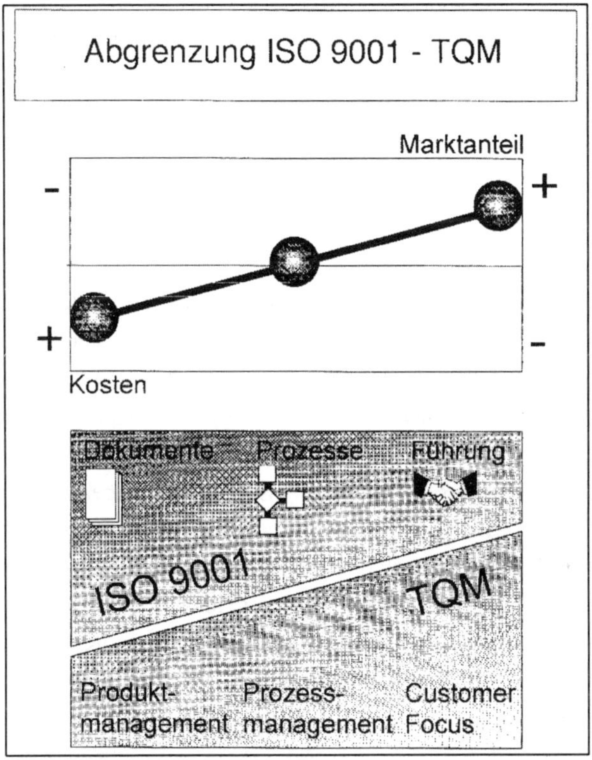

Abbildung: 3: Abgrenzung ISO 9001 zu TQM

3 - Unternehmen entwickeln Visionen zur totalen Kundenzufriedenheit. Total Quality Management wird zur Unternehmensphilosophie. Das ISO 9001 System wird aufgewertet. Die Kundenorientierung, Effizienz der Prozesse, Wirtschaftlichkeit, Unternehmens- und Mitarbeiterführung, werden fester Bestandteil des Qualitätsmanagementsystems. Es werden erhebliche, für den Kunden wahrnehmbare Verbesserungen erzielt. Das System erzielt Gewinne. Marktanteile lassen sich vergrößern.

Fazit: Die ISO 9001 kann nur in Verbindung mit TQM ihr maximales Potential entfalten.

4. Implementierung der ISO 9001

Die drei Kernelemente Dokumente, Prozesse und Mitarbeiter lohnen sich separat betrachtet zu werden, da in dieser Reihenfolge das Potential zum Erfolgs- oder Mißerfolgsbeitrag zunimmt.

Dokumente

Wesentlicher Bestandteil der Normerfüllung ist, daß alle Prozesse in Verfahrens-(Arbeits-)anweisungen hinreichend beschrieben sind und diese nachweislich bekannt und angewendet werden. Zum Nachweis sind Qualitätsaufzeichnungen zu führen. Hinreichend heißt, daß alle zur Durchführung notwendigen Schritte in genügender Präzision enthalten sind. Wie präzise dies sein soll hängt im starken Maße vom Prozeß und den Gegebenheiten im Unternehmen ab. Als Hilfe hat sich in der Praxis folgendes Gedankenmodell bewährt: Im plötzlichen Vertretungsfall sollte ein Mitarbeiter mit gleicher beruflichen Qualifikation der noch nie an diesem Arbeitsplatz gearbeitet hat anhand der Verfahrensanweisungen in der Lage sein, fehlerfrei zu arbeiten. Dieses wird er wegen mangelnder Routine nicht in der gleichen Geschwindigkeit tun können, aber die Fehlerverhütung ist dadurch sichergestellt. An dieser Stelle gibt es in der Regel ein Aufschrei der Entrüstung bei Mitarbeitern, die um ihre Ersetzbarkeit fürchten bzw. der Meinung sind, daß sich nicht alles in einer Anweisung beschreiben läßt. Dazu ist folgendes zu bemerken: Die Qualität der Produkte und Dienstleistungen und letztlich der wirtschaftliche Erfolg darf nicht von Urlaubsplänen oder längerer Krankheit einzelner Mitarbeiter abhängen. Ein erfolgreiches Unternehmen wird sich nicht von qualifizierten Mitarbeitern trennen. In wirtschaftlich schlechten Zeiten hängt eine Entlassung nicht davon ab, ob eine Arbeitsanweisung existiert oder nicht! Natürlich hinkt das Modell insbesondere bei stark handwerklichen oder kreativen Tätigkeiten. Viele detaillierte Hinweise zu Handgriffen oder ähnlichem signalisieren dem Leser, daß bei diesen Arbeitsschritten größte Sorgfalt anzuwenden ist.

Die Verfahrensanweisungen und Formulare müssen für die Mitarbeiter einfach zu handhaben sein. Lese- und Erfassbarkeit sind wichtige Voraussetzungen, daß die Anweisungen auch Beachtung finden und fehlerfrei angewendet werden. Folgend einige Hinweise:

- Titel, Dokumentennummer und Ausgabedatum deutlich sichtbar gestalten
- Dokumentennummern nach der Norm oder einer eigenen für jeden nachvollziehbaren Form strukturieren.
- Texte einfach formulieren, keine Prosatexte verwenden.
- Wann immer möglich Ablaufdiagramme einsetzten und mit Zusatztexten zur Detaillierung oder zur Beschreibung von Sonderfällen ergänzen.
- Bei umfangreichen Abläufen Themenblöcke in weitere Anweisungen und Dokumente ausgliedern und durch Angaben von Querverweisen auf einen überschaubaren Umfang reduzieren.

Entscheidungsmatrixen bringen viele Informationen übersichtlich in Form. Scheinbare Sonderfälle lassen sich meist gut unterbringen.

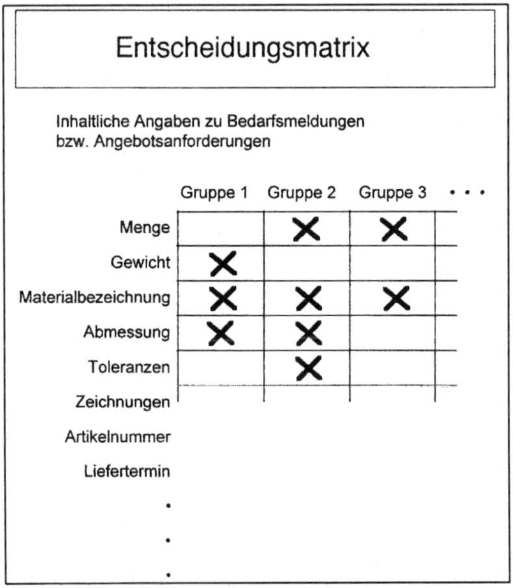

Abbildung 4: Entscheidungsmatrix

- Parameterlisten reduzieren die Anzahl umfangreicher Arbeitsanweisungen.
- Formulare übersichtlich gestalten, nicht im Stile einer Steuererklärung!
- Einfache Freigabe und Verteilabwicklung verabschieden. Kein Überformalismus mit komplizierten Unterschriftsregelungen.

- Wenn EDV-Netzwerk vorhanden, Anweisungen durch PCs zentral verwalten und bereitstellen.
- Dokumente „wartungsfreundlich“ gestalten. In einem System, welches aus Fehlern lernt und sich neuen Anforderungen stellt, ändern sich Dokumente häufig.

Parametertabelle

Parametertabelle Drehen, Fräsen

	Produkt 1	Produkt 2	Produkt 3	• • •
Zeichnung	96-016	96-017	96-018	
CNC Programm	P16	-	P18	
Maschine	Fräse 3	Dreh 2	Fräse 1	
Spannvorrichtung	Sp11	Sp2	Sp5	
Werkzeuge	T1, T7	T10	T1, T5, T6	
•	•	•	•	
•	•	•	•	
•	•	•	•	

Abbildung 5: Parametertabelle

Prozesse

Das Erstellen von Verfahrensanweisungen bietet Unternehmen die große Chance, Sinnhaftigkeit und Vollständigkeit bisheriger Verfahrensweisen zu überprüfen. Lassen sich Abläufe in Ablaufdiagrammen nicht vollständig beschreiben oder sind Ausnahmen die Regel, ist dieses ein sicherer Indikator für Organisationsmängel.
Mit Hilfe der WWWs, WER macht WAS WARUM? lassen sich die Abläufe im Unternehmen hinterfragen.

- Im ersten Schritt sollte das Unternehmen die Prozesse / Prozesshierarchie festlegen die in Verfahrensanweisungen zu beschreiben sind. Art und Umfang hängt entscheidend von der Unternehmensgröße ab.

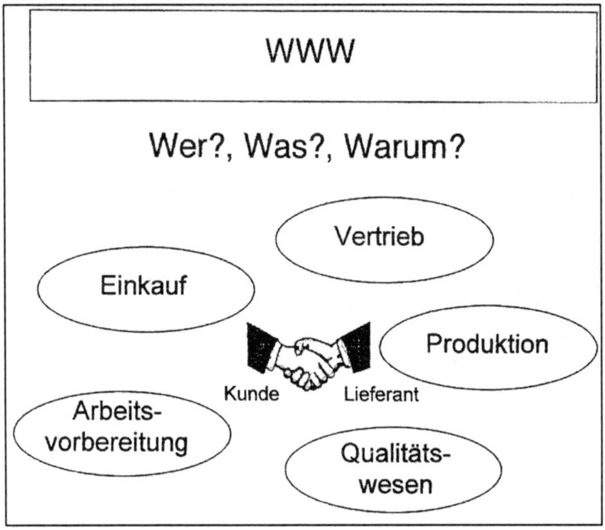

Abbildung 6: WAS – WER - WARUM

- Im zweiten Schritt ordnet man die Elemente der Norm den Prozessen zu.
- Nun sind die Schnittstellen zwischen den Prozessbereichen festzulegen. Wer ist interner Lieferant und interner Kunde? Welche Leistungen muß der interne Lieferant liefern? Wer hat Hol- und wer Bringschuld von Ware oder Information.
- Mit den Fachexperten, in der Regel die Mitarbeiter der Bereiche, wird nun der Prozeß beschrieben.

Mitarbeiter

Die Mitarbeiter sind das wichtigste Glied in der Kette zur erfolgreichen Realisierung. Nur wenn die erstellten Dokumente durch die Mitarbeiter mit „Leben" erfüllt werden, kann das Qualitätsmanagementsystem erfolgreich sein. Dies bedeutet:

- Umfassende Schulung der Mitarbeiter über die Qualitätsziele des Unternehmens, des künftigen Qualitätsmanagementsystems, der Rolle der Mitarbeiter und der anwendbaren Methoden und Werkzeuge.
- Verankerung des Gedankens der internen Kunden - und Lieferantenbeziehungen in den Köpfen der Mitarbeiter.
- Überführen des Abteilungsdenkens in eine ganzheitliche Unternehmensdenkweise.
- Aktive Einbindung der Mitarbeiter in den Gestaltungsprozeß der Abläufe und Anweisungen.
- Offene Kommunikation und Diskussion der Zwischenergebnisse.
- Schaffung notwendiger Ressourcen durch die Führung.
- Die Führungsmannschaft schafft ein Klima des Vertrauens und geht mit guten Beispielen voran.
- Veränderung ist das Maß der Dinge (siehe Change Management).

5. Change Management

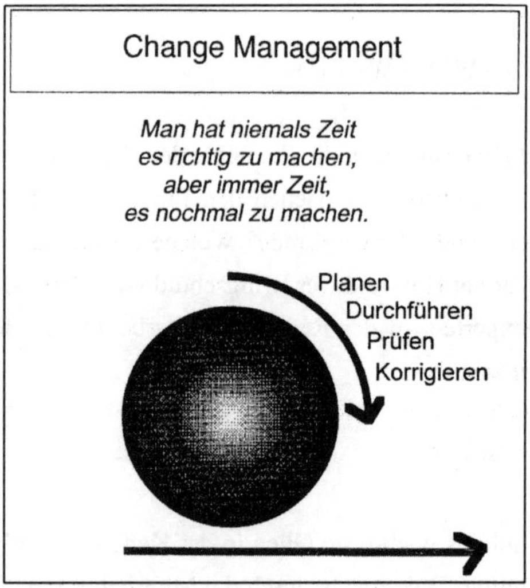

Abbildung 7: Change Management

In der ISO 9001, Element 14, heißt es lapidar:

Das Unternehmen „Muß zur Verwirklichung von Korrektur- und Vorbeugemaßnahmen Verfahrensanweisungen erstellen und aufrechterhalten." Die Verfahren müssen die Untersuchung der „Fehlerursachen bezüglich Produkt, Prozeß und QM-System" und „wirksame Behandlung" einschließen.[4] Hier schließt sich der Kreis zur Kernaussage der Norm, die „*Kundenzufriedenheit durch die Verhütung von Fehlern in allen Phasen vom Design bis hin zur Wartung zu erreichen*".[1]

Die Qualität der Umwandlung dieser einfachen Sätze in ein funktionierendes System ist **der** erfolgsbestimmende Faktor im Unternehmen. Erfahrene Auditoren erkennen an diesem Element, wie tief TQM im Unternehmen verwurzelt ist, ob alle an einem Strang ziehen, wie oberflächlich ein Qualitätsmanagementsystem gelebt wird, oder das System nur ein Lippenbekenntnis der Führung ist.

Korrektur- und Vorbeugemaßnahmen lassen sich aus einer Vielzahl von Ereignissen ableiten:

- Kundenreklamationen
- Kundenzufriedenheitsmessungen
- Änderungen der Kundenanforderungen
- Kundenaudits
- Interne Qualitätsaudits
- System Review
- Qualitätszielen
- Qualitätsstatistiken
- Verbesserungsteams
- Verbesserungsvorschläge
- Gesetzesänderungen

Ziele und Maßnahmen müssen meßbare Größen enthalten. Kann der Erfolg einer Korrekturmaßnahme nicht gemessen werden, ist es keine Korrekturmaßnahme.

Das Maß aller Dinge ist die Veränderung und deren Geschwindigkeit. Als Beispiel wird die zeitliche Entwicklung der Dokumentation dargestellt.

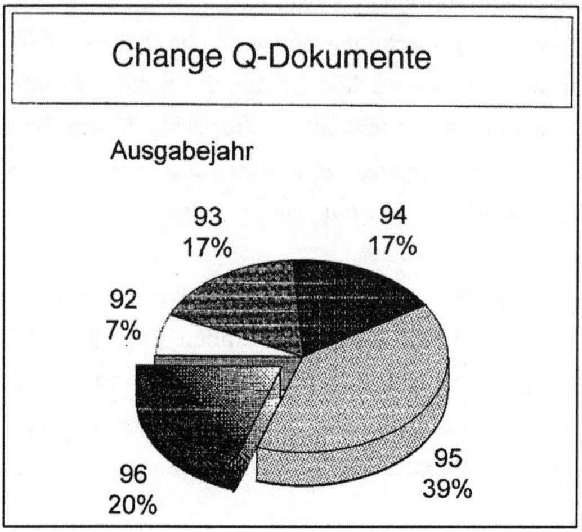

Abbildung 8: Change Q-Dokumente

Nur noch 24% der Dokumente haben den Revisionsstand 1992/93, stammen also aus dem Jahr der Zertifizierung oder davor. Selbst in 1996 wurden noch 20% aller Dokumente überarbeitet. Die damit einhergehenden Verbesserungen des Managementsystems führten zu signifikanten Reduzierungen der Fehlerquoten und Erhöhung der Termintreue sowohl intern als auch bei unseren Lieferanten. Die Kunden dankten mit steigenden Umsätzen.

Dabei ist es wichtig Qualitätsziele strategisch und langfristig auszulegen. Nicht immer kann mit einer Einzelmaßnahme sofort ein positiver Effekt erreicht werden. Am Beispiel der Qualitätsbeurteilung eines A-Lieferanten wird dieser Sachverhalt deutlich.

Die Zuliefererqualität auf ein vergleichbares Niveau zu bringen, ist ungleich schwerer, bedeutet es doch letztlich das Unternehmen ebenfalls zu einem TQM geführten Qualitätsmanagementsystem hin zu bewegen. Beharrlichkeit zeichnet sich aus ...

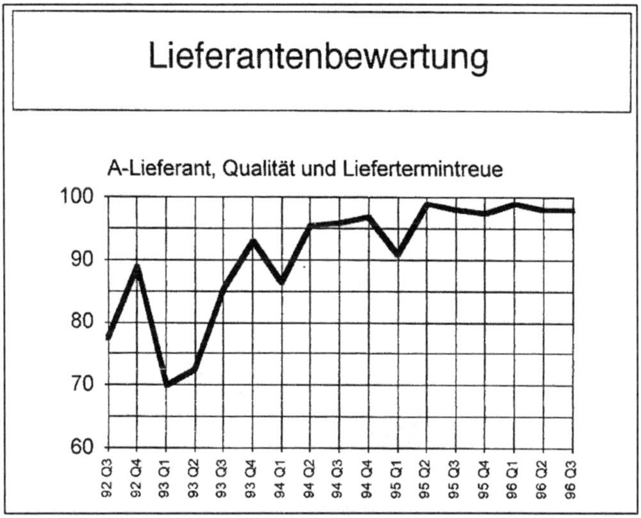

Abbildung 9: Lieferantenbewertung

„Man hat immer die Zeit es gleich richtig zu machen, aber nie die Zeit, es nochmal zu machen."

6. Methoden, Werkzeuge

Es gibt viele Methoden und Werkzeuge zur Unterstützung des Change Management. Täglich werden neue Begriffe geboren. Vielfach handelt es sich aber bei genauer Betrachtungsweise um „alten Wein in neuen Schläuchen". Deswegen sollten die Mitarbeiter in folgenden Grundlagen geschult werden:

- Qualitätspolitik und Ziele (Wo geht die Reise hin)
- Qualitätsmanagementsystem (Warum, Vorteile, Möglichkeiten)
- SPC, Prozeßfähigkeit (Steuerung, Überwachung, Zielverfolgung)
- Paretoanalyse (80% aller Fehler haben nur 20% Ursachen)
- Paarweiser Vergleich (Rangfolgen einfach und objektiv bestimmen)
- Arbeiten in Verbesserungsteams (Effektivität, Teamkultur)

Die Schulungen sollten mit eigenen Praxisbeispielen und Gruppenarbeiten unterstützt sein. Dabei sollte mindestens ein Teil der Schulung durch die eigene Führungsmannschaft durchgeführt werden. Bei größeren Unternehmen empfiehlt sich ein Top-Down Konzept. Geschulte Mitarbeiter schulen ihrerseits wieder Mitarbeiter der nächsten Ebene.

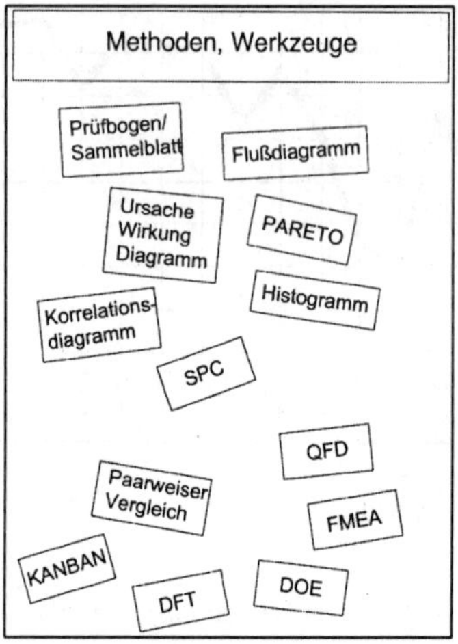

Abbildung 10: Methoden und Werkzeuge

7. Ausblick

TQM, ISO 9001, Umweltmanagement und neue Anforderungen wachsen in ein *integriertes Managementsystem* zusammen. Die Unternehmen werden sich dabei verändern und in zunehmenden Maße nicht mehr Funktions- sondern *prozeßorientiert organisiert* sein. Die nächste geplante Revision der ISO 9001 wird diesen Ansatz widerspiegeln. Durch EDV-Einsatz werden die Systeme noch schlanker, wartungs- und nutzungsfreundlicher und weitestgehend papierlos.

Literaturverzeichnis

1)-4) ISO 9001, Ausgabe August 1994, 10772 Berlin, S. 5, 7, 24, 22

Service-Marketing als Qualitätsfaktor - was macht Kunden zufrieden und bindet sie?

Richard Roth

1. Einführung

2. Der Beitrag des Service zur Qualitätswahrnehmung beim Kunden

   2.1 Begriffliche Grundlagen

      2.1.1 Service und Dienstleistung

      2.1.2 Qualität

   2.2 Die Besonderheiten von Service-Faktoren bei der Wahrnehmung von Qualität

3. Der Beitrag des Marketing-Konzepts für das Qualitätsmanagement

   3.1 Die Kerngedanken des Marketing-Ansatzes

   3.2 Die Bausteine des Service-Marketings

4. Die Relevanz des Service-Marketings für Kundenzufriedenheit und Kundenbindung

   4.1 Die Bedeutung von Kundenzufriedenheit und Kundenbindung als die zentralen Zielgrößen von Unternehmen

   4.2 Die Entwicklung grundlegender Service-Dimensionen

5. Fazit und Thesen

1. Einführung

Auf der Suche nach größeren Spielräumen für Wettbewerbsdifferenzierungen ist seit der Mitte der 80er Jahre der Service sowohl im Konsumgüter- als auch im Investitionsgütersektor zunehmend in den Blickpunkt des Interesses von Unternehmen gerückt. War die wissenschaftliche Diskussion der Service-Thematik bis in die Anfänge der 90er Jahre in Deutschland eher als sparsam einzustufen, ist spätestens mit der regelmäßigen Erhebung von Qualitäts- und Zufriedenheitsfaktoren durch das Deutsche Kundenbarometer ein enormer Anstieg des Interesses zu konstatieren.

Auf dem Deutschen Marketing-Tag 1995 wurde der Service zum Titelthema:

- „Service-Marketing hat Zukunft: Verdienen durch Dienen" (Absatzwirtschaft, Oktober 1995)
- „Können wir uns Dienstleistungen überhaupt leisten?" fragt Prof. Simon an gleicher Stelle, oder verdurstet der Kunde in der
- „Service-Wüste Deutschland" (Focus-Titel, Nr. 34, 1996)?

Dies sind nur drei - von vielen - Meinungen, Thesen und Fragen zum Thema *Service.*

Mindestens ebenso intensiv wird die *Qualitäts*-Debatte geführt, wobei hier das Begriffs-Trommelfeuer einen solchen Pulverdampf verursacht hat, daß dem an Aufklärung Interessierten der klare Durchblick mehr und mehr verstellt wird.

- „Qualität gewinnt" (Mc-Kinsey-Bericht)
- „Total-Quality-Management von Geschäftsprozessen"
- „Kundenorientierung durch Quality Function Deployment"

Je nach Kenntnisstand schwankt man zwischen Bewunderung und Skepsis angesichts der Probleme und Aufgaben, die das Qualitäts-Konzept vermeintlich zu lösen imstande ist. Trotz dieser umfangreichen Qualitäts- und Service-Debatten zeigt das Deutsche Kundenbarometer 1995[1], daß

a) die Kundenzufriedenheit in Deutschland im Jahre 1995 auf dem niedrigen Vorjahresniveau stagniert[2],
b) wichtige Zufriedenheitsmerkmale wie
    - Erreichbarkeit (z.B. bei Kundenanfragen)
    - Zuverlässigkeit bzw. Pünktlichkeit (z.B. bei Lieferzusagen)
    - Schnelligkeit (z.B. bei der Erledigung von Kundenwünschen oder Antworten auf Beschwerden)[3] sich in vielen Branchen rückläufig entwickeln, und
c) nur 47 % der Mitarbeiter den Service ihres eigenen Unternehmens für die Kunden als überzeugend einschätzen.[4]

Das aktuelle Deutsche Kundenbarometer 1996 stellt gar einen Rückgang der Kundenzufriedenheit auf das niedrigste Niveau seit 1992 fest! Von diesem Negativtrend sind besonders die Qualitätsmerkmale
- Freundlichkeit der Mitarbeiter
- Zuverlässigkeit
- Fachliche Beratung und
- Telefonkontakt

betroffen.

Diese wenigen Schlaglichter belegen die Brisanz und praktische Relevanz des Themas. Bei der folgenden Erörterung des Problems sollen drei Fragen als Richtschnur dienen:

1. *Welchen Beitrag liefert der Service zur Qualitätswahrnehmung beim Nachfrager?*
2. *Inwiefern liefert gerade der Marketing-Ansatz Problemlösungspotentiale für die Fragen der Service-Qualität?*
3. *Welche Faktoren des Service-Marketings sind relevant für die Erzielung von Kundenzufriedenheit und führen zur Kundenbindung?*

2. Der Beitrag des Service zur Qualitätswahrnehmung beim Kunden

Die Darlegung der Service-Thematik unter Qualitätsgesichtspunkten macht zunächst einige begriffliche Abgrenzungen notwendig. Diese begriffliche Basis ist gerade bei den beiden Sachverhalten Service und Qualität alles andere als solide und einheitlich.

Die Ursachen für diese Uneinheitlichkeit liegen vor allem in zwei Bereichen: Zum einen sind die jeweiligen theoretischen Kontexte in starkem Maße für das uneinheitliche Begriffsinstrumentarium verantwortlich. Zum anderen wechseln sich intensionale und extensionale Begriffsbildungen in den verschiedenen Beiträgen ab.[5]

2.1 Begriffliche Grundlagen

2.1.1 Service und Dienstleistung

Wenn wir heute von Service sprechen, dann hat sich der ursprüngliche Bedeutungsgehalt des „Dienens" bzw. des „Dienlich-Seins"[6] gegenüber einer Sache oder Person insoweit geändert bzw. erweitert, als wir durch Service alle jene Merkmale bzw. Sachverhalte kennzeichnen, die beim Tausch von Gütern[7]

a) über den *Produktkern* (bei materiellen Gütern bzw. Sachgütern) bzw.
b) über den *Dienstleistungskern* (bei immateriellen Gütern) hinaus eine Rolle spielen.

Die Gesamtheit dieser Leistungen bezeichnen wir als Service, werden sie nun vom Anbieter des Gutes, dem Nachfrager des Gutes (Self-Service) oder von einer Dritt-Partei durchgeführt.[8]

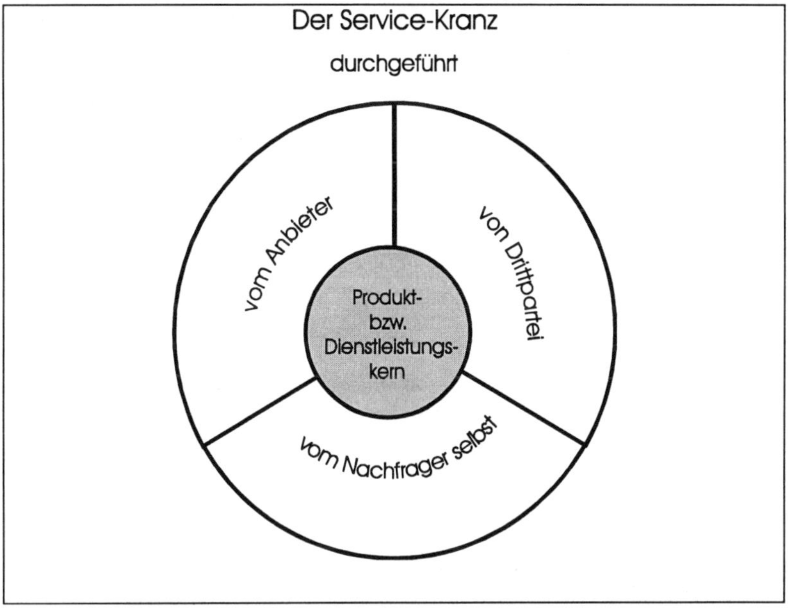

Abbildung 1: Der Service-Kranz differenziert nach den möglichen Durchführungsorganen

Bei der Herausarbeitung dessen, was man unter Dienstleistungen versteht, ist der sogenannte Drei-Phasen-Ansatz von Hilke[9] hilfreich. Gemäß diesem Ansatz ist

1. Dienstleistung zunächst ein *Potential*, d.h., es ist die Fähigkeit und Bereitschaft zur Ausübung einer dienstleistenden Tätigkeit. Dieses Potential wird aus einer Kombination von Faktoren geschaffen:
   a) Lebewesen (Menschen)
   b) materiellen Gütern und
   c) Informationen.

   Dieses geschaffene Potential ist nicht greifbar (intangibel) bzw. immateriell. Dieses (und nur dieses) Dienstleistungspotential kann der Anbieter dem Nachfrager anbieten.

Wird dieses Dienstleistungspotential vom Nachfrager in Anspruch genommen, dann kommt es

2. zu einer *Tätigkeit* bzw. einer *Verrichtung*, d.h., Dienstleistung wird als sich vollziehender Prozeß begriffen. Somit wird die Dienstleistung erst zu einem „Produkt", wenn sie vom Nachfrager in Anspruch genommen wird. Die Synchronität von Erbringung und Inanspruchnahme ist also das konstitutive Merkmal dieser zweiten Phase.

Der Vollzug bzw. Abschluß dieser Verrichtung führt schließlich

3. zum *Ergebnis* der Dienstleistung. Dieses Dienstleistungsergebnis stellt ein immaterielles Gut dar, das als prägendes Merkmal dieser Phase gilt.

Dienstleistungspotential	Dienstleistungsvollzug / -verrichtung	Dienstleistungsergebnis
(Fähigkeits- und Bereitschaftsfaktoren)	(Synchronität von Erbringung und Inanspruchnahme)	(Immaterielles Gut)

Abbildung 2: Phasenorientierte Charakterisierung von Dienstleistungen

Diese Dienstleistungs-Charakterisierung wird hauptsächlich aus zwei Gründen herangezogen[10]:

- Die analytische Trennung in drei Phasen zeigt deutlich, wo die immateriellen und auch materiellen „Bestandteile" einer Dienstleistung stecken.
- Die Fruchtbarkeit bzw. Zweckmäßigkeit dieses Ansatzes wird sich im weiteren Verlauf unserer Ausführungen v.a. im Hinblick auf die Erörterung der Qualitätswahrnehmung von Serviceleistungen durch den Kunden bzw. Nachfrager offenbaren.

Nach dieser kurzen Skizzierung des Service- und Dienstleistungsbegriffs gilt dem Qualitätsbegriff die weitere Aufmerksamkeit.

2.1.2 Qualität

Beim Qualitätsbegriff ist die Sprachverwirrung besonders gravierend. Je nach der Perspektive der Betrachtung wird eine

- *technisch-materiell orientierte* Qualitätsauffassung deutlich: „Was" umfaßt ein Produkt bzw. eine Leistung an Merkmalen im Sinne einer Beschaffenheit, oder eine
- *funktions-orientierte* Qualitätsauffassung: „Wie" wird ein Produkt bzw. eine Leistung erbracht / angeboten / vollzogen im Sinne einer Gebrauchseignung bzw. fit for use-Perspektive.

So lautet die Qualitätsdefinition nach DIN ISO 8402:

„Qualität ist die Gesamtheit der Merkmale einer Einheit bezüglich ihrer Eignung, festgelegte und vorausgesetzte Erfordernisse zu erfüllen."[11] Einheiten können sowohl Personen als auch Fähigkeiten, Systeme oder Betriebsmittel sein.

Das Deutsche Institut für Normung e.V. sagt in der DIN 55350 (Teil 11):
„Qualität ist die Beschaffenheit einer Einheit bezüglich ihrer Eignung, festgelegte oder vorausgesetzte Erfordernisse zu erfüllen."[12]
Diese Begriffsfassungen setzen also am Produkt i.w.S. an und versuchen, die Qualität nach objektiven Kriterien bzw. mit quantitativen Maßgrößen zu bestimmen (*objektiver Qualitätsbegriff*).

Die subjektive Perspektive der Qualität geht im Gegensatz dazu - wie es der Name ja ausdrückt - von den Subjekten aus, die die Produkte oder Leistungen erleben bzw. erfahren. Die Kunden sind letztlich diejenigen, die mit ihrem Urteil, also ihrer Kaufentscheidung über die Beschaffenheit, Eignung, Funktionsfähigkeit usw. einer Leistung richten. Somit wird deutlich, daß sich Qualität als Übereinstimmung eines Produkts bzw. einer Dienstleistung mit den Anforderungen bzw. Erwartungen der Kunden begreifen läßt (*subjektiver Qualitätsbegriff*). Diese Erwartungen oder Anforderungen können sich auf ein oder mehrere Merkmale, Kriterien oder Eigenschaften beziehen:

- Funktionsmerkmale
- Zuverlässigkeit bzw. Sicherheit
- Lieferzeiten
- Beratungsumfang etc.

Daraus läßt sich unmittelbar schließen, daß es „die beste Qualität" nicht geben kann, weil

a) die Erwartungen je nach Kunde bzw. Kundensegment differieren und

b) diese Kunden-Erwartungen nicht konstant sind, sondern sich permanent entwickeln und verändern. D.h., es entstehen neue Anforderungen und lange Zeit gültige Anforderungen verschwinden z.T. völlig.

Nun wird aber einerseits ein Fertigungsingenieur oder ein Produktionstechniker mit Recht sagen, daß ihm diese Qualitätsauffassung wenig helfe, seine Produktion mit einer bestimmten (zu minimierenden) Ausschußquote durchzuführen oder bestimmte Präzisionswerte für technische Sachverhalte (Materialstärken, Dehnungskoeffizienten etc.) einzuhalten.

Andererseits können aber gerade solche hinsichtlich minimalem Ausschuß und höchster Präzision als „Benchmarks" zu charakterisierenden Produkte beim Kunden als qualitativ mittelmäßig eingestuft werden, wenn diese Produkte oder Leistungen z.B. als unflexibel, schwerfällig, unhandlich o.ä. wahrgenommen werden.
Die Anbieter- / Herstellerseite normiert, standardisiert, perfektioniert - kurz: tut alles, was für eine „optimale" Qualität wichtig ist; und die andere Seite der Kunden bzw. Nachfrager perzipiert und registriert dies nicht entsprechend.

Was ist die „richtige" Qualität? Gewiß ist dieses Problem nicht mit der Formulierung von Qualitäts-Grundsätzen oder gar definitorisch zu lösen[13]. Vielmehr hilft eine klare theoretische Grundlage, die die geschilderten Qualitätsvorstellungen miteinander "versöhnen" kann.

⇒ Es ist zunächst klarzustellen, daß Qualität *kein empirischer Begriff* ist.

⇒ Qualität ist ein *theoretisches (hypothetisches) Konstrukt.*[14]

⇒ Qualität ist ein *multidimensionales Phänomen.*

D.h., es gilt, um Qualität begreifbar zu machen, dieses theoretische Konstrukt in empirische Sachverhalte zu "übersetzen", die direkt beobachtbar oder meßbar sind. Dies geschieht durch sogenannte Zuordnungsregeln (-vorschriften). Bestimmt werden diese Zuordnungsregeln durch den pragmatischen Kontext, in dem diese Sachverhalte erörtert werden. An einem einfachen praktischen Beispiel wird die Relevanz dieses pragmatischen Kontextes deutlich: Ein theoretisches Konstrukt wie Teamgeist oder Rücksichtnahme wird jeweils anders übersetzt, je nachdem, ob wir uns in einem Unternehmen, einer Schule oder einer Strafanstalt aufhalten. Vor dem Hintergrund dieser Kontextüberlegungen läßt sich zusammenfassend sagen, daß Qualität

a) die Einhaltung / das Übertreffen einer Norm bzw. eines Standards bedeutet, ausgedrückt in Maßgrößen wie z.B. Ausschußzahl pro spezifischer Bezugsgröße oder Toleranzbreite in Tausendstel Millimeter etc., und

b) die Einhaltung / das Übertreffen von Kundenerwartungen bedeutet in bezug auf bestimmte Indikatoren, die vom Kunden beobachtbar, wahrnehmbar oder meßbar sind, wie z.B. Lieferzeit, Haltbarkeit oder Beratungsintensität.

Das nachfolgende Schaubild verdeutlicht diesen Sachverhalt nochmals eindringlich.

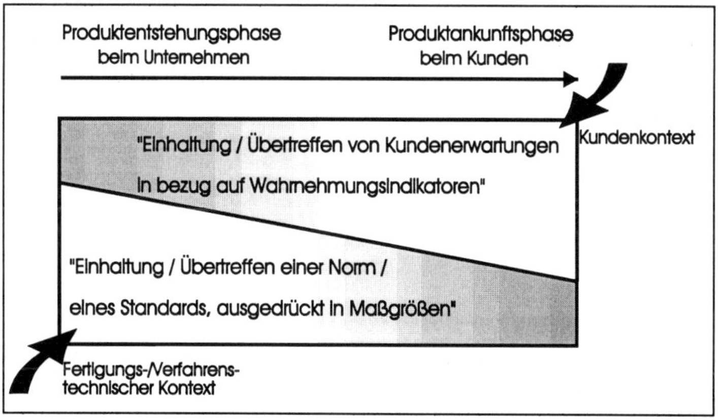

Abbildung 3: Kontextbezogene Qualitätsauffassung

Das Überwiegen der technischen Standards in der Entstehungsphase eines Produkts, bildlich ausgedrückt im größeren Teil der linken Rechteckseite, schließt nicht die frühe Einbeziehung von Kundenvorstellungen und -erwartungen aus. Bei den Kunden spielen zwar eine Vielzahl von Qualitätsvorstellungen eine Rolle, die relativ wenig mit Normierungen und Toleranzwerten zu tun haben (längere rechte Rechteckseite), doch sind diese selbstverständlich - je nach Kundentyp - ebenfalls von Bedeutung.

In den weiteren Erörterungen wird die *Kundenperspektive* (siehe oben b) unsere Qualitätsvorstellungen prägen, wobei den Service-Faktoren eine besondere Aufmerksamkeit zukommt.

2.3 Die Besonderheiten von Service-Faktoren bei der Wahrnehmung von Qualität

Die Frage lautet zunächst, wie entwickelt der Kunde - sei es ein Industrie-Kunde im Business-to-Business-Geschäft oder ein Endverbraucher im Konsumgüter-Geschäft - eine Qualitätsvorstellung? Ein kurzer Blick auf die Informationsverarbeitungstheorie liefert dafür die wichtigsten Hinweise.

Die Wahrnehmung von Produkten und/oder Dienstleistungen ist als Informationsverarbeitungsprozeß zu interpretieren. Dabei werden die äußeren / sichtbaren Sachverhalte innerlich repräsentiert. Dafür sind hauptsächlich zwei symbolische Repräsentationsformen verantwortlich:

- die bildliche Repräsentation und
- die sprachliche Repräsentation.

Dieser Wahrnehmungsprozeß ist aber - wie zahlreiche Forschungsergebnisse zeigen - nicht nur ein simpler Reizentschlüsselungsprozeß, sondern auch ein Beurteilungsprozeß[15]. D.h., es werden Informationselemente bewertet, gewichtet und gebündelt. Das

Ergebnis dieses Prozesses ist die wahrgenommene Qualität des Produkts bzw. der Dienstleistung.

Jetzt müssen wir uns im zweiten Schritt der Frage zuwenden, welche Informationen in dieses Wahrnehmungsurteil eingehen. Es sind

a) die Produktinformationen über *äußerlich sichtbare* und *greifbare* Eigenschaften technisch-materieller Natur (Form, Farbe, Dicke, Härte, Weichheit, etc.)
b) Informationen über *symbolische* Produktmerkmale (Preis, Markenname bzw. Markenzeichen, Garantiedauer etc.) und
c) Informationen über das *Umfeld*, d.h. *situative* Faktoren der Produktdarbietung (Geschäftsraum, Verkaufspersonal, etc.)[16] (siehe Abbildung 4).

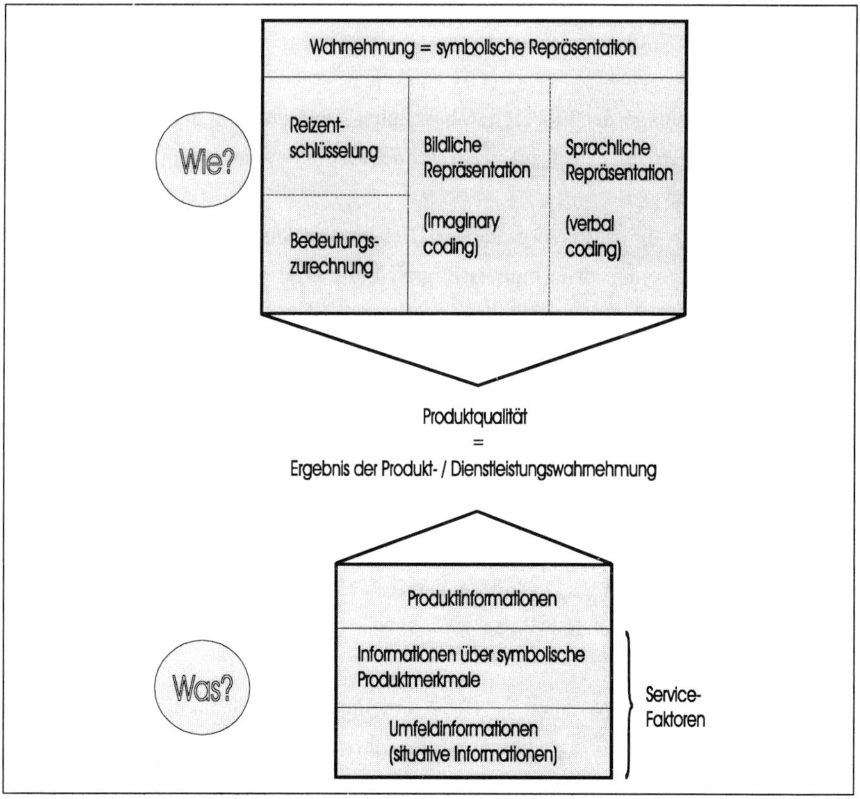

Abbildung 4: Wahrnehmung als Informationsverarbeitungsprozeß

Aus diesen Informationsbereichen können wir schließlich im dritten Schritt erkennen, daß die Service-Faktoren vor allem in den Feldern b) und c) enthalten sind. Diese Service-Faktoren sollen im folgenden dargelegt werden.

Anknüpfend an die Unterscheidung der Güter in Sachgüter und Dienstleistungen können wir zwei grundlegende Service-Kategorien erkennen:

- *Produkt-Service* und
- *Dienstleistungs-Service*.

Für die Analyse der Bedeutung von Service-Faktoren für die Qualitätswahrnehmung greifen wir auf zwei Phasenkonzepte zurück und kommen somit zu folgenden Differenzierungen:

- Auf der Grundlage der hinlänglich bekannten Kaufentscheidungsphasen sind Service-Leistungen *vor* dem Kauf, *während* des Kaufs und *nach* dem Kauf eines Produktes relevant.
- Wenn wir den eingangs vorgestellten Drei-Phasen-Ansatz[17] bei Dienstleistungen nochmals aufgreifen, dann muß es folgerichtig darum gehen, Service-Faktoren im Vorfeld des Dienstleistungsvollzugs (*Potentialphase*) wahrzunehmen, Service-Faktoren während der Dienstleistungstätigkeit (*Verrichtungsphase*) und Service-Faktoren nach Abschluß der Dienstleistung (*Ergebnisphase*) zu identifizieren.

Die Besonderheit dieser Faktoren liegt nun darin, daß sie sehr unterschiedlich sind hinsichtlich ihrer Wahrnehmbarkeit. Auf dem folgenden Schaubild (siehe Abbildung 5) wird das gesamte Service-Feld nochmals im Überblick dargestellt. Es bedarf unterschiedlicher Anstrengungen, um diese Service-Faktoren für die Qualitätsbeurteilung gewissermaßen „ins Spiel zu bringen".

Bei diesen Anstrengungen kann Service-Marketing einen erheblichen Anteil beisteuern. Die zweite zentrale Frage, inwiefern der Marketing-Ansatz Problemlösungspotentiale für das Qualitätsmanagement liefert, steht also im Mittelpunkt der weiteren Erörterungen.

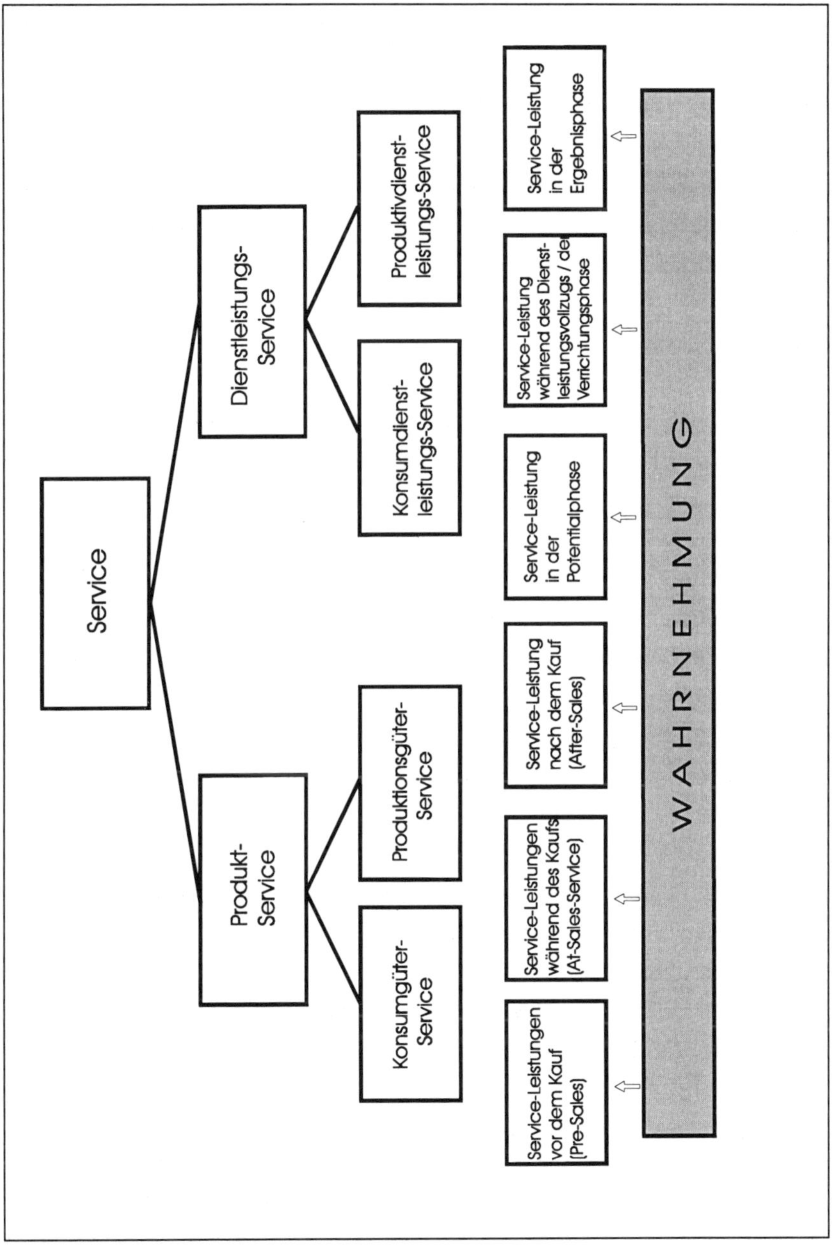

Abbildung 5: Service-Kategorien-Raster

3. Der Beitrag des Marketing-Ansatzes für das Qualitätsmanagement

3.1 Die Kerngedanken des Marketing-Ansatzes

Für das Verständnis des Marketings ist es zweckmäßig, sich auf wenige, aber griffige Merkmale zu konzentrieren. Dabei hilft eine zwar betagte, aber immer noch gültige Kurzformel - die drei *M's* des Marketings[18].

Marketing als Maxime

Marketing ist eine Denkhaltung oder auch Management-Philosophie, die die Kunden als Ausgangspunkt und Ziel ihres Denkens und Handelns begreift. Die Ausrichtung der unternehmerischen Entscheidungen an Kundenerfordernissen und -erwartungen hat eindeutige Priorität. Für den hier zu behandelnden Themenkreis heißt dies:

- Die Service-Qualität wird vom Kunden beurteilt. Seine Kritik, seine Zufriedenheit und evtl. sogar Begeisterung sind die Herausforderungen, die an das Marketing gestellt werden.
- Der Kunde „fixiert" gewissermaßen das Qualitäts-Niveau. Somit sind die Kunden-Wahrnehmungen und -Einstellungen die relevanten Bedingungsfaktoren für das Qualitätsurteil.

Folglich ist es die Marketing-Aufgabe, diese Qualitäts-Wahrnehmungen der Kunden

- zu erkunden bzw. zu erforschen,
- zu beeinflussen und
- ggf. die Lücken zwischen Kundenerwartungen und bestehenden Service-Leistungen zu schließen oder zumindest zu verringern.

Dies geschieht mit dem zweiten *M*:

Marketing als Mittel

Um der skizzierten Grundhaltung bzw. Leitidee Folge zu leisten, kann sich das Marketing eines reichhaltigen Instrumentariums bedienen. Die Mittel oder Marketing-Instrumente kommen zum Einsatz, um die Leitidee konkret umzusetzen.
Für den Service-Bereich bedeutet dies:

- Neue Service-Leistungen / -Ideen entwickeln (Produktinnovationspolitik)
- Service-Leistungen zu differenzieren (Produktdifferenzierungspolitik für bestimmte Kunden bzw. Kundensegmente)
- Service-Leistungen kundengerecht zu kommunizieren (Kommunikationspolitik)
- Service-Leistungen preislich zu gestalten (Preispolitik), z.B. durch preisliche Differenzierung oder Preisbündelungsmaßnahmen für Service-Pakete
- Service-Leistungen zu vermitteln („transportieren") (Distributionspolitik)

Schließlich kommt im letzten *M* des Marketing-Ansatzes die ordnende, systematisierende Klammer zum Einsatz:

Marketing als Methode

Die Umsetzung bzw. der Einsatz der Marketing-Denkhaltung und der Marketing-Instrumente sollte mit systematischen Methoden und Analysetechniken erfolgen, auf nachvollziehbaren und erprobten Meßinstrumenten beruhen und "planerische" Substanz haben. Für die Service-Thematik läßt sich dies in folgende Kernpunkte übersetzen:

- Analyse und permanenter Check-up des Status-quo der bestehenden Service-Elemente des Unternehmens
- Entwicklung und Verbesserung von Meßmethoden für die Ermittlung von Service-Leistungen und ihrer Wahrnehmung
- Vergleich mit Service-Elementen bei Wettbewerbern und / oder anderen Branchen (Benchmarking-Methoden)
- Service-Standards (wo möglich / wo zweckmäßig?) etablieren

- Systematische Verbesserungen im Service-Bereich (Service-Uptrading)
- Entwicklung umfassender Service-Controlling-Methoden

3.2 Die Bausteine des Service-Marketings

Aus den bisherigen Ausführungen ist hinreichend deutlich geworden, daß wir unter Service-Marketing nicht nur Dienstleistungs-Marketing (i.S. von Marketing für Dienstleistungen) verstehen, sondern die Marketing-Perspektive sowohl für den *Service bei Produkten* (Produktions- und Konsumgüter) als auch für den *Service bei Dienstleistungen* (konsumtive und produktive Dienstleistungen) benutzen.

Soll der Service als Qualitätsfaktor beim Kunden „durchschlagen", sind folgende grundlegende Voraussetzungen zu erfüllen.

1. *Service-Denkhaltung*

Ein Service-Marketing nach außen zum Kunden benötigt eine Service-Orientierung und -Einstellung im Innern des Unternehmens. Man spricht auch von einem Internen Marketing[19]. Es genügt nicht, Service nach außen nur zu propagieren. Vielmehr sind erhebliche Bemühungen zur Schaffung und Festigung einer entsprechenden Servicementalität im Innern des Unternehmens notwendig. Dazu müssen die personellen und organisatorischen Rahmenbedingungen geschaffen werden. Bei vielen Unternehmen ist der Slogan zu hören: „Wir haben den Service auf unsere Fahnen geschrieben." Leider ist dieser Service dann auch recht schnell „vom Winde verweht".

2. *Service-Ziele*

Die Formulierung von Service-Zielen zwingt zur Auseinandersetzung mit den verschiedenen Service-Leistungen, um Prioritäten festzulegen. Damit sie sowohl Antriebskraft (Motivationsfunktion) als auch Beurteilungsmaßstab (Kontrollfunktion) sein können, müssen die Service-Ziele

- inhaltlich präzise formuliert werden (welche Service-Leistungen?)
- erreichbar / meßbar sein (das schließt nicht aus, daß sie auch ehrgeizig sind!) und
- einen zeitlich definierten Rahmen erhalten (wann sollen die Service-Ziele erreicht werden?).

Gerade in dieser Hinsicht ist sowohl ein erheblicher Mangel an begrifflicher Präzision als auch an nachvollziehbaren Zielvorstellungen zu konstatieren. Aufgrund der Plastizität und Offenheit von Wünschen, Erwartungen und Anforderungen bei Kunden (die ja Menschen sind!) ist das Ziel vom 100%igen Service ebenso eine Schimäre wie das durch die Qualitäts-Literatur geisternde „Null-Fehler-Ziel“. Diese Beantwortung des „Wohin“ führt konsequenterweise zum dritten Baustein, der das „Wie“ thematisiert.

3. Service-Strategien

Die Erreichung von Service-Zielen kann mit unterschiedlichen Marketing-Strategien vollzogen werden. Diese Strategien lassen sich an den bereits dargelegten Service-Kategorien ausrichten. Die folgenden strategischen Optionen sind für das Service-Marketing von Bedeutung.

- Konzentrationsstrategie:
  Die Service-Leistungen werden nur konzentriert an einer oder wenigen Phasen eingesetzt (z.B. After-Sales-Service)

- Schrotflintenstrategie:
  Als Pendant zur Konzentrationsstrategie werden die Service-Elemente in allen Phasen des Kaufprozesses eingebaut.

- Nischenstrategie:
  Die Service-Leistungen werden nur in ausgesuchten Produkt- oder Dienstleistungsbereichen des Produktprogramms bzw. Sortiments eingesetzt.

- Innovationsstrategie:
  Das Unternehmen entwickelt permanent neue Service-Ideen. Möglicherweise avanciert das Unternehmen zum Service-Pionier und etabliert darüber sein Image.

Entsprechend der gewählten Strategie sind schließlich einzelne Service-Maßnahmen zu entwickeln bzw. auszuwählen und beim bzw. mit dem Kunden umzusetzen.

4. Service-Maßnahmen

Beim Einsatz konkreter Service-Maßnahmen ist das entwickelte Service-Kategorien-Raster ein nützliches Instrument. Prinzipiell können die Service- Elemente

- vor dem Produkt-Kauf (pre-sales) bzw. in der Potentialphase bei der Dienstleistung,
- während des Produkt-Kaufs (at-sales) bzw. des Vollzugs der Dienstleistung und
- nach dem Produkt-Kauf (after-sales) bzw. dem Dienstleistungs-Vollzug eingesetzt werden.

In der Abbildung 6 werden die Service- Marketing-Bausteine zusammengefaßt dargestellt.

Die daran anschließende Abbildung 7 versucht eine synoptische Darstellung der angesprochenen Gesichtspunkte.

Welche Bedingungen gegeben sein müssen, damit diese Service-Leistungen der Kundenzufriedenheit und der Kundenbindung dienen, wird im letzten Teil unserer Ausführungen diskutiert.

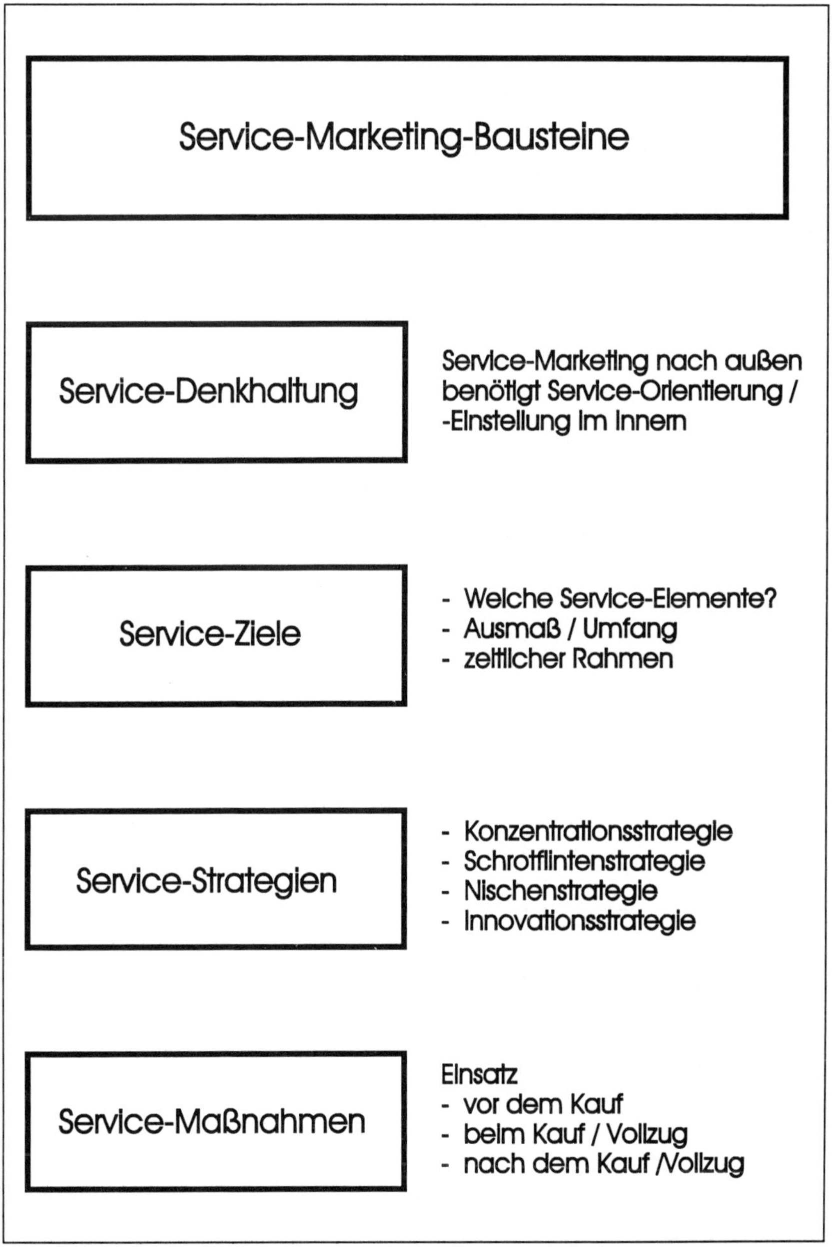

Abbildung 6: Die grundlegenden Bausteine des Service-Marketings

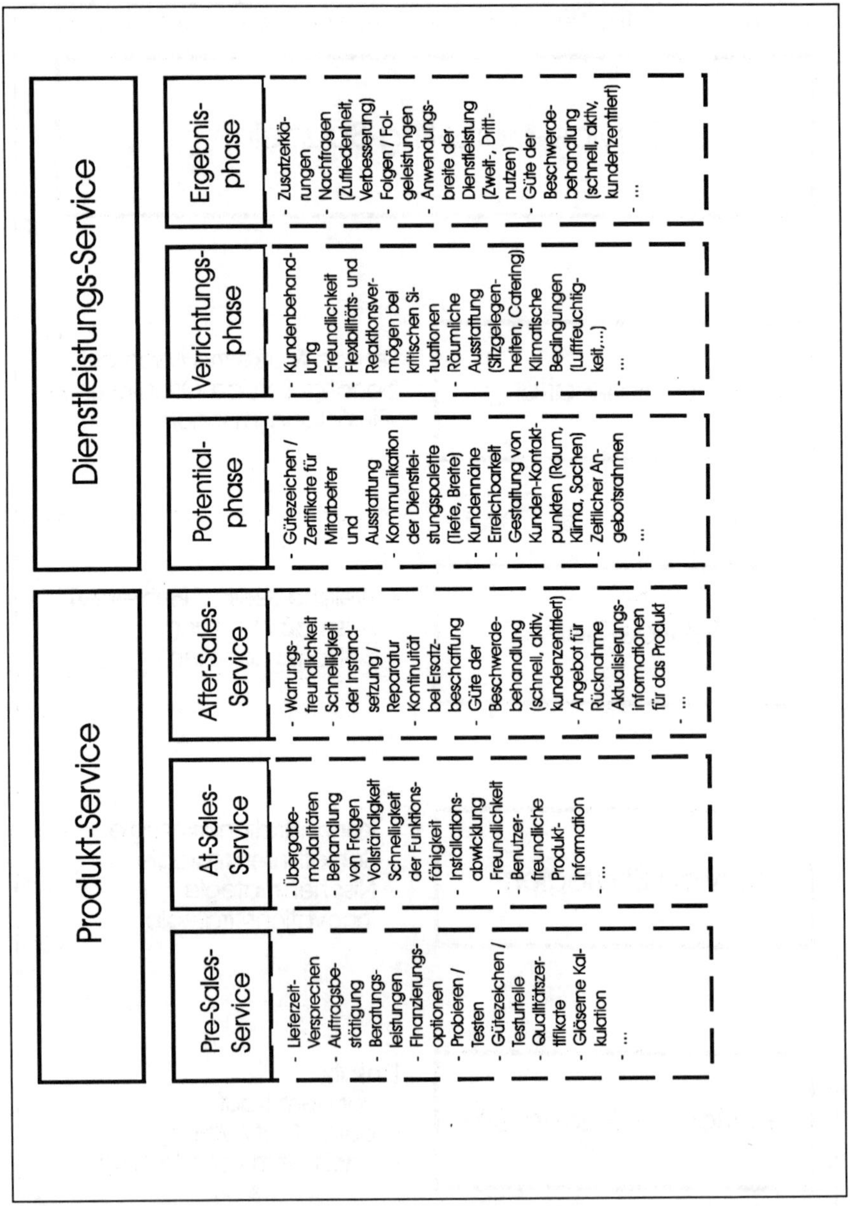

Abbildung 7: Synopsis ausgewählter Service-Elemente in den Kaufentscheidungsphasen

4. Die Relevanz des Service-Marketings für die Kundenzufriedenheit und Kundenbindung

4.1 Die Bedeutung von Kundenzufriedenheit und Kundenbindung als zentrale Zielgrößen von Unternehmen

Ein Blick in die Marketingliteratur und die aufmerksame Verfolgung des Weiterbildungsmarktes in den zurückliegenden fünf Jahren weisen die Kundenzufriedenheit und Kundenbindung eindeutig als die am meisten diskutierten Sachverhalte aus. Warum zufriedene Kunden und vor allem treue Kunden so im Focus der Unternehmenszieldebatte stehen, liegt auf der Hand.

- Ein zufriedener Kunde kauft eher mehr und / oder häufiger ein Produkt, mit dem er zufrieden ist (Wiederkaufrate).
- Ein zufriedener Kunde empfiehlt ein Produkt eher an andere (potentielle Kunden) weiter (Diffusion von Produktbotschaften).
- Ein zufriedener Kunde kauft mit größerer Wahrscheinlichkeit auch andere Produkte von dem Unternehmen, von dem das Produkt mit den positiven Erfahrungen stammt (Cross-Selling).
- Zufriedene und vor allem loyale Kunden senken die Transaktionskosten, d.h. die Kosten, die zur Aufrechterhaltung von Beziehungen zum Kunden erforderlich sind (Zeit-, Koordinationsbedarf, Vertriebskosten, etc.).

Je nach Untersuchung erhalten treue Kunden „Profitabilitätsfaktoren" von 3 bis 8 gegenüber einem neuen Kunden.[20] Trotz dieser beeindruckenden Argumente gibt es in der Unternehmenspraxis noch erhebliche Defizite im Hinblick auf die Ermittlung bzw. Messung von Kundenzufriedenheit. So werden z.B. häufig Zweifel am Nutzen von Zufriedenheitsmessungen geäußert oder Kosten- und Zeitprobleme (keine Zeit für Kundenprobleme!) genannt.[21]

Eine Untersuchung der Unternehmensberatung Droege & Comp. bei 800 Unternehmen belegt eindeutig die Diskrepanz zwischen Wunsch und Realität im Hinblick auf Kundenzufriedenheit. Während z.B. 20 % der erfolgreichen Unternehmen (ausgewiesen z.B. durch überdurchschnittliche Umsatzrentabilität und Cash-Flow) glauben, sehr zufriedene Service-Kunden zu haben, halbiert sich dieser Anteil bei den weniger erfolgreichen Unternehmen. Wie stark der Service beim negativen Fall, also bei der Unzufriedenheit, durchschlägt, zeigen die 33 % Service-Unzufriedenen bei den erfolgreichen Unternehmen und die gar 50 % Service-Unzufriedenen bei den weniger erfolgreichen Unternehmen.

Die folgende Grafik (siehe Abbildung 8) veranschaulicht die überragende Bedeutung des Service für die Zufriedenheitswahrnehmung.[22]

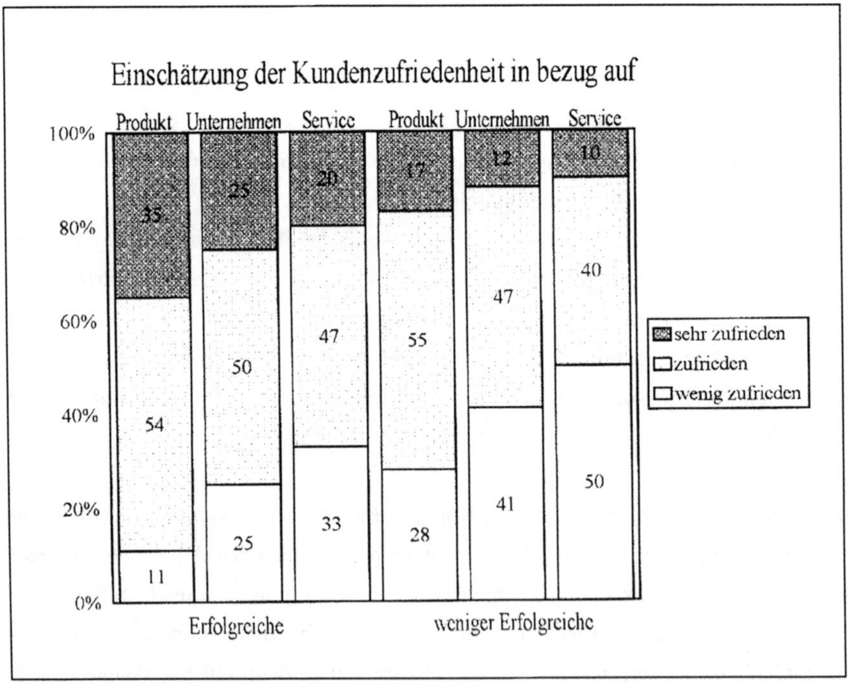

Abbildung 8: Erfolgreiche Unternehmen schneiden bei „sehr zufriedenen Kunden" besser ab
Quelle: Droege & Comp., Düsseldorf 1995, in: Absatzwirtschaft Oktober 1995, S. 58

4.2 Die Entwicklung grundlegender Service-Dimensionen

Anknüpfend an die theoretische Darstellung des Prozesses der Wahrnehmung von Qualität, wo insbesondere auf die Bedeutung der symbolischen Merkmale und situativen bzw. Umfeldinformationen bei Produkten hingewiesen wurde (siehe S. 97 und Abbildung 4), können jetzt grundlegende Service-Dimensionen darauf aufgebaut werden. Diese Service-Dimensionen können den Ausgangspunkt zur Steuerung der Qualitätswahrnehmung bilden. Dabei ist zu beachten, daß die Service-Dimensionen für den Produkt-Service und für den Dienstleistungs-Service unterschiedliche Bedeutung für die Qualitätswahrnehmung erlangen können. So hat z.B. im Konsumgüterbereich die organisatorische Dimension Kundennähe eine zentrale Bedeutung. Für den Produktiv-Dienstleistungsservice ist evtl. die personale Dimension Kommunikation von überragender Bedeutung (siehe Abbildung 9).

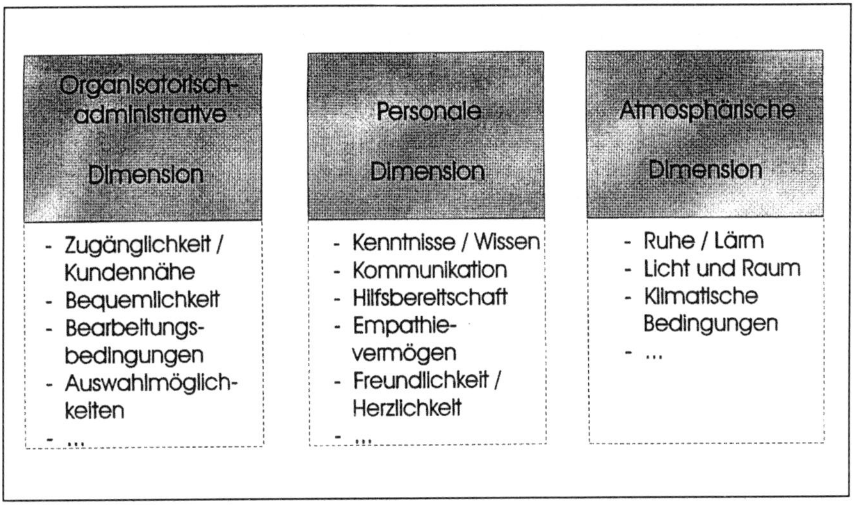

Abbildung 9: Grundlegende Service-Dimensionen mit ausgewählten Beispielen

Für das Service-Marketing heißt die Aufgabe infolgedessen, aus diesen Service-Dimensionen die entsprechende Kombination bzw. das adäquate Mix zu entwickeln. Die Entsprechung erfolgt nach der Service-Zielsetzung und Service-Strategie des Unternehmens. "Gefüllt" werden können diese Dimensionen mit den passenden Service-Elementen aus den verschiedenen Phasen, wie sie in der Abbildung 7 repräsentiert sind. Die Prüfung bzw. Feststellung, ob der richtige Service-Mix gewählt wurde, erfolgt durch die Kundenzufriedenheit und Kundenbindung. Somit fungieren diese beiden Ziele als *Maß* für den *Erfolg der Qualitätswahrnehmung*.

Service-Marketing bedeutet also, aus den Service-Dimensionen jene Service-Elemente herauszufiltern, zu analysieren und zu forcieren, die die Qualitätswahrnehmung entscheidend bestimmen und damit die Qualitätseinstellung der Kunden langfristig prägen helfen.

5. Fazit und Thesen

Die hauptsächlichen Funktionen des Service-Marketing lassen sich somit zusammenfassend wie folgt beschreiben.

- Gefragt sind das Aufspüren und kontinuierliche Analysieren der Qualitätsvorstellungen der Kunden bezüglich des Service. Dabei sind vor allem die treffenden Charak- terisierungen von Service-Leistungsniveaus zu beachten.
- Weiterhin geht es um die Kommunikation dieser Service-Qualitätswahrnehmungen in den Unternehmen zur Schaffung und Festigung einer internen Service-Kultur. Ohne Etablierung einer stabilen Service-Mentalität im Unternehmen wird ein dauerhaftes und wirksames Service-Marketing nach außen zum Kunden nicht gelingen. Gefordert ist eine ständige Fortentwicklung von Serviceleistungen. Das heißt auch, das Management von Veränderungen nicht nur zuzulassen, sondern im Unternehmen auch zu fördern.
- Schließlich hat das Service-Marketing eine entscheidende Bedeutung bei der Steuerung der Kundenzufriedenheit und Kundenbindung. Dafür müssen die entwickelten Serviceleistungen entsprechend diffundiert und den Kunden begreiflich gemacht werden.

Die abschließenden Thesen haben bewußt einen stark wertenden Charakter und sollen gleichzeitig zur weiteren Diskussion der Service-Qualitäts-Thematik anregen.

These 1: *„Profilierungsthese"*
Aufgrund der zunehmenden Zahl von Produkten und Dienstleistungen, die in ihrem Anwendungs- bzw. Nutzenkern sehr ähnlich oder gar identisch sind, ist der Service für viele Unternehmen die einzige Chance zur Profilierung bzw. Wettbewerbsdifferenzierung.

These 2: *„Innovationsthese"*
Vor dem Hintergrund der Tatsache, daß die Investitionen für neue Produktentwicklungen (in Form von F & E-Kosten, Markteinführungskosten) immer stärker ansteigen und der Return on Investment in immer kürzeren Produktlebenszyklen gelingen muß, sind viele Unternehmen gezwungen, im Service zu innovieren, weil es beim Produkt selbst gar nicht mehr möglich ist.

These 3: *„Wider-die-Normierungs-These"*
Die vom Qualitätsmanagement geforderte Normierung und Standardisierung als ein charakteristisches Qualitätsmerkmal von Produkten kann für den Service nicht diese Gültigkeit beanspruchen. Vielmehr ist das (positiv) überraschende Service-Erlebnis genau die Schlüsselinformation für die Qualitätswahrnehmung des Kunden - über die Norm hinaus.

These 4: *„Qualitäts-Preis-Wert-These"*
Damit Service als Qualitätsfaktor deutlicher wahrgenommen wird, müssen wir die „Alles-inklusive-Mentalität" in Frage stellen. Dem kostenlosen Service droht schnell der Verlust der Wertschätzung.

[1]Meyer, A. / Dornach, F.(1995): Jahrbuch der Kundenzufriedenheit in Deutschland: Das Deutsche Kundenbarometer 1995

[2]Ebenda, S. 1

[3]Ebenda, S. 2

[4]Ebenda, S. 52

[5]Über den Zusammenhang von intensionaler Begriffsbildung (= Bedeutung bzw. Inhalt) und extensionaler Begriffsbildung (= Umfang bzw. Menge) siehe Raffée, H. (1974), S. 26-27

[6]lat. servire = dienen, Knecht sein

[7]Dies gilt sowohl für knappe als auch für freie Güter. Zur Unterscheidung von freien und knappen Gütern (letztere sind wiederum als kommerzielle und nicht-kommerzielle Güter unterscheidbar) siehe Specht, G. (1974), S. 21-23

[8]Vgl. die wenig zweckmäßige Definition von Service bei Horovitz, J. (1995), S. 21, der diese Leistungen als Erwartung des Kunden bezüglich des Preises, des Images und Rufs des Unternehmens begreift.

[9]Hilke, W. (1989), S.10-11

[10]Die Charakterisierungen der Dienstleistung reichen von den ersten Begriffsbestimmungen bei Maleri,R. (1973) über die umfangreiche (und durchaus fruchtbare) Monographie von Scheuch, F. (1982) bis zu völlig unzureichenden bzw. diffusen Begriffsabgrenzungen von Langeard, E. (1981), S. 233, Berry, L. / Parasuraman, A. (1992), S. 21-22 oder Horovitz, J. (1995), S. 26

[11]Masing, W. (1994), S. 10

[12]Bruhn, M. (1995), S. 23

[13]Beispiele für solche Qualitätsgrundsätze und Definitionen gibt es viele. Stellvertretend hierfür sind zu nennen:

a) Haist, F. / Fromm, H. (1989), S. 18:
"Qualität bedeutet Erfüllung von Kundenanforderungen. Qualität wird durch den Grad an Übereinstimmung mit den Kundenanforderungen gemessen. Der Maßstab für Qualität ist "Null-Fehler". Die Annäherung an den Null-Fehler-Standard erfolgt durch kontinuierliche Qualitätsverbesserung. Vorbeugung ist das wirtschaftlichste Konzept zur Qualitätsverbesserung." Dies ist eine Ansammlung von Zielen, Behauptungen (Wertungen), Meßvorschriften und Platitüden.

b) Horovitz, J. (1995), S. 39:
"Qualität ist eine Verhältniszahl, die sich nach dem Wert bemißt, den man für den bezahlten Preis erhält."

[14]Zum Begriff des theoretischen Konstrukts siehe Kroeber-Riel, W. / Weinberg, P. (1996), S.29-30 und Homburg, C. / Giering, A. (1996), S. 5-6

[15]Siehe dazu ausführlich Kroeber-Riel, W. / Weinberg, P (1996), S. 275-276

[16]Vgl. dazu auch Kroeber-Riel, W. / Weinberg, P (1996), S. 277

[17]siehe dazu S.91-92

[18]Diese griffige Formulierung stammt aus dem Marketinglehrbuch-Klassiker von Nieschlag, R. / Dichtl, E. / Hörschgen, H. (1976), S. 9 . Sie ist nach wie vor so bestechend einfach wie umfassend.

[19]So z.B. Stauss, B. (1995), S. 28

[20]Siehe dazu z.B. Homburg, C. / Rudolph, B. (o.J.), S. 1-2

[21]So auch bei der Untersuchung von Homburg, C. / Rudolph, B. / Pohl, M. (o.J.) bei ausgewählten VDI-Mitgliedern, S. 20-22

[22]Droege, W. P. J. (1995), S. 58

Literaturverzeichnis

1) Berry, L. / Parasuraman, A. (1992): Service-Marketing. Wettbewerbsvorsprung durch erstklassige Qualität, Frankfurt
2) Bruhn, M. (1995): Qualitätssicherung im Dienstleistungsmarketing - eine Einführung in die theoretischen und praktischen Probleme, in: Bruhn, M. / Stauss, B. (Hrsg.), Dienstleistungsqualität, Wiesbaden, S. 19 - 46
3) Droege, W. P. J. (1995): Wie geht die Praxis mit dem Service um?, in: Absatzwirtschaft, 38. Jg., Sondernummer Oktober, S. 54 - 62
4) Haist, F. / Fromm, H. (1989): Qualität im Unternehmen: Prinzipien - Methoden - Techniken, München und Wien
5) Hilke, W. (1989): Dienstleistungs-Marketing, SzU, Band 35, Wiesbaden
6) Homburg, C. / Giering, A. (1996): Konzeptualisierung und Operationalisierung komplexer Konstrukte. Ein Leitfaden für die Marketingforschung, in: Marketing ZFP, 18. Jg., Nr. 1, S. 5 - 24
7) Homburg, C. / Rudolph, B. (o.J.): Messung und Management von Kundenzufriedenheit: Der Schlüssel zum langfristigen Erfolg, WHU-Arbeitspapier, Vallendar
8) Homburg, C. / Rudolph, B. / Pohl, M. (o.J.): Messung von Kundenzufriedenheit in Industriegüterunternehmen: Die Stimme der Praxis, WHU-Arbeitspapier, Vallendar
9) Horovitz, J. (1995): Service entscheidet. Im Wettkampf um den Kunden, München
10) Kroeber-Riel, W./ Weinberg, P. (1996): Konsumentenverhalten, 6. Aufl. München
11) Langeard, E. (1981): Grundfragen des Dienstleistungsmarketing, in: Marketing ZFP, 3. Jg., Nr. 4, S. 233 - 240
12) Maleri, R. (1973): Grundzüge der Dienstleistungsproduktion, Berlin, Heidelberg, New York
13) Masing, W. (1994): Einführung in die Qualitätslehre, 8. Aufl. Berlin, Wien, Zürich
14) McKinsey & Company, Inc. / Rommel, G. u.a. (1995): Qualität gewinnt. Mit Hochleistungskultur und Kundennutzen an die Weltspitze, Stuttgart

15)Meyer, A. / Dornach, F. (1995): Jahrbuch der Kundenzufriedenheit in Deutschland 1995: Das Deutsche Kundenbarometer 1995 - Qualität und Zufriedenheit, München
16)Meyer, A. / Dornach, F. (1996): Jahrbuch der Kundenzufriedenheit in Deutschland 1996: Das Deutsche Kundenbarometer 1996 - Qualität und Zufriedenheit, München
17)Nieschlag, R. / Dichtl, E. / Hörschgen, H. (1976): Marketing, 9. Aufl. Berlin
18)O.V. (1996): Service-Wüste Deutschland, in: Focus, Nr. 34, S. 168 - 176
19)Raffée, H. (1974): Grundprobleme der Betriebswirtschaftslehre, Göttingen
20)Scheuch, F. (1982): Dienstleistungsmarketing, München
21)Simon, H. (1995): Können wir uns Dienstleistungen leisten?, in: Absatzwirtschaft, 38. Jg., Sondernummer Oktober, S. 5
22)Specht, G. (1974): Marketing-Management und Qualität des Lebens, Stuttgart
23)Stauss, B. (1995): Lernen vom Dienstleistungsmarketing, in: Absatzwirtschaft, 38. Jg., Sondernummer Oktober, S. 28

Wirtschaftlichkeit von Qualitätsmanagement-Systemen

Georg Benes / Ulrich Vossebein

1. Einleitung
2. Qualitätsrelevante Interessen
3. Was ist Qualität?
4. Wo entsteht Qualität?
   4.1 Kundenzufriedenheit
   4.2 Mitarbeiter
   4.3 Durchlaufzeiten
   4.4 Kostenarten
5. Ansatzpunkte zur Nutzenbewertung
   5.1 Zeit als Erfolgsparameter
   5.2 Erfassung der Kundenanforderungen
6. Ausblick

1. Einleitung

Die Diskussion zum Thema Qualitätsmanagement (QM) wird heutzutage sehr stark unter Kostengesichtspunkten geführt. Dies ist teilweise darauf zurückzuführen, daß in vielen Unternehmen das Ziel nicht primär der Aufbau eines QM-Systems, sondern die Erfüllung der Norm DIN EN ISO 9000 ff ist. Die Zertifizierung ist aber mit Kosten verbunden, die den Blick auf das eigentliche Ziel „Qualität" versperren. Langfristig werden allerdings QM-Systeme nur dann erfolgreich aufrechterhalten werden können, wenn allen Beteiligten der Nutzen des Systems deutlich wird. Die erfolgreiche Zertifizierung ist in diesem Zusammenhang nicht als Ziel, sondern als Nebenprodukt auf dem Weg zum Total Quality Management zu sehen.

Die Forderung nach der Quantifizierung des Nutzens von QM-Systemen wird häufig mit dem Argument zur Seite geschoben, daß hierzu in erster Linie weiche Faktoren heranzuziehen sind, die man aber nicht messen kann. Es ist zwar richtig, daß die Nutzenbewertung von QM-Systemen eine sehr komplexe Aufgabe darstellt, falsch ist aber die Aussage, daß diese Komponenten alle nicht meßbar seien. Mit dem Ziel, möglichst umfassende Kosten-Nutzen-Analysen für QM-Systeme erstellen zu können, wurde von den Autoren 1995 das Forschungsprojekt „Kosten-Nutzen-Analysen für QM-Systeme" gestartet. Im nachfolgenden Beitrag wird eine der Studien, die im Rahmen des Forschungsprojekts durchgeführt wurde, auszugsweise vorgestellt. Zunächst wird aber die Vielfältigkeit des Qualitätsgedankens aufgezeigt, um den Hintergrund der Untersuchung für den Leser nachvollziehbar zu machen. Im zweiten Teil des Beitrags werden zwei Möglichkeiten der Messung des Qualitätsnutzens diskutiert. Hierbei wurden bewußt zwei völlig unterschiedliche Beispiele gewählt, um zu verdeutlichen, daß die Messung des Qualitätsnutzens nicht an eine bestimmte Branche oder Aufgabenstellung gebunden ist.

2. Qualitätsrelevante Interessen

Bei der Diskussion über QM-Systeme werden in erster Linie die aus den Kundenbedürfnissen abgeleiteten Anforderungen in den Unternehmen berücksichtigt. Bei dieser Vorgehensweise wird aber ein wichtiger Faktor - die Allgemeinheit - häufig übersehen (vgl. Abbildung 1). Gerade im Hinblick auf die Ausführungen der EG-Öko-Audit Verordnung und der Verschärfung des Produkthaftungsgesetzes muß diese dritte Komponente in zukünftigen QM-Systemen stärker beachtet werden.

In Abbildung 1 sind die qualitätsrelevanten Interessen in einer Übersicht dargestellt, wobei pro Komponente (Kunde, Produzent, Allgemeinheit) jeweils nur einige Unterpunkte angegeben sind.

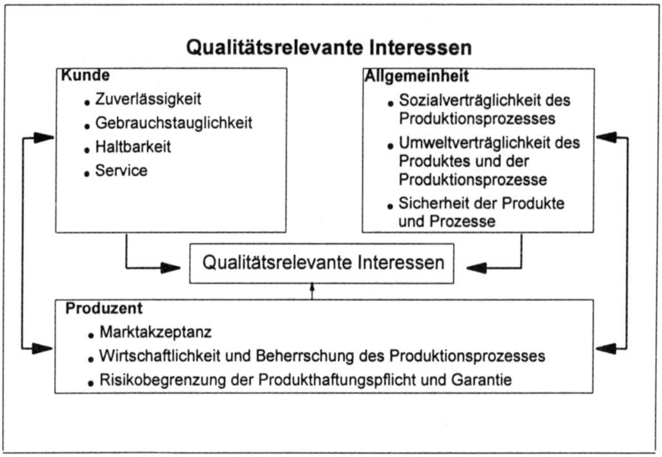

Abbildung 1: Qualitätsrelevante Interessen

Der Kunde stellt aufgrund seiner Bedürfnisse, seiner Erfahrungen sowie seiner finanziellen Mittel bestimmte Anforderungen an die Produkte und Dienstleistungen der anbietenden Unternehmen. Wie diese Kundenwünsche erfaßt und gewichtet werden können, wird unter Punkt 5.2 näher beschrieben. Die Forderungen der Allgemeinheit beziehen sich in erster Linie auf umweltrelevante, soziale und rechtliche Aspekte. Zur

Erfüllung dieser Anforderungen müssen die Unternehmen nicht nur eine marktgerechte Produkt- und Dienstleistungsqualität erzeugen, sondern auch Qualitätsansprüche bei den Produktionsprozessen erfüllen. Nur die Kombination aus Produkt- und Prozeßqualität führt zu Markterfolgen, die sich in höheren Erträgen und einer gestiegenen Kundenzufriedenheit widerspiegelt (vgl. Abbildung 2). Um das QM-System ständig weiter verbessern zu können, muß es möglichst transparent gestaltet werden, so daß Schwachstellen umgehend behoben werden können.

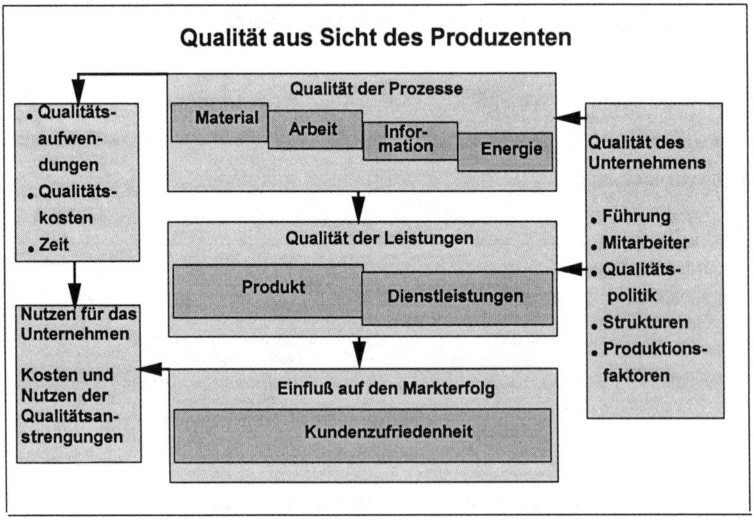

Abbildung 2: Qualität aus der Sicht des Produzenten

3. Was ist Qualität?

Beim Versuch den Begriff Qualität exakt und allgemeingültig zu definieren stellt man schnell fest, daß dies nahezu unmöglich ist. Auch die in der Norm DIN 55350 angegebene Formulierung läßt einen großen Interpretationsspielraum.

Norm DIN 55350
Qualität ist die Beschaffenheit einer Einheit bezüglich ihrer Eignung, festgelegte und vorausgesetzte Anforderungen zu erfüllen.

In diesem Beitrag soll deshalb nicht der Versuch einer neuen Definition vorgenommen, sondern Qualität durch folgende Eigenschaften beschrieben werden:

- Qualität wird subjektiv durch den Kunden empfunden
- Qualität ist nichts absolutes. Sie bezieht sich auf gegebene Erfordernisse oder vorgegebene Forderungen, die jedoch nicht die Qualität darstellen.
- Qualität ist keine physikalische Größe, deren Werte meßbar sind, da es sich um eine Vielzahl von Merkmalen und Eigenschaften handelt.
- Qualität ist kein binomer Begriff (ja/nein), sondern weist eine kontinuierliche Struktur auf.
- Jede Qualitätseigenschaft kann sich meist kontinuierlich auf die Gesamtheit der Qualität zwischen sehr gut und sehr schlecht auswirken.

Qualität muß, unabhängig von einer konkreten Definition, interdisziplinär gesehen werden. Auch wenn viele Elemente von QM-Systemen aus der technisch orientierten Qualitätssicherung stammen, müssen ökonomische Aspekte wie Kundenorientierung oder umfangreiche Kostenanalysen heutzutage mit gleicher Intensität verfolgt werden.

Zur Abgleichung dieser mehr theoretischen Begriffsumschreibung mit dem Qualitätsverständnis in den Unternehmen wurde im zweiten Halbjahr 1996 eine Umfrage bei 600 mittelständischen Unternehmen durchgeführt. Unter anderem wurden die Unternehmen gefragt, was sie unter Qualität verstehen. Die Befragung, die sich an die Geschäftsführung bzw. die Leiter der Qualitätsabteilung richtete, wurde schriftlich, mit Hilfe eines strukturierten Fragebogens, durchgeführt. Die mit 11% hinter den Erwartungen liegende Rücklaufquote ist wahrscheinlich teilweise auf den hohen Umfang des Fragebogens zurückzuführen. Insgesamt wurde nach 22 Qualitätsaspekten gefragt, die in über 100 Einzelkomponenten untergliedert waren. Diese Detailfragen waren notwendig, um mit Hilfe der Befragung die unterschiedlichen Kosten- und Nutzenarten, die die Unternehmen mit einem QM-System in Verbindung bringen, erfassen zu können (Benes, Vossebein 1997).

Die Mehrzahl (62%) der befragten Probanden setzten hohe Qualität mit einer hohen Kundenzufriedenheit gleich. Obwohl dieser Wert weit über den Nennungen anderer

Beschreibungen lag (siehe unten), ist es verwunderlich, daß immerhin 38% der Befragten im Zusammenhang mit dem Begriff Qualität nicht an ihre Kunden denken. In diesem Bereich muß weiterhin viel Aufklärungsarbeit geleistet werden, da der Ausgangspunkt eines QM-Systems immer bei den Wünschen und Bedürfnissen der Kunden liegen muß.

Was ist Qualität?

- Hohe Kundenzufriedenheit 62%
- Hohes und konstantes Qualitätsniveau 18%
- Fehler verringern 17%
- Effizienter fertigen 15%
- Termintreue 13%
- Längerer Produktlebenszyklus 12%

Wie schwierig in vielen Unternehmen der Umgang mit dem Thema Kundenzufriedenheit bzw. Kundenorientierung ist, verdeutlicht das Ergebnis auf die Frage, wie die Zufriedenheit der Kunden gemessen wird.

Messung derKundenzufriedenheit

- Kundenbefragungen 33%
- Anzahl der Beanstandungen 17%
- Rückgang der Garantieansprüche 3%

Obwohl 62% der Probanden angaben, daß für sie hohe Qualität durch eine hohe Kundenzufriedenheit charakterisiert wird, befragen lediglich 33% der Unternehmen ihre Kunden, um deren Zufriedenheit mit der erbrachten Leistung zu erfassen. Vor dem Versuch, Kundenzufriedenheit durch die Anzahl der Beanstandungen bzw. die Häufigkeit von Garantiefällen zu operationalisieren, ist dringend zu warnen, da die Beanstandungen automatisch zurückgehen, wenn die unzufriedenen Kunden zur Konkurrenz abgewandert sind. Eine abbschließende Bewertung ist nur unter Berücksichtigung mehrerer Variablen möglich.

4. Wo entsteht Qualität?

Wie bereits erwähnt, wurden die Probanden im Rahmen der Befragung nach 22 Qualitätsnutzenaspekten gefragt, die zuvor mit Qualitätsleitern diskutiert wurden. Diese Qualitätsdimensionen lassen sich in vier große Bereiche einteilen, die in Abbildung 3 graphisch dargestellt sind. Die externe Qualität bezieht sich auf die Kundenzufriedenheit, wohingegen die interne Qualität in die drei Teilbereiche Mitarbeiter, Durchlaufzeiten und Kostenarten untergliedert wurde.

Die wesentlichen Ergebnisse dieser Untersuchung werden nachfolgend vorgestellt. Die gesamte Auswertung kann bei den Autoren bestellt werden.

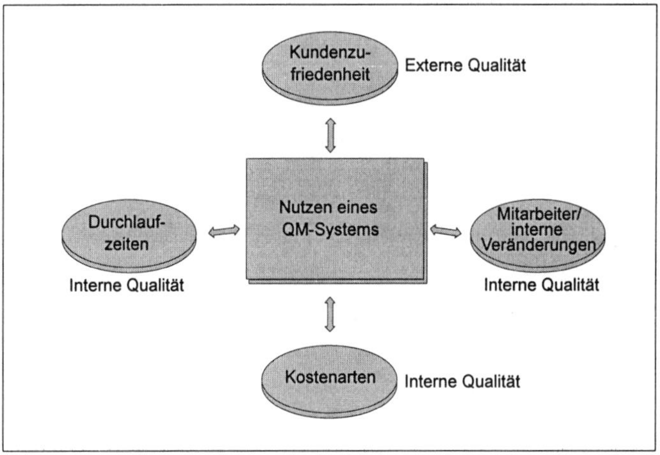

Abbildung 3: Nutzen eines QM-Systems

4.1 Kundenzufriedenheit

Im Zusammenhang mit der Zufriedenheit der Kunden wurde gefragt, inwieweit die Probanden Steigerungsmöglichkeiten der Kundenzufriedenheit durch ein QM-System sehen, bzw. welche Veränderungen sie erwarten. Die Bewertung erfolgte anhand einer Skala von 1 (= große Verbesserung) bis 5 (= keine Verbesserung).

Die Ergebnisse in Tabelle 1 zeigen, daß viele Probanden eine hohe Kundenzufriedenheit nur eingeschränkt mit einem QM-System in Verbindung bringen.

Tabelle 1: Externe Qualität

Kundenzufriedenheit	**mittlere Bewertung**	**Standardabweichung**
Verbesserung des Kundenverhältnisses	2,7	1,08
Rückmeldung und Analyse über das Verhalten der Produkte im Gebrauch	3,2	1,17
Rückgang der Kundenbeschwerden	2,9	1,17

Der Wert von 2,7 bei dem Item „Verbesserung des Kundenverhältnisses" dokumentiert eine im Durchschnitt mittelmäßige Bewertung. Überraschend ist auch, daß nicht erwartet wird, daß durch die Einführung eines QM-Systems die Anzahl der Kundenbeschwerden deutlich reduziert werden kann.

4.2 Mitarbeiter

Die Befragung nach den innerbetrieblichen Auswirkungen, insbesondere auf der Mitarbeiterebene, erfolgte ebenfalls anhand einer Skala von 1 (= große Verbesserung) bis 5 (=keine Verbesserung). Die Ergebnisse in Tabelle 2 zeigen, daß im Durchschnitt eher eine geringe Steigerung der Mitarbeitermotivation sowie des Engagements durch die Einführung eines QM-Systems erwartet werden. Auch diese Zahlen legen den Schluß nahe, daß Qualität in vielen Unternehmen immer noch verstärkt unter technischen Gesichtspunkten gesehen wird. Die Quantität und Qualität des betrieblichen

Vorschlagswesens müßte sich positiv entwickeln, wenn durch ein QM-System der Qualitätsgedanke in allen Unternehmensbereichen gefestigt werden würde.

Tabelle 2: Interne Qualität: Mitarbeiter

Innerbetriebliche Auswirkungen	**mittlere Bewertung**	**Standard-abweichung**
Motivation und Zufriedenheit der Mitarbeiter	3,1	1,26
Anzahl der Stellvertreterregelungen	3,3	1,25
Quantität und Qualität des betrieblichen Vorschlagswesens	3,2	1,30
Produktverbesserungen durch Kundenwünsche	3,6	1,03

4.3 Durchlaufzeiten

Im zweiten Block der internen Qualität wurden die Durchlaufzeiten zusammengefaßt. Die Probanden wurden gefragt, in welchen Bereichen sie durch die Einführung eines QM-Systems Zeiteinsparpotentiale sehen. Die Bewertung erfolgte anhand einer Skala von 1 (= sehr hohe Einsparung) bis 5 (= keine Einsparung). Die Ergebnisse (vgl. Tabelle 3) verdeutlichen, daß die Unternehmen im Durchschnitt auch im Bereich der Durchlaufzeiten nicht mit einer größeren Verbesserung durch die Einführung eines QM-Systems rechnen. Erstaunlich ist dieses Ergebnis insbesondere deshalb, weil die Optimierung der Durchlaufzeiten schon sehr lange diskutiert wird und es sich somit nicht um einen neuen Gesichtspunkt der Qualität handelt. Die größten Verbesserungen werden im Servicebereich (2,9) und in der Produktion (3,0) erwartet, wohingegen die bei der Auftragsabwicklung (3,3) und der Angebotserstellung (3,6) kaum bzw. teilweise überhaupt keine Einsparungsmöglichkeiten gesehen werden (Standardabweichung 1,2 bzw. 1,1).

Tabelle 3: Interne Qualität: Durchlaufzeiten

Durchlaufzeiten	mittlere Bewertung	Standard-abweichung
Angebotserstellung	3,6	1,1
Auftragsabwicklung	3,3	1,2
Produktion	3,0	1,2
Versand	3,6	1,3
Inbetriebnahme	3,5	1,3
Service	2,9	1,1

4.4 Interne Qualität: Kostenarten

Alle Kosten, die im Zusammenhang mit einem QM-System stehen, sind unter dem Begriff Kostenarten zusammengefaßt. Im Vergleich zu den anderen Bereichen ergaben sich hierbei teilweise deutlichere Ergebnisse. Dies betrifft sowohl die Kostenarten, die durch die Einführung eines QM-Systems steigen (vgl. Tabelle 4a), als auch die, bei denen man einen Rückgang erwartet (vgl. Tabelle 4b).

Tabelle 4a: Interne Qualität: Kostenarten

Kostenarten	mittlere Bewertung	Standard-abweichung
Einführung und Aufrechterhaltung des QM-Systems	3,8	0,76
Personalschulung	4,0	0,49
Verwaltungskosten: Software etc.	3,6	0,70
Prüfmittel	3,8	0,56

Nahezu alle Befragten rechnen damit, daß die Kosten für die Personalschulung (4,0) durch die Einführung eines QM-Systems steigen, wobei wiederum mit einer Skala von 1 (= deutlich niedrigere Kosten) bis 5 (= deutlich höhere Kosten) gemessen wurde.

Höhere Kosten werden darüber hinaus bei den Personalkosten zur Einführung und Aufrechterhaltung des QM-Systems (3,8) sowie bei den Prüfmittel (3,8) und Verwaltungskosten (3,6) erwartet.

Im Gegensatz zu den in Tabelle 4a aufgeführten Bereichen, sind in Tabelle 4b einige Kostenarten aufgeführt, bei denen die Probanden mit einem Rückgang durch den Einsatz eines QM-Systems rechnen. Insgesamt sind die Erwartungen bezüglich Kostenreduzierungen aber weniger stark ausgeprägt als die, die im Hinblick auf höhere Kosten geäußert wurden.

Tabelle 4b: Interne Qualität: Kostenarten

Kostenarten	**mittlere Bewertung**	**Standard-abweichung**
Kosten für Falschlieferungen	2,3	0,61
Lagerkosten pro Stück	2,5	0,67
Produzierter Ausschuß	2,2	0,73
Nachbesserungen	2,1	0,65
Falscher Versandtermin	2,4	0,64
Falsche Verpackung	2,5	0,68
Rückrufaktionen	2,7	0,64
Schadenskosten	2,6	0,65

In Tabelle 4b wird deutlich, daß nur in Einzelfällen mit zurückgehenden Kosten gerechnet wird. Für den Beschaffungsbereich gilt dies beispielsweise für die Kosten für Falschlieferungen (2,3) und in abgeschwächter Form für die Lagerkosten pro Stück (2,5). Optimistischer wird die Situation im Bereich der Produktion eingeschätzt. Hier erwartet man sowohl in Bezug auf den produzierten Ausschuß (2,2) als auch bei den Kosten für Nachbesserungen (2,1) eine merkliche Entlastung durch ein QM-System. Die Erwartungen im Vertrieb sind ähnlich derer in der Beschaffung. Einsparungen werden sowohl bei den Kosten, die durch einen falschen Versandtermin (2,4) entstehen, als auch bei denen durch die Wahl der falschen Verpackung (2,5) erwartet. Weniger optimistisch wird die Lage im Bereich der Versicherungsleistungen eingeschätzt.

Weder bei den Kosten für Rückrufaktionen (2,7) noch bei den Schadenskosten (2,6) werden nennenswerte Einsparungspotentiale gesehen.

Betrachtet man insgesamt die erwarteten Veränderungen durch die Einführung eines QM-Systems, muß man feststellen, daß bis auf wenige Ausnahmen keine allzu großen positiven Erwartungen an ein QM-System gestellt werden. Dies bestätigt die bereits am Anfang des Beitrags formulierte Vermutung, daß immer noch eine Vielzahl von Unternehmen QM-Systeme in erster Linie einführen, weil ihre Kunden dies von ihnen erwarten und nicht weil sie sich selbst hiervon deutliche Vorteile versprechen.

5. Ansatzpunkte zur Nutzenbewertung von QM-Systemen

Nachfolgend soll anhand zweier sehr unterschiedlicher Beispiele aufgezeigt werden, wie sich der Nutzen bestimmter Vorgehensweisen im Rahmen eines QM-Systems bestimmen läßt. Nur wenn es in der Zukunft gelingt, den Nutzenaspekt von QM-Systemen stärker in der Vordergrund zu stellen, werden die mit solch einem System verbundenen Vorteile voll nutzbar.

5.1 Zeit als Erfolgsparameter

Die Anforderungen, die im Rahmen der Produktentwicklung zu berücksichtigen sind, umfassen neben den Kundenwünschen und den Vorgaben für die Herstellungskosten u.a. technische Kenndaten, Funktionsanforderungen, erwartete Lebensdauer, Betriebssicherheit und Umweltaspekte. Zieht man in Betracht, daß bei einer Produktentwicklung 70 bis 80 % der zukünftigen Herstellungskosten festgeschrieben werden (Bullinger, 1990), ist die Kostenverantwortung in Relation zu anderen Unternehmensbereichen sehr hoch. Die Kostenverursachung ist aber mit nur ca. 6% des Umsatzes gering. Hierdurch wird deutlich, wie wichtig es ist, schon während der Produktrealisierung die Größen zu überwachen, die den Erfolg eines Produktes bestimmen (Benes, Nau, 1994). Im F & E-Bereich sind dies die Parameter

- Entwicklungszeit,
- Faktoreinsatz und
- Leistung.

Diese Erfolgsparameter werden der Produktrealisierung im Entwicklungsauftrag vorgegeben und sind somit deren Kontrollgrößen.

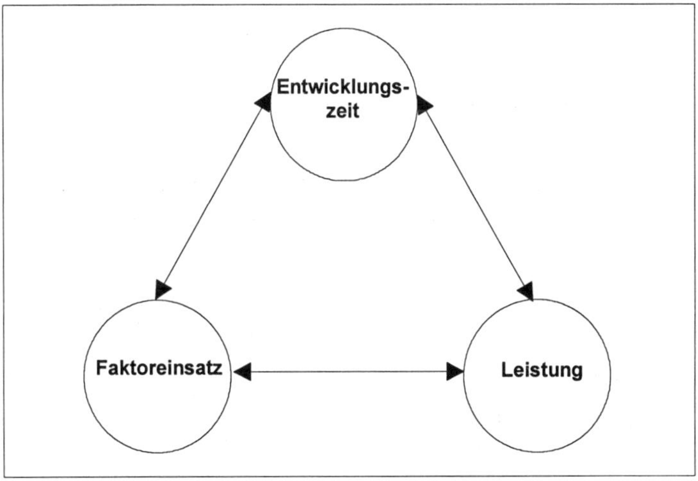

Abbildung 4: Das magische Dreieck

In Abbildung 4 wird deutlich, daß die Erfolgsparameter sich gegenseitig beeinflussen. Soll z.B. die Entwicklungszeit verkürzt werden, so kann dies zu einer Reduzierung der zu erbringenden Leistungsmerkmale und zu einer Erhöhung des Faktoreinsatzes führen. In der Literatur wird deshalb vom magischen Dreieck (Platz, 1991) gesprochen, da es nahezu unmöglich ist, alle drei Größen gleichzeitig zu optimieren. Diese Unlösbarkeit der Größen führt zu der Forderung nach einer integrierten Projektüberwachung im Rahmen des Qualitätsmanagements. Alle Parameter sollen gleichzeitig betrachtet werden. Das Gesamtbild der Abweichungen ist für die Steuerung des Projektes maßgebend, nicht die Plan-/Ist-Abweichung einer einzigen Größe. Bei den zu betrachtenden Faktoren kann nach ergebnisorientierten und prozeßorientierten Faktoren (Keplinger, 1991) differenziert werden (vgl. Abbildung 5).

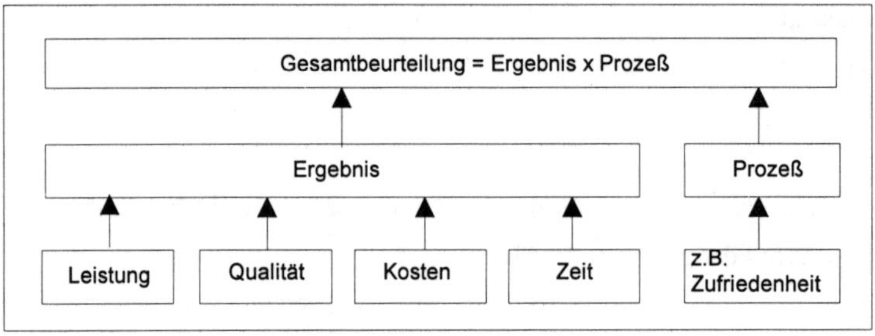

Abbildung 5: Ergebnis- und prozeßorientierte Faktoren

Der Einfluß der ergebnisorientierten Parameter „Entwicklungszeit“ und „Faktoreneinsatz“ auf die Gesamtbeurteilung der Entwicklung eines Flugzeugtriebwerkes soll anhand einer Kosten-Nutzen-Analyse dargestellt werden (Benes, Nau 1994). In Abbildung 6 sind einige der Einzelkriterien der Erfolgsfaktoren dargestellt.

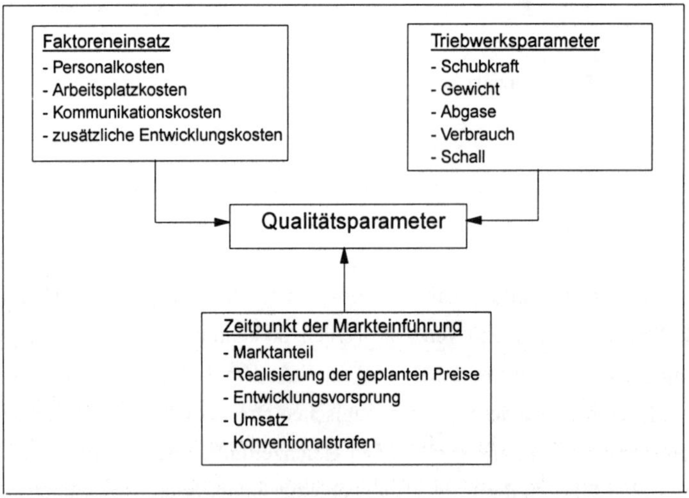

Abbildung 6: Qualitätsparameter der Entwicklung eines Triebwerkes

Entwicklungszeit

Die Entwicklungstermine werden im wesentlichen durch einen Auftraggeber oder bei auftragsfreier Durchführung, durch die Marktsituation bestimmt. Eine verspätete

Markteinführung oder das Überschreiten des Fertigstellungstermins kann verheerende Auswirkungen auf das Unternehmen haben. Gerade im F & E-Bereich werden über 70 % der Terminabweichungen bei den Produktentwicklungen verursacht (Schmelzer, 1992).

In einer Untersuchung konnten Benes und Nau aufzeigen (Benes, Nau 1994), daß durch das Überschreiten der Serienfreigabe um zwei Jahre einem Hersteller für Flugzeugtriebwerke in fünf Jahren Schäden in Millionenhöhe entstanden sind, die man durch gezielte Steuerungsmaßnahmen im Vorfeld zumindest teilweise hätte vermeiden können. Für Triebwerke wird eine Produktlebenszeit von ca. 30 Jahren angenommen, wobei zur Zeit Entwicklungszeiten von 4 Jahren angestrebt werden. Die realisierten Entwicklungszeiten liegen allerdings noch bei ca. 5 Jahren.

Ein anderes Beispiel aus der Elektronikindustrie macht deutlich, daß die Erhöhung der Entwicklungskosten sich deutlich weniger negativ auf das Ergebnis auswirkt als eine Verlängerung der Entwicklungszeit (vgl. Tabelle 5).

Tabelle 5: Die Ergebniswirkung von Entwicklungszeiten

Fall	**Erhöhung der Entwicklungszeit**	**Erhöhung der Entwicklungskosten**	**Ergebniseinbuße bei einem Produktlebenszyklus von 5 Jahren**
A	6 Monate	0	- 30%
B	0	30%	- 5%

Durch die Überschreitung der Entwicklungszeit um 6 Monate mußte bei einem Produktlebenszyklus von 5 Jahren eine Ergebniseinbuße von 30 % verkraftet werden. Im Gegensatz dazu wurde in einem vergleichbaren Fall (Fall B) der Entwicklungsrückstand frühzeitig erkannt und der die Erhöhung der Entwicklungskosten um 30 % ausgeglichen, was insgesamt zu einer Ergebniseinbuße von nur 5 % geführt hat (Reichwald, Schmelzer 1990).

Faktoreneinsatz

Die Parameter des Faktoreneinsatzes sind in Abbildung 6 dargestellt. Sie stellen den Wert der verbrauchten Güter und Dienstleistungen dar, die zur Erstellung der betrieblichen Leistung erforderlich sind. Der Faktoreinsatz wird im F & E-Bereich zeitbezogen geplant. Grundlage der Planung sind die Aktivitäten (Arbeitspakete) die im F&E-Bereich während der Produktentwicklung zu verrichten sind. Ihre Realisierung ist in einer Zeitfolge, dem Produktplan, festgehalten (vgl. Abbildung 7). Der Entwicklungsvorgang darf nicht nur geplant werden, sondern auch verfolgt, überwacht und gesteuert werden.

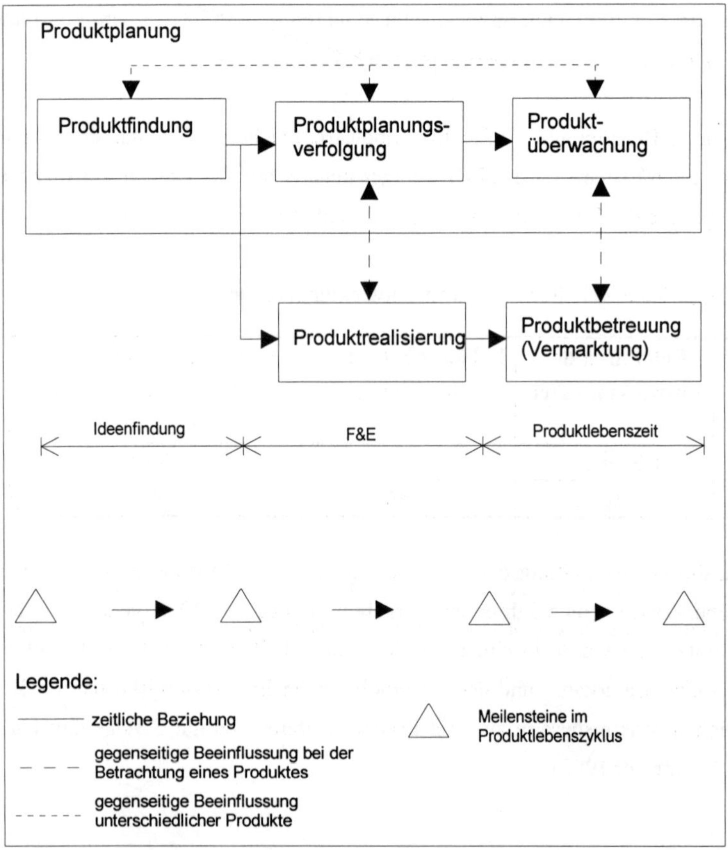

Abbildung 7: Der Zusammenhang zwischen Produktplanung und Produktentwicklung

Die prinzipiellen Möglichkeiten des Verlaufs eines Arbeitsganges in Abhängigkeit der Zeit zeigt Abbildung 8 (Burghardt, 1988). Der Verlauf der Kontrollgrößen des Qualitätsparameters kann durch rechtzeitiges Erkennen von Planabweichungen mit Hilfe von Steuergrößen korrigiert werden, so daß letztlich kein Zeitverzug zu verzeichnen ist.

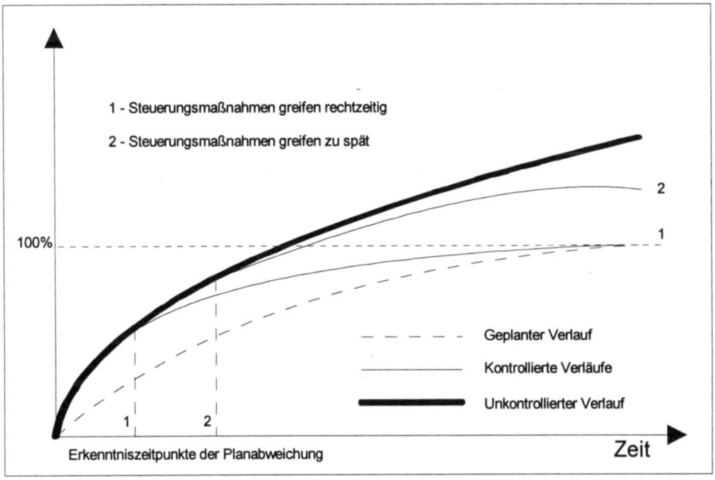

Abbildung 8: Das rechtzeitige Erkennen von Planabweichungen als Voraussetzung zur wirkungsvollen Projektsteuerung

5.2 Erfassung der Kundenanforderungen

Die geforderte Kundenorientierung im Rahmen eines QM-Systems setzt voraus, daß die Kundenwünsche erfaßt und bewertet werden können. Ein in der Praxis weitverbreitetes Verfahren ist die Conjoint-Analyse, deren Vorgehensweise nachfolgend kurz skizziert wird. Der Vorteil dieser Methode liegt unter anderem darin, daß die unterschiedlichen Nutzendimensionen in ihrem Einfluß auf die Gesamtbewertung eines Produktes, einer Dienstleistung etc. quantifiziert werden können.

Die Beispielsaufgabenstellung lautet, daß die Attraktivität unterschiedlicher Anbieter von Girokonten überprüft werden soll. Aufgrund erster Marktforschungsergebnisse wurde deutlich, daß die potentiellen Kunden bei der Auswahl eines Girokontos folgende vier Kriterien berücksichtigen:

- die Möglichkeit zum Telebanking
- die Ausstattung der Filialen mit SB-Automaten
- die Höhe der Habenzinsen und
- die Art der Abrechnung der Kontoführungsgebühren

Die zur Verfügung stehenden Alternativen pro Auswahlkriterium sind in Tabelle 6 zusammengefaßt.

Tabelle 6: Auswahlkriterien

Auswahlkriterium	**mögliche Ausprägung**
Telefonbanking	ja / nein
SB-Automat	ja / nein
Habenzinsen	keine / 0,5% / 4,0 %
Kontoführungsgebühr	Pauschal / Einzelabrechnung

Die Nutzenwerte für die unterschiedlichen Ausprägungen werden anschließend auf der Grundlage von Interviews gewonnen. Ein mögliches Ergebnis könnte zum Beispiel wie in Abbildung 9 aussehen.

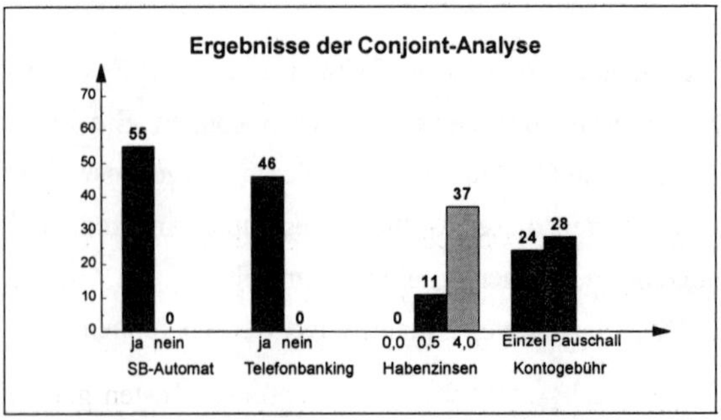

Abbildung 9: Ergebnisse der Conjoint-Analyse

Die höchste Einzelbewertung mit 55 Punkten ergibt sich aus der Sicht der Kunden für das Vorhandensein eines SB-Automaten. Etwas weniger wichtig wird dagegen das Angebot des Telefonbanking gesehen (46 Punkte). Bei der Art der Kontogebührenabrechnung ergeben sich keine deutlichen Unterschiede, wohingegen höhere Habenzinsen erwartungsgemäß höher als niedrige Zinsen bewertet werden. Drei unterschiedliche Gestaltungsmöglichkeiten für Girokonten sind in Tabelle 7 angegeben.

Tabelle 7: Unterschiedliche Angebote für Girokonten

Auswahlkriterium	**Konto A**		**Konto B**		**Konto C**	
Telefonbanking	ja	46	ja	46	ja	46
SB-Automat	nein	0	ja	55	nein	0
Habenzinsen	4,0%	37	4,0%	37	0,5%	11
Kontoführungsgebühr	pauschal	28	pauschal	28	pauschal	28
Nutzenwert		111		166		85

Die Ausprägungen von Konto A führen zu einem Gesamtnutzenwert von 111. Wird nun eine Kriterienausprägung variiert, kann mit Hilfe der Conjoint-Analyse festgestellt werden, wie sich dadurch die Gesamtbewertung aus Kundensicht verändert. Durch die Verfügbarkeit von SB-Automaten wird die Attraktivität des Angebots um 55 Punkte höher und liegt damit für Konto B bei 166 Nutzeneinheiten. Werden im Vergleich zum Konto A die Habenzinsen von 4% auf 0,5% gesenkt, erreicht dieses Angebot (Konto C) nur noch einen Nutzenwert von 85.

6. Ausblick

Die Ergebnisse der in Kapitel 4 beschriebenen Umfrage verdeutlichen, daß heutzutage umfangreiche Kosten-Nutzen-Analysen von QM-Systemen so gut wie nicht durchgeführt werden. Dies ist in erster Linie darauf zurückzuführen, daß der Nutzen, der durch ein QM-System entsteht, viel zu selten erfaßt und den Kosten gegenübergestellt wird. Obwohl in einigen Fällen eine exakte Zuweisung des Nutzen von Qualitätselementen nur mit sehr hohem Aufwand realisiert werden kann, sollte versucht werden, die Auswirkungen eines QM-Systems transparent zu machen, um einerseits das System immer weiter verbessern zu können, andererseits aber auch die Motivation aller Beteiligten zu fördern. Nur wenn der Erfolg der eigenen Arbeit zu sehen ist, wird diese mittel- und langfristig mit hohem Engagement weiterverfolgt werden.

Literaturverzeichnis

1) Benes, Georg, Nau Markus. „Überwachung von Produktentwicklungen im Rahmen der Produktplanung " VDI-Fortschritt-Berichte, Reihe 1, Nr. 238 (1994)

2) Benes, Georg, Vossebein, Ulrich: Welchen Nutzen haben Qualitätssysteme?, in: Genossenschafts-Kurier 2/97, S. 5-8

3) Bullinger, Hans-Jörg. „Kriterien für den Produkterfolg: Die Qualität des F & E-Managements bestimmt die Wettbewerbsfähigkeit". Technische Rundschau 82.37 (1990) S. 38-44

4) Burghardt, Manfred. Projektmanagement, Leitfaden für die Planung, Überwachung und Steuerung von Entwicklungsprojekten. Berlin, München, 1988.

5) Keplinger, Wolfgang. Merkmale erfolgreichen Projektmanagements. Graz, 1991.

6) Platz, Jochen. "Hat das F & E-Projektmanagement versagt?" Neuorientierung im Projektmanagement, Eine Dokumentation thematisch zusammenhängender Beiträge aus GPM-Jahrestagungen und -Symposien 1987-1989. Köln, 1991: 41-59.

7) Reichwald, Ralf und Schmelzer, Hermann J. Durchlaufzeiten in der Entwicklung: Praxis des industriellen F & E-Managements. München, Wien, 1990.

8) Schmelzer, Hermann J. Organisation und Controlling von Produktentwicklungen, Praxis des wettbewerbsorientierten Entwicklungsmanagements. Stuttgart, 1992.

Das Qualitätsparadigma
Prozesse beherrschen und dokumentieren

Nino Grau

1. Einleitung

2. Produkt- versus Prozeßqualität

3. Prozeßziele

    3.1 Klassische Zielkonkurrenz

    3.2 „Neue Zielharmonie"

4. Prozeßmanagement

    4.1 Prozeßdarstellung und Prozeßsimulation

    4.2 Analyse und Bewertung der Prozesse

    4.3 Prozeßoptimierung

5. Problemfelder der Prozeßoptimierung

6. Zusammenfassung

1. Einleitung

Neben der Forderung nach der Qualität der Produkte wird im Rahmen des TQM auch die Forderung nach der Qualität der Prozesse erhoben. Teilweise hat man den Eindruck, daß die Qualität der Prozesse Vorrang vor der Qualität der Produkte hat.

Bevor auf die Unterschiede zwischen der Produkt- und der Prozeßqualität bzw. auf die Möglichkeiten der Verbesserung der Prozeßqualität näher eingegangen wird, werden hier zunächst die wesentlichen Begriffe definiert:

Als **Qualität i. e. S.** soll die Funktionalität des Produktes im Sinne von „fit for use" verstanden werden. **Qualität i. w. S.** soll dasjenige bezeichnen, was der Kunde bekommen möchte, d.h. wofür er zu bezahlen bereit ist (vgl. SCHARRER, 1991, S. 695ff). Unter **Kunde** ist hier gleichermaßen der externe Kunde wie auch der interne Kunde gemeint. Interner Kunde ist eine Stelle im Unternehmen, die von einer anderen Stelle Leistungen bezieht, wie z.B. Vertrieb von der Produktion, Produktion vom Einkauf, aber auch z.B. Rechnungswesen von der Personalabteilung, usw.

Unter **Produkten** werden sowohl Sachleistungen (Waren) als auch Dienstleistungen (Dienste) verstanden. Dienstleistungen sind dabei durch folgende Eigenschaften definiert:

- immateriell
- nicht lagerfähig,
  d.h. Produktion und Konsum fallen gleichzeitig an
- u.U. Kundenbeteiligung,
  d.h. der Kunde ist an der Definition des stark individualisierten Produktes (z.B. EDV-Software) und u.U. auch am Produktionsprozeß (z.B. Teilnahme an einem Fremdsprachenkurs) beteiligt.

Weiterführende Ausführungen zum Thema Qualität (insbesondere der Dienstleistungen) finden sich bei QUARTAPELLE/LARSEN, 1996.

In einem gesättigten Käufermarkt, wie er z.Z. in der Bundesrepublik anzutreffen ist, ist die Tendenz erkennbar, die Sachleistung oft nur zusammen mit der Dienstleistung verkaufen zu können. Als Beispiele wären da zu nennen:

- schlüsselfertiges Bauen inklusive Grundstückssuche und Finanzberatung
- Verkauf von EDV-Hardware inklusive Software und Schulung
- Verkauf einer individuell angepaßten Einbauküche inklusive Beratung usw.

Als **Prozeß** bezeichnet man die Transaktion eines Objekts durch eine oder mehrere Aktivitäten (s. Abbildung 1).

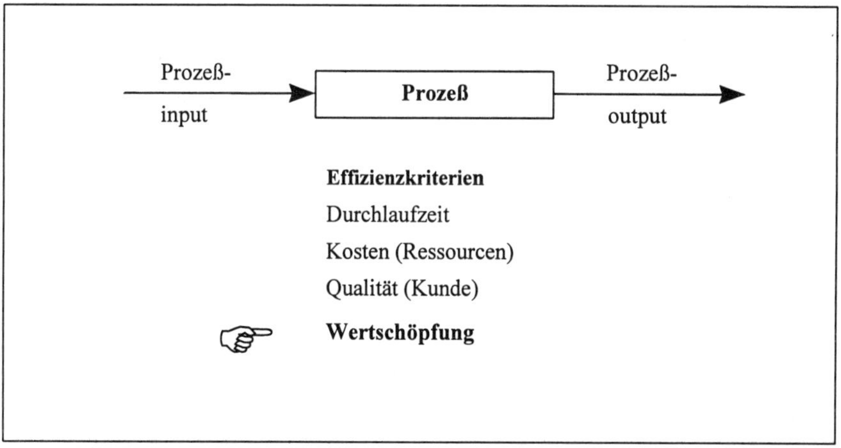

Abbildung 1: Prozeßdefinition

In Abhängigkeit vom Ziel der Modellbildung muß jeweils entschieden werden,

- wie ein Prozeß von anderen Prozessen im Prozeßgeflecht des Unternehmens abgesetzt werden soll (horizontale Auflösung)
- wie ein Prozeß in Teilprozesse gegliedert werden soll (vertikale Auflösung).

Die Beschäftigung mit Prozessen hat in der deutschsprachigen Betriebswirtschaftslehre eine lange Tradition. Schon in den dreißiger Jahren war die Ablauforganisation neben der Aufbauorganisation ein wesentlicher Teil der Organisationslehre. Der Unterschied zu der heutigen Beschäftigung mit Prozessen bzw. Geschäftsprozessen liegt im Wesentlichen darin, daß die traditionelle Ablauforganisation im Wesentlichen die Abläufe innerhalb einer Stelle untersucht hat, wobei die Stellen oft durch eine funktionale Gliederung gebildet wurden. Die heutige Prozeßorientierung versucht dagegen, gerade durch die Betrachtung langer Prozeßketten (z.B. vom Lieferanten zum Kunden) die funktionale Trennung zu überwinden. Weiterführende Gedanken zu diesem Thema können SCHWARZER/KRCMAR, 1995 entnommen werden.

2. Produkt- versus Prozeßqualität

Die Prozeßqualität wird oft in Zusammenhang gebracht mit Begriffen wie **Zertifizierung** oder **DIN ISO 9000**. Dies ist nicht verwunderlich, denn mehrere Qualitätselemente der Norm (20 Qualitätsmanagementelemente der ISO 9001) beziehen sich ausdrücklich auf Prozesse (vgl. KLOTZ, 1996/1, S. 49f; GUMPP, WALLISCH, 1995, S. 63ff). Im einzelnen sei hier genannt:

- **Qualitätselement 9**: ...die Produktions- und Montage**prozesse**...
- **Qualitätselement 15 und 16**: ... **Verfahren** des Lieferanten für Handhabung, Lagern, Identifikation, usw.
- **Qualitätselement 20**: statistische Methoden, die das Verständnis der **Prozesse** steigern sollen.

In einigen Qualitätsmanagementelementen wird zwar nicht explizit von Prozessen oder Verfahren gesprochen. Es wird aber klar, daß implizit eher der Prozeß als das Produkt (das Ergebnis des Prozesses) im Mittelpunkt steht (s. Qualitätselement 4: Vertragsprüfung).

An anderen Stellen wie z.B. im **Qualitätselement 7** oder im **Qualitätselement 12** wird eindeutig von der **Qualität der Produkte** gesprochen.

Dieser Gegensatz „Produkt- oder Prozeßqualität" wird deutlich aus der Aussage von Klaus Kalkowski, der bei der Landesgewerbeanstalt Bayern für die Erteilung der ISO-Zertifikate zuständig ist: "Natürlich will der Kunde vor allem einwandfreie Leistungen haben. Wie die zustande kommen, interessiert ihn nur am Rande.“ (KLOTZ, 1996/2, S. 38)

So berichtet der Gefahrgutbeauftragte der Höchst AG, wie er die wenig wertschöpfende Tätigkeit der ungefähr 50.000 Fahrzeugkontrollen pro Jahr einsparen wollte. Es ging dabei um Kontrollen wie z.B.: profillose Reifen, fehlende Ersatzräder, schlecht gesicherte Ladung, usw. Die Spediteure wurden aufgefordert, sich zertifizieren zu lassen. Bei anschließenden Stichprobenüberprüfungen mußte er feststellen, daß "eine signifikant niedrigere Mängelquote nicht zu erkennen sei.“
Noch schlimmer ist es, wenn durch die Fokussierung auf die Prozesse bzw. die Zertifizierung das Produkt vollständig vernachlässigt wird. Vollends grotesk wird es, wenn ein großer deutscher Automobilhersteller seinen Besenbinder, der pro Jahr einige Dutzend Besen in Heimarbeit herstellt, an die ISO erinnert. Erst nach einem Gespräch, das die Zertifizierungsstelle des TÜV mit dem Einkaufsleiter führte, wurde dem Besenbinder die Zertifizierung erlassen.

Die beiden o.g. zugegebenermaßen drastischen Beispielen (vgl. RIEKER, 1995, S. 201-203) legen den Schluß nahe, sich statt mit der Qualität der Prozesse doch lieber mit der Qualität der Produkte zu beschäftigen. Dies war auch der jahrzehntelang verfolgte Ansatz. Bei Massenprodukten ist es durchaus machbar, Fertigprodukte vor Auslieferung zu prüfen und nur die qualitativ einwandfreien Produkte zum Kunden gelangen zu lassen. Gegebenenfalls kann man ein schon ausgeliefertes, fehlerhaftes Produkt relativ schnell durch ein auf Lager liegendes einwandfreies ersetzen. Abgesehen von dem dabei entstehenden Imageschaden, könnten hier die Kosten sowohl im Fall des **Herausprüfens vor Auslieferung** als auch im Fall der **nachträglichen Reparaturen** unverhältnismäßig hoch sein. Darauf wird weiter unten eingegangen.

Es ist leicht einzusehen, daß beide o.g. Verfahren bei individualisierten Sachleistungen wirtschaftlich oft nicht sinnvoll anwendbar sind. Bei einer Dienstleistung sind sie i. d. R. unmöglich.

Wenn man die Tatsache akzeptiert, daß bei den meisten Dienstleistungen bzw. individualisierten Sachleistungen ein Herausprüfen der qualitativ nicht zufriedenstellenden

Produkte unmöglich oder weniger sinnvoll ist, so ist man gezwungen, sich mit dem Prozeß auseinanderzusetzen. Die allgemeine Lebenserfahrung bestätigt es, daß auch bei schlecht organisierten Prozessen hervorragende Leistungen erzielt werden können. Dies ist jedoch die Ausnahme. I. d. R. werden bei gut durchdachten und gut dokumentierten Prozessen gute Produkte hergestellt.

Zusammengefaßt kann man feststellen, daß die Prozeßbeherrschung keine Garantie für hochqualitative Produkte ist. Sie ist jedoch ein Indiktator für die Fähigkeit, gute Produkte herzustellen.

3. Prozeßziele

Um Prozesse optimieren zu können, muß man zunächst definieren, was gute Prozesse sind. Die Prozeßoptimierung erfolgt i. d. R. nicht eindimensional bezüglich eines Ziels. Vielmehr versucht man, ein Zielbündel zu erreichen. Folgende Zieldimensionen wären da zu nennen:

- **Produktqualität i. e. S.**
  Die wirtschaftlich vertretbare Quantität des Outputs wird vorausgesetzt.
- **Kostendimension**
  Es geht hier überwiegend um die Erreichung möglichst niedriger Kosten durch optimale Nutzung vorhandener Kapazitäten (Personal, Anlagen, usw.).
- **Zeitdimension**
  Zwei Unterziele, die manchmal in Zielkonkurrenz zueinander stehen, sind hier
  - kurze Durchlaufzeiten und
  - optimale Termineinhaltung.

3.1 Klassische Zielkonkurrenz

Beim klassischen Vorgehen werden die Zielbeziehungen unter den drei o.g. Teilzielen jeweils paarweise als Zielkonkurrenz behandelt. Unter der ceteris paribus Bedingung wird angenommen, daß die anderen Zielbeziehungen dabei konstant bleiben (s. Abbildung 2).

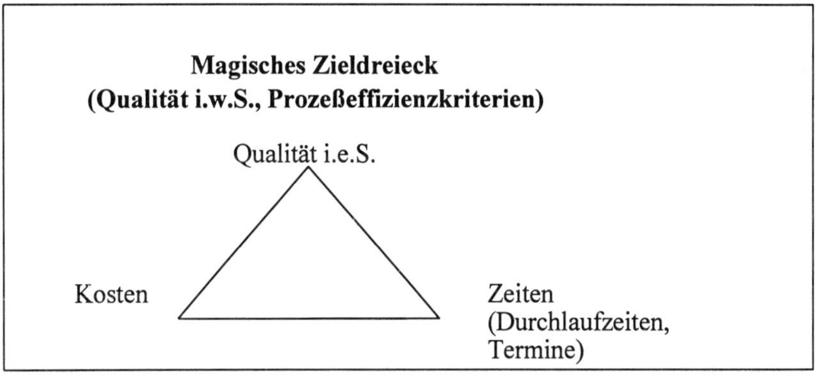

Abbildung 2: Magisches Zieldreieck

Folgerichtig wird dann versucht, die Abläufe bezüglich folgender Fragestellungen zu optimieren:

1. **Zielkonkurrenz: Kosten - Zeiten**

   Als „Dilemma der Ablaufplanung" wird die Tatsache bezeichnet, daß das Erreichen guter Zeiten (niedrige Durchlaufzeiten bzw. hohe Termintreue) nur durch das Vorhalten von Pufferkapazitäten (Anlagen, Material, Personal), d.h. durch schlechte Kapazitätsauslastung und damit durch hohe Kosten zu erreichen ist.

2. **Zielkonkurrenz: Qualität - Zeiten**

   Es wird angenommen, daß unter Zeitdruck schlechte Qualität produziert wird bzw., daß gute Qualität viel Zeit braucht.

3. **Zielkonkurrenz: Qualität - Kosten**

   In der klassischen Sichtweise war es selbstverständlich, daß steigende Qualität, d. h.

abnehmende Anzahl von Fehlern nur durch steigende Qualitätskosten zu erzielen sei.

3.2 „Neue Zielharmonie“

Aus neuen empirischen Untersuchungen (vgl. WERDER, 1996) ist bekannt, daß teilweise gleichzeitige Verbesserung in allen drei Zieldimensionen möglich ist. I. d. R. kann dies durch einen ganzheitlichen Ansatz unter Ausnutzung der geänderten Umweltparameter erreicht werden.

- Eine typische Änderung der Umweltparameter kann ein Technologieschub sein. Durch Einführung neuer Informations- und Kommunikationstechnologien (IuK) kann z. B. sowohl die Qualität der Verarbeitung als auch die Geschwindigkeit für die Erteilung einer Auskunft durch Mitarbeiter erhöht werden.

- Ein weiterer Umweltparameter ist die Qualifikation der Mitarbeiter. Die permanente Erhöhung der Qualifizierung der Mitarbeiter muß aber bewußt zur Erreichung der Qualitätsziele eingesetzt werden. Höherqualifizierte Mitarbeiter sind oft in der Lage, höherwertige Leistungen in kürzerer Zeit zu erbringen.

- Die Tatsache, daß höherqualifizierte Mitarbeiter mit besseren Arbeitsmitteln arbeiten, kann dazu führen, daß man ihnen mehr Verantwortung überträgt, so daß das "Vertrauensmanagement" das "Mißtrauensmanagement / Kontrollmanagement" ersetzt.

Neben den geänderten Umweltparametern ist für die neue Zielharmonie der ganzheitliche Ansatz bei allen Überlegungen entscheidend (vgl. GRAU/OTTMANN, 1995, S. 165 ff). Wie sich dies konkret auswirkt, wird im Kapitel 4 näher dargestellt.

4. Prozeßmanagement

Versucht man, die Prozesse einer Organisation zu verbessern (s. Kapitel 4.2), so muß man oft feststellen, daß keine ausreichende Dokumentation der Ist-Situation der Prozesse existiert. In vielen Unternehmen existieren zwar Organigramme als Dokumentation der Aufbauorganisation und die Kostenstellenpläne als Dokumentation der Kostenstrukturen. Angereichert durch die Stellenbeschreibungen der Mitarbeiter kann man oft eine Dokumentation der Funktionen und Aufgaben erstellen nach dem Motto „Wer macht was in der Einkaufsabteilung?“. Oft überwiegt diese Sichtweise auch in den Qualitätshandbüchern. Da diese Art der Dokumentation für die Prozesse nicht ausreichend ist, muß innerhalb des Projektes zunächst eine Dokumentation der Prozesse erstellt werden (s. Kapitel 4.1).

4.1 Prozeßdarstellung und Prozeßsimulation

Bei der **Darstellung der Prozesse** kommt es darauf an, daß sowohl der gesamte Prozeß von Anfang bis Ende dargestellt wird als auch darauf, daß auch alle Nebenzweige dargestellt werden. Dies kann bei einfachen Prozessen oder bei der ersten groben Darstellung manuell z. B. mit Hilfe von Flip-Charts oder Pinnwänden erfolgen. I. d. R. wird die Arbeit von einem oder mehreren Teams durchgeführt. Die Ablaufpläne stellen die Abläufe mit Hilfe von Pfeilen und Kästchen da. Die Pfeile bezeichnen die Richtung des Informations- bzw. Materialflusses, die Kästchen die Teilprozesse. Die organisatorischen Einheiten, in denen die Teilprozesse stattfinden, sollen nicht als Kästchen dargestellt werden. Die Zuordnung der Teilprozesse zu bestimmten organisatorischen Einheiten (Gruppe, Abteilung, Hauptabteilung, usw.) erfolgt durch verschiedene Form, Farbe oder Lage des Kästchens auf dem Ablaufplan (s. Abbildung 3).

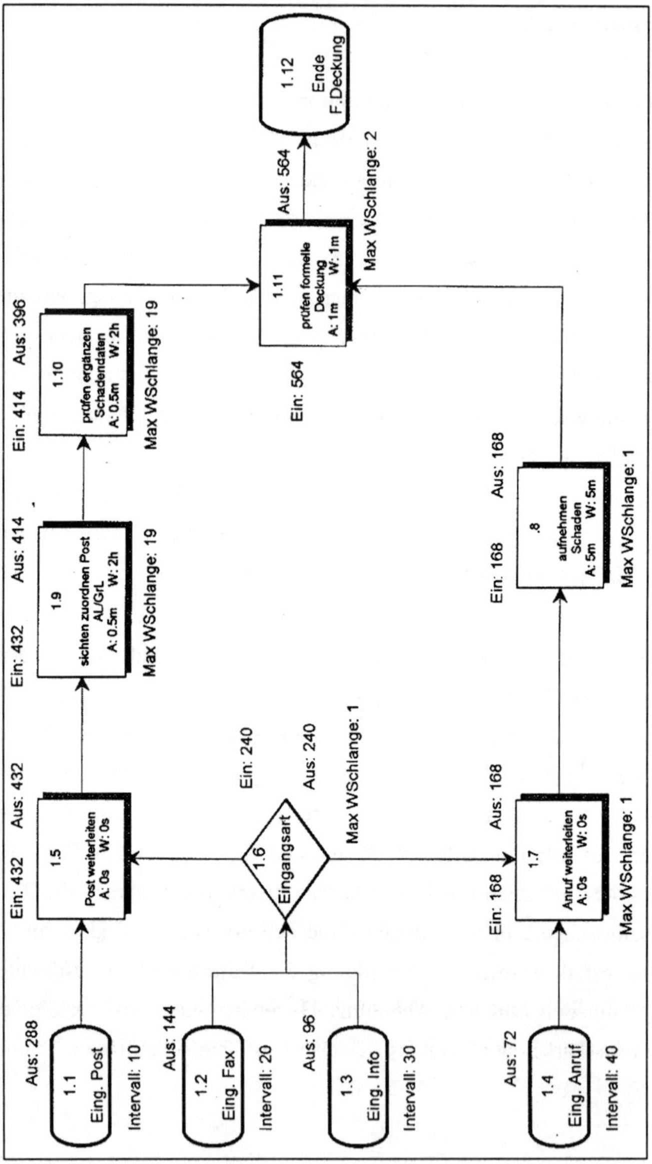

Abbildung. 3:Ablaufplan für den Eingang von Schadensmeldungen bei einer Versicherung (A: Arbeitszeit; W: Wartezeit; Max WSchlange: maximale Länge der Warteschlange; ...)

Verschiedene Formen, Farben und Anordnung der Kästchen können allerdings auch andere Bedeutung haben wie z.B.:

- das im Teilprozeß benutzte EDV-System
  (z.B. rot: isolierter PC am Arbeitsplatz, blau: zentrale Datenbank auf dem zentralen Großrechner usw.)
- die Art des Teilprozesses
  (z.B. Rechteck: Bearbeitung, Raute: Entscheidung, Rechteck mit abgerundeten Ekken: Warten in einer Warteschlange, usw.)
- Anordnung der Kästchen
  (zum Beispiel von links nach rechts: zeitlichen Ablauf, von oben nach unten Zugehörigkeit zu entsprechenden Abteilungen)

Aus solchen Ablaufplänen ist es dann auf den ersten Blick erkennbar, inwieweit Prozesse zwischen den Stellen oder Abteilungen hin und her pendeln. Anhand der Farbe kann man sehen, inwieweit verschiedene untereinander nicht integrierte EDV-Systeme benutzt werden. Wenn zum Beispiel die Daten in die verschiedenen Systeme immer wieder neu eingegeben werden müssen, ist dies ein Hinweis auf mögliche Fehlerquellen.

Sobald die Ablaufpläne mehrere Teilprozesse umfassen (mehr als 20-30) oder mehrere Mitarbeiter an der Erstellung und insbesondere an der Korrektur bzw. Aktualisierung dieser Ablaufpläne beteiligt sind, kann dies mit wirtschaftlich vertretbaren Aufwand oft nur noch mit EDV-Systemen für Prozeßmanagement bewältigt werden.

Neben der Möglichkeit, Ablaufstrukturen zu visualisieren, bieten spezialisierte Prozeßmanagement-Softwarepakete die Möglichkeit zur **Simulation der Abläufe**. Dazu werden verschiedene Objekte mit festgelegten Eigenschaften erzeugt. Den Teilprozessen werden Einsatzmittel und Personen zugeordnet.

Für die Teilprozesse kann festgelegt werden, mit welchem Ergebnis (mit welcher **Qualität i.e.S.** - z. B.: 95% einwandfrei, 5% fehlerhaft) sie beendet werden. Z. B. kann dann für das Element „Entscheidung" angegeben werden, in wieviel Prozent der Fälle fehlerhafte Produkte an dieser Stelle repariert und in den Ablauf wieder eingeschleust werden können oder inwieweit sie entsorgt werden müssen.

Die **Dauern** der einzelnen Unterprozesse können mit statistischen Kenngrößen hinterlegt werden (z. B. durchschnittliche Bearbeitungszeit, statistische Verteilung der Bearbeitungszeit, usw.). Bei der Simulation der Abläufe werden die Ereignisse bzw. ihre Eigenschaften mit Hilfe der Zufallszahlengeneratoren erzeugt. Das Ergebnis der Simulation kann schrittweise visualisiert werden und zwar ändert sich das Bild immer dann, wenn ein Objekt eine vorgegebene Zeit im System gewesen ist. Die Simulation kann aber auch über längere Zeiten laufen, ohne visualisiert zu werden. Als Ergebnis erhält man dann Kennzahlen wie z. B.:

- Die durchschnittliche Durchlaufzeit des Objekts durch das gesamte System beträgt x Sekunden.
- Das Objekt, das am längsten gewartet hat, hat y Stunden gewartet.
- Die durchschnittliche Warteschlangenlänge im Teilprozeß z betrug 17 Objekte.

Gerade im Dienstleistungssektor sind die Wartezeiten z. B. am Bankschalter oder an der Kundenkasse eine wesentliche Komponente, die die Qualität aus Kundensicht beeinflußt.

Sowohl einzelnen Mitarbeitern als auch anderen Einsatzmitteln können **Kosten** (z. B. Stundensätze oder Kosten pro Stück) zugeordnet werden. So ist es leicht möglich, als Ergebnis der Simulation die Kosten der Nacharbeit spezieller Objekte zu erhalten. Es können mit Leichtigkeit auch die Kosten der Entsorgung nach verschiedenen Klassen der Objekte ermittelt werden.

Detaillierte Kosteninformationen zum Bewerten der Prozesse können mit den Methoden der Prozeßkostenrechnung zur Verfügung gestellt werden. Eine gute Einführung in dieses Gebiet kann BADER/GRABATIN, 1996 entnommen werden.

4.2 Analyse und Bewertung der Prozesse

Das im Kapitel 4.1 beschriebene Ablaufdiagramm bildet die Basis für die Schwachstellenanalyse.

Ein Prozeß kann durch die im Kapitel 4.1 genannten Kennzahlen beschrieben werden. Die vom eigenen Prozeß erreichten Kennzahlen werden mit den Kundenwünschen bzw. mit den durch Benchmarking (vgl. THOMBANSEN u.a., 1994, S. 79ff) gewonnenen Kennzahlen vergleichbarer Prozesse verglichen. Abweichungen geben eine erste Vorstellung über Verbesserungspotentiale bzw. Verbesserungswünsche. Da es keine exakten Optimierungsmethoden für Prozesse gibt, werden oft schon in der Bewertungsphase die Schwachstellen analysiert und Verbesserungsmöglichkeiten gesucht. Bevor mit der eingehenden Analyse begonnen wird, fallen den beteiligten Mitarbeitern oft schon beim ersten Anblick der Prozeßdarstellung grobe Fehler auf. Dies ist darauf zurückzuführen, daß viele Mitarbeiter bis zu dem Zeitpunkt der Prozeßdarstellung noch nie eine wie auch immer geartete Darstellung des gesamten Prozesses gesehen haben.
Erste Hinweise auf **Fehler im Prozeß** können sein:

- **Vorhandensein vieler Schnittstellen** zu anderen Stellen, Gruppen, oder Abteilungen
  Dies deutet darauf hin, daß der Bearbeiter wegen unvollständiger Information während des Bearbeitungsvorgangs bei anderen Stellen nachfragen muß. Es kann aber auch bedeuten, daß komplizierte Regelungen für Sonderfälle auch bei Routineprozessen Anwendung finden.
  Bei dem Thema Schnittstellen wird der Paradigmenwechsel besonders deutlich. Hat man früher die Arbeitsteilung vorangetrieben, um die Produktivität zu erhöhen, so war dies richtig bezogen auf die einzelnen Prozesse. Man hat dabei aber die Gefahr verkannt, daß gerade die Schnittstellen eine erhebliche Fehlerquelle (für die Qualität im weiteren Sinne) darstellen.

- **Vorhandensein identischer Arbeitsgänge** (z.B. Qualitätskontrollen) in verschiedenen Abteilungen
  Es liegt nahe zu vermuten, daß diese Arbeitsgänge eingeführt wurden, ohne zu wissen, daß sie an anderer Stelle schon stattgefunden haben.

- **Falsche Reihenfolge der Arbeitsgänge**

- **Arbeitsgänge, die sich teilweise gegenseitig wieder aufheben**
  Die Waren werden z.B. in einer Abteilung verpackt, ohne zu wissen, daß sie im Versand wieder ausgepackt werden, um eine Kontrolle durchzuführen.

- **Medienbrüche im Informationsfluß**
  Oft werden Informationen, die in EDV-Systemen schon vorhanden sind, an anderer Stelle neu aufgenommen und mit anderen EDV-System oder sogar manuell weiterbearbeitet.

4.3 Prozeßoptimierung

Wenn man davon ausgeht, daß der größte Teil der Arbeitsgänge i. d. R. verhältnismäßig gut gestaltet worden ist, so wird das Ergebnis der Prozeßoptimierung i. d. R. durch organisatorische Veränderungen des Prozesses erreicht.

Abgesehen von den Verbesserungsmöglichkeiten, die sich aus den o.g. Schwachstellen automatisch ergeben (**Zusammenfassen** von Tätigkeiten, **Vereinheitlichen** der EDV-Systeme, usw.) gibt es auch typische Optimierungsmethoden für Prozesse, wie z.B.:

- **Wegfall** der nichtwertschöpfenden **Tätigkeiten und Teilprozesse**
  Die Schwierigkeit liegt hier darin, den Aufgabenträgern klar zu machen, daß ihre Arbeit das Produkt u.U. technisch vollkommen, aber aus Kundensicht nicht qualitativ besser macht.
- Zusammenfassen der Ablauforganisation nach dem Prozeßgesichtspunkt

Dies bedeutet, daß Objekte (Kundenaufträge, Produkte, usw.), die eine besondere Behandlung erfordern, anders behandelt werden als andere Objekte (**Variantenbildung für Prozesse**). Dies führt i.d.R. dazu, daß bisher nach gleichem Schema behandelte Objekte verschiedene Behandlung in verschiedenen Organisationseinheiten erfahren. So könnte man in einem Unternehmen zum Beispiel jeweils eine eigene Organisationseinheit für Großkundenaufträge, Lageraufträge, Kleinkundenaufträge, usw. einrichten.

- Einführung neuer Tätigkeiten oder Teilprozesse
  Entgegen der Erwartung, durch Geschäftsprozeßoptimierung immer Arbeitsplätze abzubauen, kann es sinnvoll sein, für spezielle Objekte bzw. spezielle Teilprozesse zusätzliche Qualitätskontrollen, Terminabstimmungen, usw. einzuführen.

  Insbesondere kann es sinnvoll sein, bei Variantenbildung für Prozesse eine neue Tätigkeit „Triage“ vorzusehen. Hier wird entschieden, welche Prozeßvariante für das entsprechende Objekt die sinnvollste ist (z.B. kann es sinnvoll sein, den Kundenauftrag eines kleineren Fachhändlers ausnahmsweise als Großkundenauftrag zu behandeln).

Selbstverständlich wird der optimierte Prozeß (Soll-Vorstellung) in der gleichen Art und Weise dargestellt und simuliert, wie dies im Kap. 4.1 für den Ist-Zustand beschrieben wurde.

5. Problemfelder der Prozeßoptimierung

Es soll nicht verschwiegen werden, daß in vielen Unternehmen die anfängliche Euphorie für das Prozeßmanagement erheblicher Ernüchterung weichen mußte. Erfahrungsgemäß gibt es dafür folgende Gründe:

Netzwerkstrukturen

Die Prozesse, die - wenn überhaupt so doch nur in ihren Hauptfunktionen - dokumentiert worden sind, haben i.d.R. neben dem „Hauptstrang" auch viele „Seitenzweige". Die Nacharbeit an einigen fehlerhaften Zwischenprodukten aus einem Produktionslos führt z.B. zum mehrfachen Durchlaufen von Teilprozeß-Schleifen. Oft vermischen sich die Zweige verschiedener Prozesse. Diese komplexen vernetzten Strukturen können im Gegensatz zu dem i.d.R. einfacheren sequentiellen Vorgehen im „Hauptstrang" ohne die speziellen Methoden - so zu sagen „nach Gefühl" oder „nach gesunden Menschenverstand "- nicht erfaßt werden.

Stochastische Einflüsse

In den meisten Unternehmen ist man gewohnt, die Realität mit Hilfe einfacher mathematischer Modelle (Durchschnittswerte und gegebenenfalls Extremwerte) abzubilden. Sobald Zufallsereignisse abzubilden sind, die vertiefte Kenntnisse der Statistik (Wahrscheinlichkeitsrechnung, Verteilungen, usw.) voraussetzen, ergeben sich erhebliche Probleme.

Dynamische Einflüsse

Bei der Betrachtung der Prozesse ist es wichtig, auch die Dynamik d.h. die Zeitkomponente zu berücksichtigen. Solange es sich um lineare oder annähernd lineare Entwicklungen handelt, ist es möglich, die Modellierung mit einfachen Mitteln bzw. auf der Basis von „Gefühl" und groben Schätzungen durchzuführen. Bei nichtlinearen Entwicklungen versagt die Vorstellungskraft der meisten Mitarbeiter kläglich. Schon die Schätzung einfacher exponentieller Zeitfunktionen (z.B. Zinseszinsrechnung) führt bei den meisten Mitarbeitern zu gewaltigen Fehleinschätzungen.

Die o.g. drei Problemfelder, die mehr oder weniger stark ausgeprägt in den meisten Unternehmen vorzufinden sind, bringen es mit sich, daß die Akzeptanz der nicht verstandenen Methoden teilweise gering ist. Entsprechend niedrig ist dann die Qualität der Daten und Parametereinstellungen. Weitere kritische Erfolgsfaktoren wie z.B.

„mangelnde Beachtung durch die Unternehmensleitung“ oder „verspätete Einbeziehung der mitbestimmenden Gremien“ (vgl. KÖHLER, 1995, S. 55ff) sind allgemein für die Projektarbeit wichtig. Da sie nicht spezifisch sind für TQM-Projekte, soll auf sie hier nicht näher eingegangen werden.

Die Lösung des Problems liegt einerseits im Einsatz von Mitarbeitern-Spezialisten mit fundierter Ausbildung in den Methoden des Prozeßmanagements als Mitglieder im Projektteam und andererseits in breitangelegter Schulung der übrigen Mitarbeiter in den Grundlagen des Prozeßmanagements, um die gewünschte hohe Akzeptanz zu erreichen.

6. Zusammenfassung

Die Qualität der Prozesse garantiert nicht automatisch auch die Qualität der Produkte. Die Qualität der Produktionsprozesse ist aber i.d.R. wesentliche Voraussetzung, um qualitativ hochwertige Produkte herstellen zu können. Insbesondere dort, wo diese Produkte sehr stark individualisiert sind, bzw. bei Dienstleistungen, wo der Produktionsprozeß einen Teil des Produktes darstellt, ist die Qualität der Prozesse unerläßlich.

Mit den Methoden des Prozeßmanagements kann es gelingen, die Qualität der Prozesse und damit auch die Qualität der Produkte zu steigern. Eine wesentliche Voraussetzung ist die gute Ausbildung der Mitarbeiter bzw. der externen Partner, die die Prozeßoptimierung durchführen.

Literaturverzeichnis

Bader, D.; Grabatin, G.: Prozeßkostenrechnung, Forum Prozeßinnovation, Friedberg, 1996

Grau, Nino; Ottmann, Roland: Die Bedeutung des Projektmanagements beim Business Process Reengineering, in Lange, Dietmar (Hrsg.): Management von Projekten, S. 165-181, Stuttgart, 1995

Gumpp, Gunther B.; Wallisch, Franz: ISO 9000 entschlüsselt, Landsberg/Lech 1995, **Klotz, Ulrich**: Weg und Wirkung, Management und Qualität (1), Office Management 6/1996, S.48-50

Klotz, Ulrich: Weg und Wirkung, Management und Qualität (2), Office Management 7-8/1996, S. 36-40

Köhler, Karsten: DIN ISO 9000 ff. beim Bildungsträger, München und Mering 1995

Quartapelle, Alberto, Q.; Larsen, Goerg: Kundenzufriedenheit, Berlin, Heidelberg, 1996

Rieker, Jochen: Norm ohne Nutzen?, manager magazin, Dezember 1995, S. 200-207

Scharrer, Erich: Qualität - ein betriebswirtschaftlicher Faktor?, ZfB 61, Jg (1991), H. 7, 695-720

Schwarzer, Bettina; Krcmar Helmut: Grundlagen der Prozeßorientierung, Wiesbaden 1995

Thombansen, Ulla; Laske, Manfred; Possler, Christine; Rasmussen, Bernd: Vertrauen durch Qualität, München, 1994

Werder v., Axel: Klassische Rationalisierung, strategischer Kurswechsel oder „Neue Zielharmonie?“, ZfO 4/1996, S. 212-217

Optimierungsverfahren und Risiko-Kennwerte für Stichprobenprüfung und Kostenrechnung

Manfred Börgens

1. Einführung
2. Mathematische Verfahren in der Qualitätssicherung
3. Annahmestichprobenprüfung
4. Statistisches Informationssystem für das Qualitätsmanagement
5. Optimierung
6. Kostenrechnung
7. Zusammenfassung

Failure is only the opportunity to begin again. There is no disgrace in honest failure; there is disgrace in fearing to fail. What is past is useful only as it suggests ways and means for progress.

Henry Ford

1. Einführung

Die „14 Punkte“ von W. Edwards DEMING [1] von 1950 gehören auch heute noch zu den gültigen Grundsätzen des Qualitätsmanagements. Der dritte dieser Punkte fordert die *Abkehr von der Totalkontrolle zugunsten statistischer Methoden zur Sicherstellung der Produktqualität*. Statistische und andere mathematische Methoden der Qualitätssicherung beruhen in erster Linie auf der *Stichprobennahme*. Sie dienen sowohl der Stichprobenplanung als auch der korrekten Interpretation der Stichprobenergebnisse.

Viele Unternehmen verwenden *genormte Stichprobenpläne*. Es soll in diesem Beitrag dargelegt werden, daß es *Wege gibt, um in der Serienproduktion die Stichprobennahme besser den betrieblichen Randbedingungen anzupassen und damit tendenziell kostengünstiger zu arbeiten*. Da der Verzicht auf Totalkontrollen statistische Risiken birgt, werden Kennzahlen für diese Risiken berechnet, die als Baustein eines Informationssystems für das Qualitätsmanagement sowie als Grundlage für die Kostenrechnung dienen.

2. Mathematische Verfahren in der Qualitätssicherung

Die bedeutende Rolle mathematischer und statistischer Verfahren für die Qualitätssicherung in der modernen Industrie ist allgemein anerkannt. In allen Phasen der Produktentwicklung und des Produktionsprozesses wird das Qualitätsmanagement in zunehmendem Maße durch die Anwendung von Methoden der Statistischen Prozeßkontrolle - z.B. mit Qualitätsregelkarten - und von Stichprobenverfahren unterstützt.

Im betrieblichen Qualitätsprozeß dienen mathematische und statistische Methoden im wesentlichen den folgenden vier Zielen, die sich zum Teil überschneiden:

Ziele

- Aufdeckung unerwünschter Abweichungen von Sollwerten, Normmaßen, Toleranzen usw.

  Ermittlung von Fehlerquellen und von Ursachen aufgetretener Mängel

- Planung und Auswertung von Stichprobenprüfungen beim Wareneingang, Warenausgang und in der laufenden Produktion

- Optimierung von Arbeitsabläufen

  Kostenoptimierung

- Dokumentation wichtiger statistischer Kennwerte

  Komprimierung dieser Daten zu einer Informationsbasis für das Qualitätsmanagement, ggfs. auch für Zulieferer und Kunden - etwa als Vertragsbestandteil

Der zuerst genannte Punkt wird abgedeckt durch die *Statistische Prozeßkontrolle* (SPC). Da sich das hier zu behandelnde Thema vorwiegend mit den drei letztgenannten Punkten beschäftigt, soll die SPC nur kurz behandelt werden; im übrigen gibt es zu diesem Gebiet eine große Zahl sowohl von klassischen als auch von aktuellen Veröffentlichungen, siehe z.B. die Lehrbücher [2], [3], [7], [11] - [15] sowie die dort enthaltenen Bibliographien.

Die Einhaltung bestimmter Maße und Anteilswerte in der industriellen Fertigung ist offensichtlich von essentieller Bedeutung für die Erreichung und Aufrechterhaltung eines hohen Qualitätsstandards. Die SPC führt deshalb an wichtigen Schnittstellen im Produktionsprozeß Totalkontrollen oder Stichprobenprüfungen durch. Sogenannte *Qualitätsregelkarten* sind seit etwa 1920 (zunächst von SHEWHART) entwickelt worden. Sie enthalten Eintragungen der Prüfergebnisse wie z.B. Mittelwerte, Standardabweichungen, Ausschußquoten usw. in einer zeitlichen Abfolge. Dadurch läßt sich feststellen, ob die jeweils untersuchte Phase der Produktion *beherrscht* und *fähig* ist:

Prozeßbeherrschung und Prozeßfähigkeit

- Ein *beherrschter Prozeß* weist in jedem Zeitintervall *im Mittel* weitgehend *die gleichen (Soll-)Werte* auf; die *zufälligen Abweichungen* von diesen Sollwerten haben weitgehend die *gleiche* statistische *Streuung*.

- Ein *fähiger Prozeß* hält diese Abweichungen innerhalb eines *festgelegten Toleranzbereiches*.

Durch die Verwendung von Qualitätsregelkarten - die automatisiert geführt werden können - lassen sich unerwartete Abweichungen zeitlich dingfest machen und dienen so auch zur Ermittlung der Ursachen dieser Abweichungen. Sie ermöglichen oft eine Rückverfolgung von aufgetretenen Fehlern und Mängeln. Aus den Eintragungen in den Qualitätsregelkarten werden außerdem Qualitätsindizes berechnet. Dies sind Kennwerte, die ein Maß für die Prozeßbeherrschung bzw. die Prozeßfähigkeit darstellen.

In den folgenden Abschnitten wird es überwiegend um Verfahren der Stichprobennahme zum Zwecke der Annahme oder Rückweisung von Losen (Lieferpartien) in der Serienfertigung gehen. Auch bei Verfolgung einer „Null-Fehler-Philosophie“ und mit beherrschten und fähigen Prozessen sind viele Hersteller vertraglich gezwungen, eine solche „Annahmestichprobenprüfung“ beim Warenausgang durchzuführen. Aber auch ohne diesen Zwang gibt es gute Gründe, auf Annahmestichprobenprüfungen nicht vollständig zu verzichten.

3. Annahmestichprobenprüfung

Ein wichtiges Ziel dieses Beitrags ist der Beleg der These:

> *Die Auswahl von Stichprobenplänen nach den gängigen Normen genügt nicht den Anforderungen eines modernen Qualitätsmanagements.*
>
> *Normgestützte Stichprobenpläne sind oft suboptimal bezüglich des Kostenaufwands und der ausgelieferten Produktqualität.*

Unter die gängigen Normen muß man sicherlich DIN ISO 2859 [N1] rechnen; die These bezieht sich aber auch auf in der Industrie verbreitete, intern genormte „Stichprobensysteme" [8]. Um Mißverständnissen vorzubeugen: Gegen eine Anwendung solcher Normen ist nichts einzuwenden, wenn ihre Anwendungsvoraussetzungen gegeben sind und die Bedeutung und Effekte ihrer Resultate durchschaut werden. Allerdings unterstützen diese Normen nur sehr unzureichend ein umfassendes Qualitäts-Informationssystem oder Verfahren der mathematischen Optimierung. Falls also eine dieser Normen betriebliche Verwendung findet, sollte mindestens im Anschluß an die Auswahl einer konkreten Stichprobenanweisung eine Berechnung der wichtigsten Kennwerte erfolgen, die Konsequenzen und Risiken dieser Anweisung für das Management durchschaubar machen.

*Ein **Beispiel** aus DIN ISO 2859 [N1] kann dies und die **These** beleuchten:*
In Teil 2, 6.2 der Norm wird vorgeschlagen, aus Losen von je 7500 Stück Stichproben von je 315 Stück zu prüfen, falls die Ausschußquote in der Produktion 2.5 % beträgt und der Kunde pro Los eine Ausschußquote von weniger als 5 % hinnimmt.

Es ist nicht schwer auszurechnen, daß die Kosten für die 315 Einzelstückprüfungen bei jedem Los verlorenes Geld sind, denn die Wahrscheinlichkeit für ein Los, das der Kunde nicht hinnehmen kann, beträgt $1.27 \cdot 10^{-34}$*, also nahezu 0 !*

Damit nicht genug: Die Norm schlägt weiter vor, bei mehr als 10 schlechten Stichprobenstücken das Los nicht auszuliefern. Dies wäre bei etwa 16.9 % aller Lose der Fall. Der Hersteller würde also mehr als jedes 6. Los zurückhalten, obwohl es den Qualitätsansprüchen vollständig genügt, und dadurch weitere Verluste erleiden.

Gesucht werden also Verfahren, die einen qualitativen Vergleich von Stichprobenplänen erlauben; solche Verfahren führen hin zu *optimalen Stichprobenplänen.*

Beim Wareneingang und -ausgang sowie an wichtigen Schnittstellen im Produktionsprozeß werden häufig Stichproben gezogen, die nicht oder nicht nur den Zwecken der SPC dienen, sondern der Annahme bzw. Ablehnung von Losen. Hier sollen dafür nur „einfache" Stichprobenanweisungen behandelt werden (diese werden im folgenden *Stichprobenpläne* oder kurz *Pläne* genannt, in Anlehnung an [7], [13], [14]; andere Autoren verwenden „Pläne" nur für Zusammenstellungen vieler Stichprobenanweisungen). Mehrstufige Stichprobenpläne werden in der Literatur [3], [7] und in der Normung [N1] behandelt, aber in der Praxis seltener verwendet. Im übrigen sind die meisten der folgenden Resultate leicht übertragbar auf mehrstufige Stichprobenpläne. Ferner werden hier nur *qualitative dichotome Merkmale* betrachtet, d.h. für jedes Stichprobenelement wird eine Prüfung auf „gut-schlecht", „fehlerfrei-fehlerhaft" oder „brauchbar-unbrauchbar" vorgenommen. Metrische Merkmale in der Annahmestichprobenprüfung werden u.a. in [3], [7], [13], [14] besprochen. Die mathematischen Grundlagen für die folgenden Ausführungen sind u.a. in [7], [12] - [15] dargestellt.

(Einfacher) Stichprobenplan: **(n, c)**

n : Stichprobenumfang

c : Annahmegrenze
Bei mehr als c fehlerhaften Stücken in der Stichprobe wird das Los zurückgewiesen.

Für ein bestimmtes Produkt gibt es eine Reihe von möglichen *Auswahlkriterien* für n und c:

Auswahlkriterien für Stichprobenpläne

- Kostenaufwand für die Prüfung eines Einzelstücks
- Folgekosten der Annahme bzw. Rückweisung eines Loses
- zeitlicher Aufwand für die Prüfung eines Einzelstücks
- durchschnittliche Ausschußquote
- Maß der Beherrschung des Prozesses
- vertragliche Vereinbarungen

Der *Kostenaufwand* eines Stichprobenplans wird vordergründig bestimmt durch die *Prüfkosten* selbst. Also ist der *Stichprobenumfang* sicherlich häufig ein wesentlicher Kostenfaktor. Allerdings steigen mit der Senkung des Umfangs auch eine Reihe von Risiken, die noch besprochen werden.

Folgekosten sind die durch *Fehlentscheidungen* entstehenden Kosten. Im wesentlichen gibt es zwei Fehlentscheidungen: Ein angenommenes Los erfüllt nicht ein vorgegebenes Gütekriterium / ein zurückgewiesenes Los erfüllt dieses Gütekriterium. Beide Fälle entstehen aus dem Charakter von Entscheidungen aufgrund von Stichprobenergebnissen: Diese Entscheidungen bergen eine statistische Irrtumswahrscheinlichkeit, allerdings eine in der Regel berechenbare, so daß sich im Prinzip die Anzahl der Fehlentscheidungen minimieren läßt.

Zeitlicher Aufwand: Hier stehen nicht die Kosten für den Arbeitsaufwand im Vordergrund (diese sollten im ersten Kriterium enthalten sein), sondern betriebliche Einschränkungen für die zur Verfügung stehende Prüfdauer. So ist es etwa denkbar, daß ein Betrieb nur maximal jedes 5. Stück prüfen kann, weil sonst die Gesamtproduktionszeit unvertretbar lang wird.
Durchschnittliche Ausschußquote: Hier begegnet uns ein wichtiger Spezialfall eines *beherrschten Prozesses*: Eine (konstante) durchschnittliche Ausschußquote entsteht durch Fehler, die zufällig verteilt auftreten. Die Anzahl fehlerhafter Stücke im Los und in der Stichprobe ist dann *binomialverteilt*, worauf noch eingegangen wird. Die Ausschußquote sollte die Auswahl des geeigneten Stichprobenplans beeinflussen: Je näher sie am maximal tolerierbaren oder vertraglich vereinbarten Ausschußanteil liegt, desto „strenger" wird der Plan ausfallen (d.h. n wird tendenziell größer, c/n wird tendenziell kleiner).

Maß der Beherrschung des Prozesses: Falls ein Prozeß nicht beherrscht ist, folgt nicht notwendigerweise, daß die Ausschußquote gänzlich unbekannt ist. Oft tritt diese Quote in einer gewissen Bandbreite auf, liegt also in einem bekannten und mit Hilfe der SPC fortlaufend überprüfbaren Intervall. Je schmaler dieses Intervall ist, desto präziser lassen sich geeignete Stichprobenpläne auswählen.

Vertragliche Vereinbarungen: Häufig enthalten Lieferverträge Regelungen für verpflichtende und zu dokumentierende Wareneingangs- oder Warenausgangsprüfungen. Diese werden in der Regel mit Hilfe der DIN ISO 2859 oder 3951 [N1] bestimmt. Ebenso ist es möglich, *Qualitätsstandards zu vereinbaren und dafür optimale Stichprobenpläne auszuwählen.*

Diese Auswahlkriterien für Stichprobenpläne führen über zu deren mathematisierten Behandlung.

Zur Auswahl der Pläne wird zunächst ein *Gut-Schlecht-Kriterium für Lose* benötigt. Dies läßt sich exemplarisch anhand der DIN ISO 2859 [N1] erläutern.

„Gute" und „schlechte" Lose

Losgröße N

„Los gut" ⇔ Höchstens M_1 Ausschußstücke im Los

„Los schlecht" ⇔ Mindestens M_2 Ausschußstücke im Los

Falls $\mathbf{M = M_1 + 1 = M_2}$ gewählt wird, so soll
M *Reklamationsgrenze* heißen.

DIN ISO 2859 : $\mathbf{AQL = \frac{M_1}{N} \cdot 100\,\%}$ (acceptable quality level, *annehmbare Qualitätsgrenzlage*)

$\mathbf{LQ = \frac{M_2}{N} \cdot 100\,\%}$ (limiting quality, *rückzuweisende Qualitätsgrenzlage*)

(Diese Norm läßt statt „Ausschußstücken" auch „Fehleranzahl" im Los zu, falls pro Stück mehrere Fehler auftreten können.)

DIN ISO 2859 [N1] bestimmt nun für verschiedene „Prüfniveaus“, die sich nach ihrer „Strenge“ unterscheiden, zur Losgröße N eine passende Stichprobengröße n und dann entweder mit der AQL oder der LQ eine zugehörige Annahmegrenze c. Damit wird angestrebt, die oben schon angesprochenen Fehlentscheidungen in engen Grenzen zu halten. Dies soll nun genauer erklärt werden. Einige Abkürzungen werden die Darstellung erleichtern:

Abkürzungen

G : Los gut (höchstens M_1 Ausschußstücke)
S : Los schlecht (mindestens M_2 Ausschußstücke)

A : Los wird angenommen (höchstens c Ausschußstücke in der Stichprobe)
Z : Los wird zurückgewiesen (mehr als c Ausschußstücke in der Stichprobe)

S∩A : Los schlecht und angenommen
Analog: **G∩Z** usw.

A|S: Los angenommen, falls schlecht
Analog: **Z|G** usw.

p(..) : Wahrscheinlichkeit für .. oder **Risiko** für .. oder **Anteil** von ..

Beispiel: **p(Z|G)** *ist die Wahrscheinlichkeit (oder das Risiko) der Rückweisung für ein gutes Los („bedingte“ Wahrscheinlichkeit).*

Auswahl des Stichprobenplans mit AQL:

p(Z | G), also das Risiko, daß ein gutes Los zurückgewiesen wird, ist maximal die Wahrscheinlichkeit einer Zurückweisung bei genau M_1 Ausschußstücken. Diese beträgt $\mathbf{1 - H_{N,M_1,n}(c)}$ mit

$$\mathbf{H_{N,M_1,n}(c) := \binom{N}{n}^{-1} \sum_{i=0}^{c} \binom{M_1}{i} \cdot \binom{N - M_1}{n - i}}$$

(hypergeometrische Verteilungsfunktion). Also wird c so gewählt, daß $\mathbf{1 - H_{N,M_1,n}(c) \le \alpha}$ wird. Damit wird ein sogenanntes *Herstellerrisiko* durch α beschränkt. α beträgt in der Norm (Niveau II normal) ca. 0.05, d.h. 5 %.

Auswahl des Stichprobenplans mit LQ:

p(A | S), also das Risiko, daß ein schlechtes Los angenommen wird, ist maximal die Wahrscheinlichkeit einer Annahme bei genau M_2 Ausschußstücken. Diese beträgt $\mathbf{H_{N,M_2,n}(c)}$.

c wird so gewählt, daß $\mathbf{H_{N,M_2,n}(c) \le \beta}$ wird. Damit wird ein sogenanntes *Käuferrisiko* durch β beschränkt. β beträgt in der Norm (Niveau II normal) ca. 0.1, d.h. 10 %.

AQL und LQ werden in Abbildung 1 illustriert durch die *Operationscharakteristik* (OC) für den Stichprobenplan (n,c). Diese Kurve zeigt die Abhängigkeit der Annahmewahrscheinlichkeit von der Ausschußquote:

Operationscharakteristik

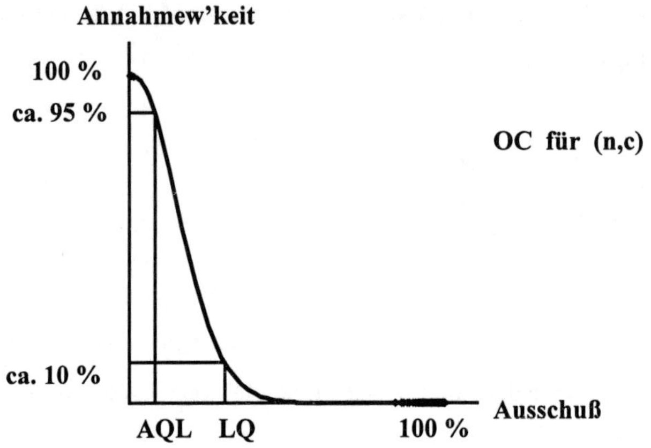

Abbildung 1 : Operationscharakteristik

Das folgende Beispiel wurde berechnet für die „normale Prüfung bei Prüfniveau II" aus ISO 2859 [N1] (dies ist der am häufigsten verwendete Fall).

Beispiel ISO 2859

Losgröße **N = 4000**
AQL = 0.65 % (d.h. $M_1 = 26$)
LQ = 3.15 % (d.h. $M_2 = 126$)

Von Norm vorgeschriebener Plan **(n,c) = (200,3)**

Dann ist das „Herstellerrisiko" $\mathbf{p(Z \mid G) \leq 3.8\ \%}$
und das „Käuferrisiko" $\mathbf{p(A \mid S) \leq 11.6\ \%}$.

Gelegentlich wird die Auffassung vertreten, daß eine gute Prozeßbeherrschung mit einer über die Zeit konstanten durchschnittlichen Ausschußquote eine Annahmestichprobenprüfung obsolet macht. Dies ist für kleine Losgrößen mathematisch nicht gerechtfertigt. Auch für größere Lose ist zu beachten, daß sich durch die zurückgewiesenen Lose (die dann eliminiert oder totalkontrolliert und bereinigt werden) und evtl. durch die Bereinigung der Stichproben die Qualitätslage für den Abnehmer verbessert. Außerdem sind viele Unternehmen, wie erwähnt, durch vertragliche Vereinbarungen gezwungen, beim Warenausgang genau spezifizierte Stichprobenprüfungen vorzunehmen und zu dokumentieren, unabhängig davon, wie gut die Prozeßbeherrschung ist. Dieser Lage trägt u.a. auch DIN ISO 9000-9004 [N2] Rechnung, die an mehreren Stellen den Gebrauch von Stichprobenplänen fordert, während DIN ISO 9001 in Abschnitt 4.9 ausdrücklich festlegt, daß qualitätsrelevante Produktions- und Montageprozesse unter *beherrschten* Bedingungen ablaufen *müssen*.

Es wird noch darauf eingegangen werden, daß auch bei schlecht beherrschten Prozessen nicht notwendigerweise wie in der Norm vorgegangen werden muß. Oft ist im Betrieb bekannt, in welcher Bandbreite die Ausschußquote schwankt. In diesem Fall können die Methoden der folgenden Abschnitte angewendet werden.

Wie läßt sich nun bei *Kenntnis der durchschnittlichen Ausschußquote* (evtl. mit einer *Toleranzbreite* versehen) die *Annahmestichprobenprüfung anders gestalten* als im obigen Beispiel? *Und warum sollte ein Unternehmen dies tun*?

Die Antwort soll in den nächsten Abschnitten gegeben werden und liegt zum Teil in einer Präzisierung der *These* zu Beginn dieses Abschnitts:

> *Bei (auch nur ungefährer) Kenntnis der Ausschußquote* p *ist das Reklamationsrisiko* $\mathbf{p(S \mid A)}$ *dem in der Norm verwendeten Risiko* $\mathbf{p(A \mid S)}$ *als Grundlage der Auswahl von Stichprobenplänen überlegen.*

Dies läßt sich leicht begründen. Die Verwendung von **p(A | S)** hat die Aussortierung eines hohen Anteils der schlechten Lose zum Ziel. Der hierfür erforderliche Aufwand wird jedoch weitgehend unabhängig von der tatsächlichen Auftretenswahrscheinlichkeit schlechter Lose betrieben, wie das Beispiel zu Beginn dieses Abschnitts gezeigt hat, selbst wenn man die Möglichkeiten der „reduzierten Prüfung" oder des „Skip-Lot-Verfahrens" in DIN ISO 2859 [N1] nutzt (entsprechendes gilt für das Herstellerrisiko). Unnötig hohe Kosten oder eine schlechte Qualitätslage bei Auslieferung sind eine mögliche Folge. Dagegen stellt **p(S | A)** einen exakten Kennwert für das Qualitätsmanagement dar: Er beschreibt, *welcher Anteil der ausgelieferten Lose für den Kunden nicht akzeptabel ist.*

„AQL-/LQ-Philosophie" Akzeptiere das Los (fast immer), falls es gut ist. Weise das Los (fast immer) zurück, falls es schlecht ist.
Vorschlag Das Los muß (fast immer) gut sein, falls es akzeptiert wird. Das Los muß (fast immer) schlecht sein, falls es zurückgewiesen wird.

Im übernächsten Abschnitt wird man sehen, daß sich beide Ansätze auch sinnvoll kombinieren lassen. Im nächsten Abschnitt soll aber zunächst dargestellt werden, daß das Qualitätsmanagement über die genannten Risiken hinaus über weitere Kennwerte verfügen sollte.

4. Statistisches Informationssystem für das Qualitätsmanagement

Das Qualitätsmanagement sollte sich jederzeit informieren können über die zu erwartenden Risiken, Effekte und Kosten der im Unternehmen und bei Zulieferern verwendeten oder vorgesehenen Stichprobenpläne. Von den dafür zu berechnenden Kennzahlen sollen hier nur die wichtigsten angeführt werden:

Grundanteile
p(G), p(S) Anteil der guten bzw. schlechten Lose
p(A), p(Z) Anteil der angenommenen bzw. zurückgewiesenen Lose
„Herstellerrisiken"
$p(G \cap Z)$ Anteil der guten und zurückgewiesenen Lose
$p(G \mid Z)$ Anteil der guten unter den zurückgewiesenen Losen
$p(Z \mid G)$ Anteil der zurückgewiesenen unter den guten Losen
n* durchschnittliche Anzahl zu prüfender Stücke (nur falls bei Zurückweisung das Los totalkontrolliert wird)
„Käuferrisiken"
$p(S \cap A)$ Anteil der schlechten und angenommenen Lose
$p(S \mid A)$ Anteil der schlechten unter den angenommenen Losen
$p(A \mid S)$ Anteil der angenommenen unter den schlechten Losen
d mittlerer „Durchschlupf" (Anteil schlechter Stücke, die den Kunden erreichen)

Tabelle1: Vierfeldertafel der Wahrscheinlichkeiten mit Randsummen:

	G	S	
A	**$p(G \cap A)$**	**$p(S \cap A)$**	**$p(A)$**
Z	**$p(G \cap Z)$**	**$p(S \cap Z)$**	**$p(Z)$**
	$p(G)$	**$p(S)$**	**1**

Nur vier der Kennwerte müssen formelmäßig erfaßt werden: $p(G)$, $p(A)$, $p(G \cap A)$, d. Denn aus Tabelle 1 ergibt sich:

$$p(S) = 1 - p(G)$$
$$p(Z) = 1 - p(A)$$
$$p(S \cap A) = p(A) - p(G \cap A)$$
$$p(G \cap Z) = p(G) - p(G \cap A)$$
$$p(S \mid A) = p(S \cap A) / p(A)$$
$$p(A \mid S) = p(S \cap A) / p(S)$$
$$p(G \mid Z) = p(G \cap Z) / p(Z)$$
$$p(Z \mid G) = p(G \cap Z) / p(G)$$
$$n^* = N - (N - n) \cdot p(A)$$

Zur Ermittlung der einzelnen Kennwerte (Grundanteile und Risiken, s.o.) werden nun $p(G)$, $p(A)$, $p(G \cap A)$, d für die vier wichtigsten betrieblichen Szenarien berechnet, und zwar auf der Grundlage der durchschnittlichen Ausschußquote p. Es wird also von einem beherrschten Prozeß in der Serienfertigung ausgegangen, d.h. jedes produzierte Stück ist mit konstanter Wahrscheinlichkeit p fehlerhaft. Es wird die Reklamationsgrenze M verwendet; diese kann ggfs. wie bei AQL und LQ durch M_1 oder M_2 ersetzt werden. Unter „Bereinigung" wird der Austausch schlechter gegen gute Stücke verstanden. Mit $b_{p,j}$ wird die Binomialverteilung zur Wahrscheinlichkeit p für j Elemente bezeichnet, mit $B_{p,j}$ ihre Summenverteilung (Verteilungsfunktion), also

$$b_{p,j}(i) = \binom{j}{i} \cdot p^i \cdot (1-p)^{j-i} \quad , \qquad B_{p,j}(k) = \sum_{i=0}^{k} b_{p,j}(i) \; .$$

Szenario I

Annahme → Los wird unverändert ausgeliefert

Rückweisung → Los wird eliminiert

$$p(G) = B_{p,N}(M-1)$$

$$p(A) = B_{p,n}(c)$$

$$p(G \cap A) = \sum_{i=0}^{c} b_{p,n}(i) \cdot B_{p,N-n}(M-1-i)$$

$$d = p \cdot \frac{N-n}{N} + \frac{1}{N \cdot p(A)} \cdot \sum_{i=1}^{c} i \cdot b_{p,n}(i)$$

Beispiel:

Für dieses Szenario wird ein „Reklamationsrisiko" $p(S|A)$ berechnet. Ein Produkt wird in Losen zu 200 Stück abgepackt. Bis zu 5 Ausschußstücken pro Los werden toleriert, also 2.5 %. Der Produktionsprozeß sei beherrscht mit einer durchschnittlichen Ausschußquote von 1.25 %. Der Betrieb prüft jedes Los mit dem Stichprobenplan (20,1). Also wird durchschnittlich jedes 10. Stück geprüft; Zurückweisung (und Eliminierung) des Loses erfolgt bei 2 oder mehr fehlerhaften Stichprobenstücken. Somit gilt nach den oben angegebenen Formeln:

$$\left.\begin{aligned} N &= 200 \\ M &= 6 \\ p &= 0.0125 \\ (n,c) &= (20,1) \end{aligned}\right\} \Rightarrow p(S|A) = 0.0367$$

Also muß der Betrieb bei Wahl dieses Stichprobenplans mit maximal 3.67 % Reklamationen rechnen.

Szenario II

Annahme → Los wird unverändert ausgeliefert

Rückweisung → Los wird totalkontrolliert und bereinigt, dann ausgeliefert

$$p(G) = 1 - \sum_{i=0}^{c} b_{p,n}(i) \cdot (1 - B_{p,N-n}(M-1-i))$$

$$p(A) = B_{p,n}(c)$$

$$p(G \cap A) = \sum_{i=0}^{c} b_{p,n}(i) \cdot B_{p,N-n}(M-1-i)$$

$$d = p \cdot p(A) \cdot \frac{N-n}{N} + \frac{1}{N} \cdot \sum_{i=1}^{c} i \cdot b_{p,n}(i)$$

Beispiel:

In diesem Szenario werden *alle* Lose ausgeliefert. Der Anteil schlechter Lieferungen, die den Kunden erreichen, beträgt hier $p(S) = p(S \cap A)$. Mit den Vorgaben aus dem Beispiel zu Szenario I erhält man:

$$\left.\begin{array}{c} N = 200 \\ M = 6 \\ p = 0.0125 \\ (n,c) = (20,1) \end{array}\right\} \Rightarrow \; p(S) = p(S \cap A) = 0.0357$$

Also erfüllen hier 3.57 % aller Lose bei Auslieferung nicht die Anforderungen.

Szenario III

Annahme → *Los wird nach Bereinigung der Stichprobe ausgeliefert*

Rückweisung → *Los wird eliminiert*

$$p(G) = B_{p,n}(c) \cdot B_{p,N-n}(M-1) + \sum_{i=c+1}^{n} b_{p,n}(i) \cdot B_{p,N-n}(M-1-i)$$

$$p(A) = B_{p,n}(c)$$

$$p(G \cap A) = B_{p,n}(c) \cdot B_{p,N-n}(M-1)$$

$$d = p \cdot \frac{N-n}{N}$$

Beispiel:

Für dieses Szenario soll ein Herstellerrisiko berechnet werden, und zwar $p(G \cap Z)$, also der Anteil der fälschlicherweise eliminierten Lose an der Gesamtproduktion. Mit den gleichen Vorgaben wie oben ergibt sich:

$$\left.\begin{array}{c} N = 200 \\ M = 6 \\ p = 0.0125 \\ (n,c) = (20,1) \end{array}\right\} \Rightarrow \; p(G \cap Z) = 0.0203$$

Falls sich also der Betrieb für diesen Stichprobenplan entscheidet, muß er damit rechnen, daß 2.03 % aller produzierten Lose eliminiert werden, obwohl sie den Anforderungen entsprechen.

Szenario IV

Annahme → *Los wird nach Bereinigung der Stichprobe ausgeliefert*

Rückweisung → *Los wird totalkontrolliert und bereinigt, dann ausgeliefert*

$$\mathbf{p(G) = 1 - B_{p,n}(c) + B_{p,n}(c) \cdot B_{p,N-n}(M-1)}$$

$$\mathbf{p(A) = B_{p,n}(c)}$$

$$\mathbf{p(G \cap A) = B_{p,n}(c) \cdot B_{p,N-n}(M-1)}$$

$$\mathbf{d = p \cdot p(A) \cdot \frac{N-n}{N}}$$

Beispiel:

Hier soll der *Durchschlupf* zu einer Beispielrechnung dienen. Dieser sagt nichts darüber aus, ob das Los gut oder schlecht ist, sondern bezieht sich auf die Einzelstücke.

$$\left.\begin{array}{c} \mathbf{N = 200} \\ \mathbf{M = 6} \\ \mathbf{p = 0.0125} \\ \mathbf{(n,c) = (20,1)} \end{array}\right\} \Rightarrow \mathbf{d = 0.01096}$$

Das bedeutet, daß durch die Bereinigung aller Stichproben und die Bereinigung der zurückgewiesenen Lose der ursprüngliche Ausschußanteil von 1.25 % auf 1.096 % bei Auslieferung sinkt. Man kann leicht ausrechnen, warum dieser Unterschied nicht größer ist: Es wird nämlich nur selten zurückgewiesen; p(Z) beträgt lediglich 2.557 %.

In allen Szenarien beziehen sich G und S auf den Status der Lose bei der Auslieferung, also „a posteriori" (*nach* der Stichprobenprüfung und der eventuellen Bereinigung von Stichproben oder Losen).
Der Status „a priori" wird aber auch durch Szenario I dargestellt, da in diesem Szenario am Los keine Veränderungen vorgenommen werden, bis es den Kunden erreicht. So läßt sich in den Beispielen der Effekt der verschiedenen Szenarien z.B. anhand von p(S) überprüfen:

Szenario I p(S) = 4.097 %
Szenario II p(S) = 3.571 %
Szenario III p(S) = 3.108 %
Szenario IV p(S) = 2.582 %

A priori, also noch vor der Wahl eines Stichprobenplans, sind 4.097 % aller Lose schlecht. Bei der Wahl des Stichprobenplans (20,1) verringert sich dieser Anteil in den Szenarien II - IV wegen der Bereinigung. Szenario IV ist offenbar das kundenfreundlichste.

Am Ende des vorigen Abschnitts wurde $p(S|A)$ als *Reklamationsrisiko* bezeichnet. Dies ist strenggenommen nur für die Szenarien I und III eine sinnvolle Benennung, da in den Szenarien II und IV wegen der Auslieferung *aller* Lose p(S) das eigentliche Reklamationsrisiko darstellt.

Eine stabile Ausschußquote p wird nicht immer vorliegen. Liegt p in einem Intervall, so auch alle angegebenen Kennzahlen. Allerdings reicht es nicht immer aus, die Kennzahlen lediglich für das minimale und das maximale p zu ermitteln, denn z.B. $p(S \cap A)$ verläuft für die Szenarien I und III nicht monoton mit p, wie die Abbildung 2 beispielhaft verdeutlicht.

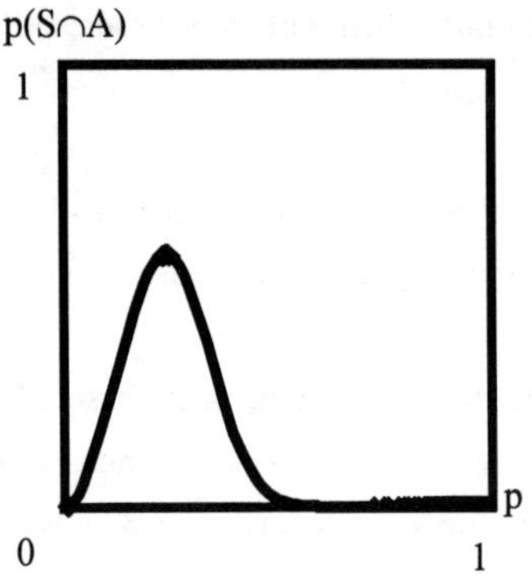

Abbildung 2 : Käuferrisiko p(S∩A) ohne Totalkontrolle

Ähnliche Kurven erhält man u.a. auch für p(S) in den Szenarien II und IV. In einem solchen Fall kann es erforderlich sein, die Lage des Maximums zu ermitteln.

Für eine *Kostenrechnung* innerhalb des Qualitätsmanagements sind Werte wie p(S∩A), p(Z), n* usw. *unentbehrlich.* Dabei ist es wichtig, daß man - wie in den Beispielen gesehen - die Effekte und Risiken von Stichprobenplänen bereits vor ihrem Einsatz ermitteln und verschiedene Pläne untereinander vergleichen kann. Die Genauigkeit solcher Prognosen hängt natürlich ab vom Ausmaß der Prozeßbeherrschung. Liegt nämlich die Ausschußquote in einem relativ breiten Intervall, so gilt dies meist auch für die Kennwerte.

5. Optimierung

Bei der Auswahl von Stichprobenplänen sind meist betriebliche *Randbedingungen* zu beachten. Dies begegnet dem Anwender schon in der DIN ISO 2859 [N1], wo solche Randbedingungen durch die Vorgabe von AQL oder LQ gesetzt werden.

Allgemein stellt sich das Problem, diejenigen Stichprobenpläne zu finden, die einer oder mehreren Randbedingungen genügen („erlaubte" Pläne). Bei der Behandlung der DIN ISO 2859 [N1] traten solche Bedingungen in der Form auf:

Risiko-Kennwert $\leq \alpha \quad (\beta)$

Es läßt sich zeigen, daß dort und bei weiteren wichtigen „Herstellerrisiken" und „Käuferrisiken" die Menge der erlaubten Stichprobenpläne gut strukturiert ist. Es gilt nämlich für diese Risiko-Kennwerte:

$$\textbf{(n,c) erfüllt Herstellerrisiko} \leq \alpha \;\Rightarrow\; \left\{\begin{matrix} (\mathbf{n},\mathbf{c}+\mathbf{1}) \\ (\mathbf{n}-\mathbf{1},\mathbf{c}) \end{matrix}\right\} \textbf{ erfüllen Herstellerrisiko} \leq \alpha$$

$$\textbf{(n,c) erfüllt Käuferrisiko} \leq \beta \;\Rightarrow\; \left\{\begin{matrix} (\mathbf{n},\mathbf{c}-\mathbf{1}) \\ (\mathbf{n}+\mathbf{1},\mathbf{c}) \end{matrix}\right\} \textbf{ erfüllen Käuferrisiko} \leq \beta$$

Dies gilt auch noch, wenn man mehrere Hersteller- bzw. Käuferrisiken kombiniert.

Somit erfüllen unter solchen Randbedingungen die erlaubten Pläne „Treppenbedingungen", die in Abbildung 3 beispielhaft dargestellt werden und die die Suche nach erlaubten Plänen erheblich vereinfachen. Die Ermittlung erlaubter Stichprobenpläne unter Randbedingungen dieser Art erfordert also nicht eine vollständige Durchsuchung aller möglichen Pläne (dies sind $\frac{1}{2} \cdot \mathbf{N} \cdot (\mathbf{N}+\mathbf{1})$ Stück; in den Szenarien I und II sind aber nur Pläne mit c < M wirklich sinnvoll, also $\mathbf{M} \cdot (\mathbf{N} - \frac{\mathbf{M}-\mathbf{1}}{\mathbf{2}})$ Stück). Vielmehr beschränkt man sich auf die Berechnung der „Treppenränder", wofür es einfache Algorithmen gibt, die leicht in Software umzusetzen sind (siehe [4], [5], [9]).

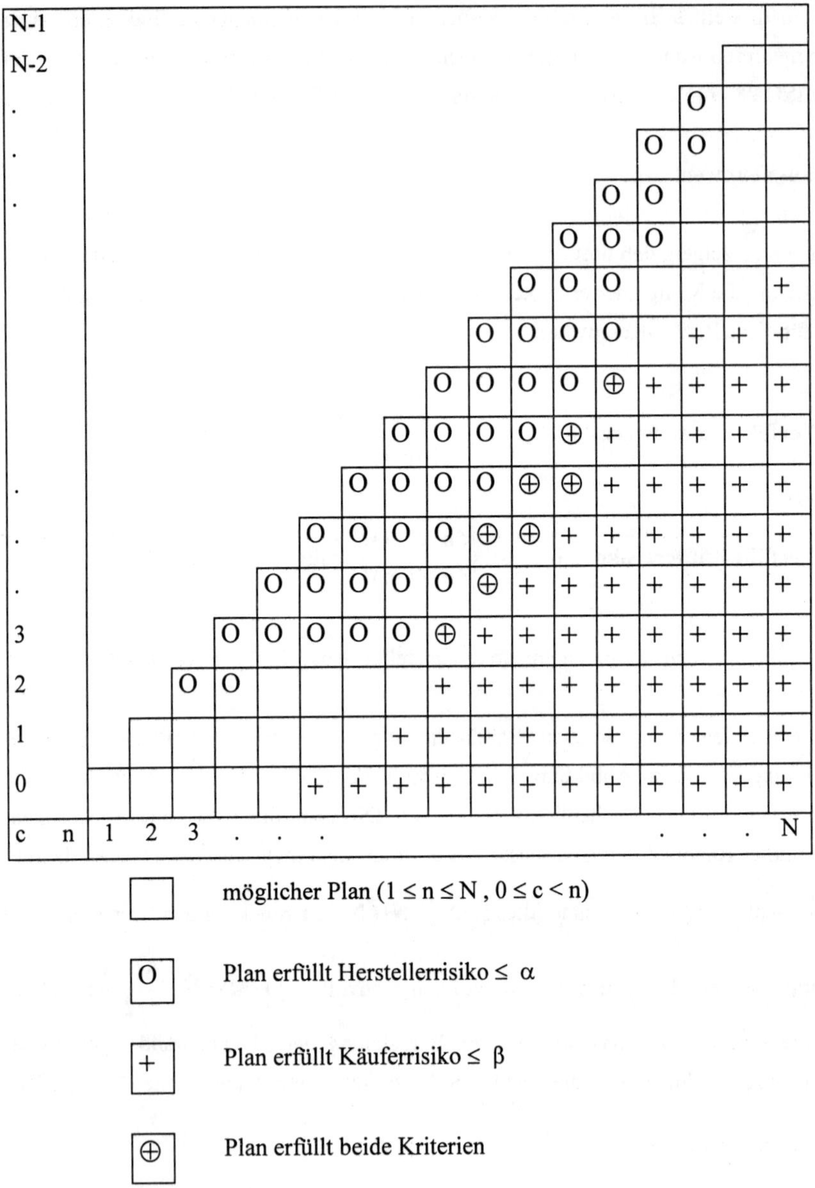

Abbildung 3 : Treppenbedingungen für Stichprobenpläne

In der Literatur findet man oft als *Optimierungskriterium* die *Stichprobengröße* n, die unter gegebenen Randbedingungen minimiert werden soll (Minimierung des Aufwandes; für den Spezialfall der Vorgabe von M_1, M_2, α, β siehe z.B. [4], [7] sowie Näherungsverfahren in [13], [14]). Dies bereitet bei den meist verwendeten Randbedingungen kein Problem: Zusammengefaßte Herstellerrisiken führen dann zu einer „oberen Treppe", zusammengefaßte Käuferrisiken zu einer „unteren Treppe" (siehe Graphik). Das minimale n findet man dann beim ersten Schnittpunkt der Treppenränder. Das nächste **Beispiel** soll dies illustrieren:

Ein Unternehmen sucht für ein neues Produkt einen geeigneten Stichprobenplan. Der Produktionsprozeß sei beherrscht mit ***0.235 % Ausschuß****. Die Kunden beziehen* ***Lieferungen zu je 1000 Stück****. Das Unternehmen gibt sich die folgenden* ***Qualitätsziele*** *vor:*

a) Den ***Kunden*** *dürfen im langfristigen Durchschnitt lediglich* ***0.18 % Ausschuß*** *erreichen.*

b) Maximal ***2 % aller Lieferungen*** *dürfen mehr als* ***0.5 % Ausschuß*** *aufweisen.*

Die Stichprobenprüfung soll dem kundenfreundlichsten Szenario folgen: Austausch aller schlechten Stichprobenstücke gegen gute; bei Rückweisung einer Lieferung Totalkontrolle mit Austausch aller schlechten Stücke gegen gute. Die Prüfung der Einzelstücke ist so aufwendig, daß ***maximal jedes 4. Stück geprüft*** *und aussortiert werden kann.*

Für die Suche nach einem Stichprobenplan muß das Unternehmen also von den folgenden Randbedingungen ausgehen:

Szenario IV $\quad$ N = 1000 $\quad$ p = 0.00235

Beschränkung des Herstellerrisikos: $n^* \leq 250$

Beschränkung der Käuferrisiken: $d \leq 0.0018$, $\quad p(S \cap A) \leq 0.02$ (bei M = 6)

Von den Stichprobenplänen, die diese Bedingungen erfüllen, berechnet man ***(79,0)*** *als denjenigen mit dem geringsten Umfang. Für diesen Plan gilt:*

$n^* = 235.2 \qquad d = 0.001797 \qquad p(S \cap A) = 0.0192$

Benutzt das Unternehmen also den Plan (79,0), so muß es ***im Durchschnitt 23.52% aller produzierten Stücke prüfen*** *und ggfs. austauschen. Damit erzielt es eine* ***Beschränkung des Durchschlupfes auf 0.1779 %; 1.92 % aller Lieferungen enthalten dann noch mehr als 5 schlechte Stücke.***

Im nächsten Abschnitt sollen die Kosten in die Optimierung aufgenommen werden.

6. Kostenrechnung

Es gibt eine Reihe unterschiedlicher Ansätze zur Bestimmung kostenoptimaler Stichprobenpläne, z.B. in [6], [10], [13], [14] (siehe auch die dort angegebenen Bibliographien). Unter Verwendung der Kennzahlen aus den vorhergehenden Abschnitten lassen sich in sehr variabler Weise Kostenfunktionen aufbauen, für die (bei Setzung betrieblicher Randbedingungen) unter den erlaubten Stichprobenplänen das Minimum gesucht werden kann.

Als Beispiel möge Szenario II dienen. Setzt ein Betrieb *Prüfkosten pro Stück* (K_P) an sowie durchschnittliche *Kosten pro Los* für die Fälle *Zurückweisung* (K_Z) und *Reklamation* (K_R), so führt die Auswahl eines bestimmten Stichprobenplans (n,c) zu den durchschnittlichen Gesamtkosten K pro Los von

$$\mathbf{K = K_P \cdot n^* + K_Z \cdot p(Z) + K_R \cdot p(S)}$$

Auf ähnliche Weise lassen sich andere Kostenfunktionen aufstellen. Man beachte aber, daß in den Szenarien I und III das Reklamationsrisiko nicht p(S) (= $p(S \cap A)$ in den Szenarien II und IV) beträgt, sondern $p(S|A)$.

Für die angegebene Kostenfunktion soll eine **Beispielrechnung** durchgeführt werden. Gegenüber dem Beispiel am Ende des vorigen Abschnitts soll nun die Qualitätslage leicht verbessert sein: **p = 0.00225**. Andererseits soll aber Szenario II vorliegen, also wird im Annahmefall die Stichprobe nicht bereinigt. Die Randbedingungen bleiben unverändert. Als Kosten werden angesetzt:

$\mathbf{K_P = 1{,}60\ DM} \qquad \mathbf{K_Z = 750\ DM} \qquad \mathbf{K_R = 50.000\ DM}$

Mit den Methoden des vorigen Abschnitts erhält man 20 erlaubte Pläne, und zwar **(n,0)** mit $\mathbf{68 \leq n \leq 87}$.

Davon ist **(81,0)** derjenige mit den **minimalen Kosten K = 1291,61 DM**. Andere Kennwerte für diesen Plan sind:

$n^* = 234.27 \qquad d = 0.001723 \qquad p(S) = p(S \cap A) = 0.015834 \qquad p(Z) = 0.166778$.

In manchen Fällen wird man lediglich n* minimieren wollen (Szenarien II und IV). Dies entspricht einer Aufwandsminimierung für Stichproben und Totalkontrolle insgesamt. Dann setzt man $K_Z = K_R = 0$.

7. Zusammenfassung

Die Bestimmung sinnvoller Stichprobenpläne spielt unter den mathematischen Methoden der Qualitätssicherung eine bedeutende Rolle. In diesem Beitrag sind vor allem einfache Annahmestichprobenpläne für qualitative Merkmale betrachtet worden. Sie sind nicht nur an der Schnittstelle Hersteller / Kunde wichtig, sondern sie liefern auch wertvolle Informationen für das Qualitätsmanagement. Unter Aufwands- und Kostengesichtspunkten lassen sich Optimierungsverfahren für diese Stichprobenpläne angeben. Herkömmliche Verfahren haben Risiko-Kennzahlen zur Grundlage, die vom Fehleranteil in einem Los abhängen, so z.B. in der DIN ISO 2859 [N1]. Dafür muß die Ausschußquote bei der Produktion nicht bekannt sein; somit ist dieser Ansatz geeignet für nicht beherrschte Prozesse. Er läßt sich aber durch Methoden ergänzen oder ersetzen, die Risiko-Kennzahlen auf der Grundlage der Ausschußquote bei beherrschten Prozessen verwenden. In diesem Beitrag sind solche Kennzahlen für verschiedene betriebliche Szenarien berechnet worden. Für eine Reihe von einschränkenden Randbedingungen für solche Kennzahlen ist ein allgemeines *Optimierungsverfahren für Annahmestichprobenpläne* angegeben worden. Dadurch kann eine *Kostenentlastung* für die Stichprobenprüfung und ihre Folgeeffekte erreicht werden.

In jüngster Zeit sind standardisierte Stichprobensysteme in moderne Softwarepakete für CAQ (Computer Aided Quality) integriert worden. CAQ unterstützt das betriebliche Qualitätsmanagement in allen Ebenen sowie die Zertifizierung nach DIN ISO 9000ff [N2]. Es wäre hilfreich für viele Betriebe, wenn diese Software mindestens die statistischen Grundinformationen aus dem Abschnitt „Statistisches Informationssystem für das Qualitätsmanagement" liefern würde. Die dort angeführten Kennwerte machen die normgestützten und anderen Stichprobenpläne in ihren Auswirkungen erst durchschaubar und vergleichbar, falls die Produktionsprozesse beherrscht sind. Darüber hinaus werden als zeitgemäßere Form der Bestimmung von Stichprobenplänen softwaregestützte Optimierungsverfahren vorgeschlagen. Mit vom Unternehmen zu wählenden Randbedingungen - die sich auf die Operationscharakteristik stützen können, aber nicht müssen - werden hierbei *aufwands- oder kostenminimale Pläne* ermittelt. Man erhält so optimal auf die jeweilige Hersteller-Kunde-Situation abgestimmte Stichprobenpläne, die ein hohes Maß an Sicherheit und Transparenz für beide Seiten bieten.

Literaturverzeichnis

[1] Deming, W. E.
Out of the Crisis: Quality, Productivity and Competitive Position, Cambridge University Press, Cambridge 1982

[2] Geiger, W.
Qualitätslehre, Vieweg, Braunschweig / Wiesbaden 1986

[3] Grant, E. L. / Leavenworth, R. S.
Statistical Quality Control, McGraw-Hill Kogakusha, Tokio, 1972

[4] Guenther, W.C.
Use of the Binomial, Hypergeometric and Poisson Tables to Obtain Sampling Plans, Journal of Quality Technology 1, S. 105-109, 1969

[5] Kersebaum, C. / Rispler, M.
Stichprobenoptimierung in der mathematischen Qualitätssicherung, Diplomarbeit Fachhochschule Gießen-Friedberg, 1996

[6] Pfanzagl, J.
Sampling Procedures Based on Prior Distributions and Costs, Technometrics 5, S. 47-61, 1963

[7] Rinne, H. / Mittag, H.-J.
Statistische Methoden der Qualitätssicherung, Hanser, München / Wien, 1989

[8] Rossow, E. / Leinweber, P.
Beitrag zur Vereinheitlichung von Stichprobenvorschriften, Qualitätskontrolle 3, S. 39-52, 1958

[9] Springwald, L.
Optimale Stichprobenpläne in der statistischen Qualitätskontrolle, Diplomarbeit Fachhochschule Gießen-Friedberg, 1994

[10] Stange, K.
Kostengünstigste Prüfpläne - Eine Übersicht über den Stand der Entwicklung, Ablauf- und Planungsforschung, Operational Research in der Wirtschaftspraxis 10, S. 323-341, 1969

[11] Thompson, J. R. / Koronacki, J.
Statistical Process Control for Quality Improvement, Chapman & Hall, New York / London, 1993

[12] Timischl, W.
Qualitätssicherung - Statistische Methoden, Hanser, München / Wien, 2. Aufl. 1996

[13] Uhlmann, W.
Statistische Qualitätskontrolle, Teubner, Stuttgart, 2. Aufl. 1982

[14] Vogt, H.
Methoden der Statistischen Qualitätskontrolle, Teubner, Stuttgart, 1988

[15] Wetherill, G. B. / Brown, D. W.
Statistical Process Control, Chapman & Hall, London, 1991

Normen

[N1] Deutsches Institut für Normung (Hrsg.)
Qualitätssicherung und angewandte Statistik, Verfahren 2: Probenahme und Annahmestichprobenprüfung (enthält DIN ISO 2859, DIN ISO 3951, DIN 53803), DIN-Taschenbuch 225, Beuth, Berlin / Köln, 1993

[N2] Graebig, K.
Qualitätsmanagement und Statistik - Anleitung zur Auswahl aus der Normenreihe DIN EN ISO 9000 und den unterstützenden Normen - Normensammlung (enthält u.a. DIN ISO 9000 - 9004), Beuth, Berlin / Wien / Zürich, 1995

Umweltmanagement - die EG-Öko-Audit-Verordnung

Jürgen Piening

1. Einleitung
2. Beweggründe und Ziele von Umweltmanagementsystemen
3. Instrumente einer ökologieorientierten Unternehmensführung
   3.1 Öko-Bilanz, Umweltberichte
   3.2 EG-Öko-Audit-Verordnung
   3.3 Öko-Controlling
   3.4 Umweltmanagementnorm ISO 14000ff
   3.5 Basis Qualitätsmanagementsystem nach ISO 9000ff
4. Zusammenfassung

1. Einleitung

Der Grad der Umwelt-Beeinflussung ist ein Merkmal von Qualität. In diesem Beitrag werden Instrumente einer ökologie-orientierten Unternehmensführung vorgestellt mit dem Schwerpunkt bei der EG-Okö-Audit-Verordnung, der "Verordnung (EWG) 1836/93 über die freiwillige Beteiligung gewerblicher Unternehmen an einem Gemeinschaftssystem für das Umweltmanagement und die Umweltbetriebsprüfung" (im Englischen: EMAS = Environmental Management and Audit Scheme). Der Erlaß dieser Verordnung ist sichtbarer Ausdruck der in der EU herrschenden Vorstellung, daß man für eine gute Umwelt-Qualität über Normierungen hinaus gehen muß.

2. Beweggründe und Ziele von Umweltmanagementsystemen

In letzter Zeit treten beim Umweltschutz neue Prinzipien in den Vordergrund. Etwas zeitverschoben werden ähnliche Erfahrungen wie bei der Qualitätssicherung gemacht. Der Versuch, die Emission gegebener Produktionsverfahren an behördliche Auflagen anzupassen in Form eines gleichsam "additiven Umweltschutzes", hat sich zunehmend als nicht ausreichend erwiesen. Sinnvoller ist dagegen ein produktionsintegrierter Umweltschutz und die Einführung einer ökologie-orientierten Unternehmensführung.

Ähnlich wie bei der Qualitätssicherung die Qualität statt über nachgeschaltete Kontrolle systematisch durch das Managementsystem abgesichert werden muß, können durch den Einsatz von Umweltmanagement-Systemen Probleme rechtzeitig erkannt, planvoll bewältigt und von vornherein vermieden werden. Es entsteht dabei eine neue Unternehmenskultur, bei der Führung und Mitarbeiter aus eigener Initiative heraus agieren, statt nur auf die Forderungen eines staatlich reglementierten Umweltschutzes und die Kritik umweltbewußter Kunden zu reagieren.

Bei der Einführung von Qualitätsmanagementsystemen ist die Zufriedenheit der Kunden im wesentlichen der einzige Grund. Bei Umfragen unter den ersten 100 nach der EG-Verordnung zertifizierten Unternehmen nennen nur 45% als Hauptmotiv kundenbezogene Aspekte wie Image-Verbesserung und Wettbewerbsvorteile (Liebak/Schmallenbach/Binetti, 1996). Eine zweite Gruppe von vorrangigen Motiven (~25%) bezieht sich mehr auf das Unternehmen selbst. Absicherung der Qualitätsbemühungen, Motivation der Mitarbeiter, Beiträge zur Kostentransparenz in kritischen Bereichen werden erwartet.

Die letzte Gruppe von Motiven spricht die Risikominderung und die Erhöhung der Rechtssicherheit an (~30%). Über 4400 Gesetze und Verordnungen von Bund und Ländern enthält die Auflistung aller Bestimmungen zum Schutz der Umwelt (Lohse, 1995). Nur der Aufbau klarer organisatorischer Strukturen sichert die Beachtung aller zutreffenden Bestimmungen. Das wird unmittelbar honoriert von Banken durch bessere Kreditbedingungen, Versicherungen durch niedrigere Policen, wie erste Erfahrungen von zertifizierten Unternehmen zeigen. Inwieweit der Staat und seine Behörden in Zukunft eine Deregulierung durchführen können, also auf bestimmte Kontrollen und Berichte gegenüber Behörden bei einem zertifizierten Umweltmanagement-System verzichten werden, ist noch nicht erkennbar (z.B. (Thurmann, 1995)). Einige neue Gesetze enthalten entsprechende Kann-Bestimmungen (Keune, 1996).

3. Instrumente einer ökologieorientierten Unternehmensführung

3.1 Öko-Bilanz, Umweltberichte

Schon seit einiger Zeit geben etwa 50 Betriebe aus eigener Initiative Umweltberichte heraus, aus denen für Kunden, Nachbarn und Mitarbeiter die Umweltbeeinflussung durch die Produktion verdeutlicht wird (Hopfenbeck/Jasch/Jasch, 1995, Gallert/Clausen, 1996). Häufig steht dabei eine Öko-Bilanz für das Unternehmen oder wichtige Produktlinien im Mittelpunkt. Von einigen wird der gesamte Umwelt-Bericht als Öko-Bilanz bezeichnet. Die Öko-Bilanz (bestehend z.B. aus Sachbilanz und Wirkbilanz) ist eine systematische Datensammlung, Beschreibung und Bewertung aller Umweltauswirkungen, für die ein einzelnes Produkt, eine Dienstleistung oder ein ganzes Unter-

nehmen verantwortlich ist. Soweit als möglich wird der Energie- und Stoffumsatz über den ganzen Produktlebenszyklus erfaßt, beginnend bei den Vorprodukten.
Auf Betriebsebene soll die Ökobilanz dazu dienen, ökonomische und ökologische Problembereiche ausfindig zu machen und Korrekturkonzepte zur betrieblichen Optimierung zu finden. Aber auch für den Vergleich unterschiedlicher Produkte oder Verfahren werden Öko-Bilanzen herangezogen.

Eine allgemeingültige Form der Öko-Bilanzen gibt es (noch) nicht. Sie sind meistens unvollkommen. Als alleinige Methode eingesetzt, sind die Auswirkungen von Öko-Bilanzen begrenzt, obgleich Datensammlung und -aufbereitung wichtig sind. Öko-Bilanzen sind aber trotz ihrer Unvollkommenheiten unverzichtbar bei der Analyse ökologischer Schwachstellen.

3.2 EG-Öko-Audit-Verordnung

Diese Verordnung wurde 1993 von der EU erlassen und gilt seit April 1995 in Deutschland. Die ersten geprüften und zugelassenen Gutachter arbeiten seit Herbst letzten Jahres und haben bisher etwa 300 Unternehmen zertifiziert. Die Verordnung umfaßt 20 gut lesbare Seiten, dennoch ist die Umsetzung ohne zusätzliche Beratung und Leitfäden wohl nicht möglich. Die Verordnung gilt für alle Unternehmen des produzierenden Gewerbes und des Handwerks, ausgeschlossen sind bisher reine Dienstleistungsunternehmen.

Die Prinzipien und Elemente der Verordnung sind in Abbildung 1 schematisiert zusammengefaßt. Die betriebliche Umsetzung der Verordnung ist keine Pflicht (wie noch 1991 geplant). Die Initiative, sich zu beteiligen, muß vielmehr vom Unternehmen ausgehen. Die *Freiwilligkeit* wird vermutlich zunehmend von Sachzwängen des Marktes eingeschränkt werden. Das Prinzip der *Eigenverantwortlichkeit* sollte das Vorsorgeprinzip in der Umweltpolitik stützen, um negative Einflüse auf die Umwelt schon von vornherein durch eine entsprechende Planung zu verhindern.

Die Planungen und Überprüfungen sollen *Standort-bezogen*, ganzheitlich durchgeführt werden und beziehen sich nicht nur auf einzelne Anlagen oder Produktionen wie z.B. die Vorschriften des Bundesimmissions-Schutzgesetzes. Das Umweltschutzniveau soll *kontinuierlich verbessert* werden im Laufe der Jahre und durch Wiederholung des Prüfzyklus.

Elemente	**Anlaufphase**	**Prüfzyklus**	
	Initiative	im Abstand von maximal 3 Jahren	
Umweltpolitik	festlegen	prüfen und anpassen	
Umweltprüfung	durchführen	Umwelt-betriebsprüfung durchführen	
Umweltziele	festlegen	anpassen	
Umweltprogramm	festlegen	neu aufstellen	umsetzen
Umweltmanagement-System	aufbauen	überprüfen	
Umwelterklärung	erstellen	erstellen	
Gutachter	validiert	validiert	
Standortregister	eintragen →	Eintrag bestätigen	

Abbildung 1: EG-Öko-Audit-Verordnung: Prinzipien und Elemente

Prinizipien: Freiwilligkeit, Eigenverantwortung, Bezug auf Standort, kontinuierliche Verbesserung, Transparenz (Öffentlichkeit), beste verfügbare Technik.

Mit dem Prinzip der *Transparenz gegenüber der Öffentlichkeit* wird eine Kommunikation mit interessierten Gruppen ermöglicht: Unternehmen können ihre Umweltleistung darstellen, gleichzeitig wird eine gewisse "öffentliche Kontrolle" möglich. Das Unternehmen muß sich verpflichten, die jeweils *beste verfügbare Technik* einzusetzen zur Reduktion der Umwelt-Auswirkungen.

Die Verordnung regelt eine Anlaufphase bis zur ersten Umwelterklärung, deren Validierung durch einen Gutachter und die Eintragung in das Standortregister. Anschließend folgen mit jeweils 1- bis höchstens 3-jährigem Abstand weitere Prüfzyklen.

Die Umweltpolitik stellt die umweltbezogenen Gesamtziele und Handlungsgrundsätze eines Unternehmens dar, wozu die Einhaltung aller einschlägigen Umweltschutz-Vorschriften zwingend gehört.

Die Umweltprüfung ist eine erste zusammenfassende Analyse des gegenwärtigen Zustandes beim betrieblichen Umweltschutz. Im Branchen-Leitfaden Chemie der Hessischen Landesanstalt für Umwelt (Hessische Landesanstalt für Umwelt, 1996) findet sich z.B. für den Ablauf der in Tabelle 1 dargestellte, 30 Schritte umfassende Vorschlag. Die ersten 18 Schritte befassen sich mit Festlegungen, Information und Sammlung allgemeinerer Daten. In 5 Punkten wird das Management untersucht (19 - 23). 5 Schritte (24 - 28) dienen praktisch der Ermittlung einer Öko-Bilanz für den Standort.

Aus der Umweltpolitik ergeben sich für den einzelnen Standort die Ziele, die sich ein Unternehmen für seinen Umweltschutz gesetzt hat. Das Umweltprogramm beschreibt konkret, mit welchen Maßnahmen diese Ziele in einem bestimmten Zeitraum erreicht werden können.

Tabelle 1: Umweltprüfung (Hessische Landesanstalt für Umwelt, 1996)

1. Bildung eines Umweltprüfungsteams	2. Begehung der Untersuchungseinheiten	3. Umfang und Ziele der Umweltprüfung
4. Festlegung von Prüfungsschwerpunkten	5. Erstellung eines Umwelt-Prüfungsplans	6. Abschätzung des Aufwandes für die Prüfung
7. Information der Belegschaft	8. Sonderaktion betriebliches Vorschlagswesen	9. Aufbau eines Erfassungs-System
10. Planung von Ad-hoc-Maßnahmen	11. Systematik zur Bewertung der Ist-Aufnahme	12. Zusammenstellung allgemeiner Firmendaten
13. Informationen zum Standort	14. Abgrenzung der Untersuchungsbereiche	15. Erstellung eines Interviewplans
16. Vorbereitung von Fragebogenaktionen	17. Rechtsgrundlage für den Betrieb	18. Vertragl. Verpflichtung zu Umwelt und Sicherheit
19. Analyse der Aufbauorganisation	20. Analyse der Ablauforganisation	21.Mitarbeiterqualifikation und Schulung
22. Aufbau eines Kontierungs-Systems	23. Erfassung der betrieblichen Infrastruktur	24. Erfassung des stofflichen Inputs
25. Erfassung des stofflichen Outputs	26. Abfallbilanzen und Abfallwirtschaftskonzepte	27. Erfassung der Energieströme
28. Lärm und Erschütterungen	29. Erstellung des Umweltprüfberichts	30. Folgemaßnahmen der Umweltprüfung

Die Anforderungen an das Umweltmanagementsystem werden in einem Anhang zur Verordnung in allgemeiner Form beschrieben. Anders als bei der ISO 9000 mit ihren 20 Elementen des Qualitätsmanagement-Systems gibt es hier keine speziellen Festlegungen. So wird es viele unternehmensspezifische Varianten geben.

Das Umweltmanagementsystem ist ein Teil des gesamten Managementsystems und dient zur Organisation, Festlegung und Durchführung der Umweltpolitik. Das Umwelt- oder Öko-Controlling hat innerhalb des Umweltmanagement-Systems die Aufgabe der Information, Planung, Kontrolle und Koordination. Dabei ist die Daten-Erhebung, und -Bereitstellung zur stofflichen Seite des betrieblichen Geschehens mit ihrer ökologischen Auswirkung sowie deren rechtliche und gesellschaftliche Bewertung eine wichtige Teilaufgabe.

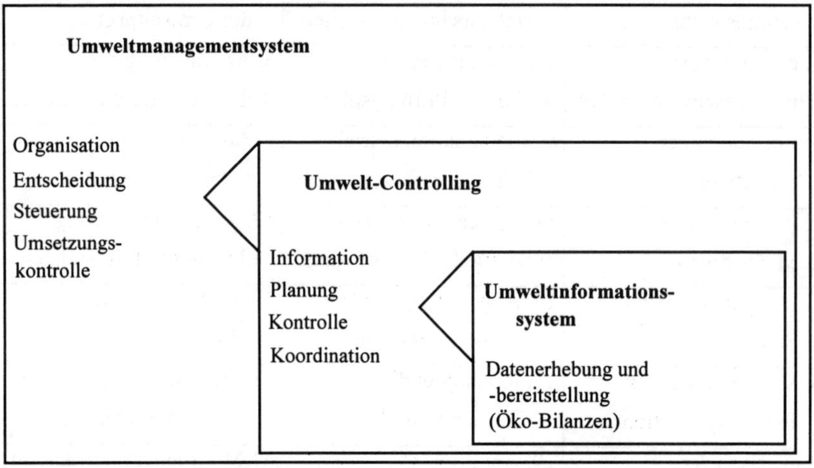

Abbildung 2: Elemente des Umweltmanagementsystems (Hessische Landesanstalt für Umwelt, 1996)

Im Gesamtmanagement-System ergeben sich Überschneidungen zu den Bereichen Qualitätssicherung und Arbeitssicherheit. Das kann genutzt werden, um bei Vorhandensein entsprechender Management-Strukturen Synergie-Effekte zu nutzen.

Das Umweltmanagementsystem ist nach der EG-Verordnung durch eine Dokumentation zu beschreiben und festzulegen, zu der aber gleichfalls keine Vorgaben bezüglich Art und Form gemacht werden. In der Regel wird ein Umweltmanagement-Handbuch erstellt, wobei sich die Form z.T. an die neue Norm ISO 14001 oder an Vorschläge anlehnt, die in Buchform veröffentlicht wurden. Eine einfache Übernahme des Qualitätsmanagement-Handbuchs nach der ISO 9000 reicht nicht aus (vgl. hierzu auch den Beitrag von Birkenstock in diesem Buch).

Die Umwelterklärung wird für die Öffentlichkeit verfaßt und in knapper, verständlicher Form geschrieben. Mindestens muß sie enthalten:

- Beschreibung der Tätigkeiten des Unternehmens,
- Beurteilung aller wichtigen damit zusammenhängenden Umweltfragen,
- Zusammenfassung der Zahlenangaben,
- Darstellung von Umwelt-Politik, -Programm u. Umweltmanagementsystem,
- Termin für die Vorlage der nächsten Erklärung, Name des Gutachters.

Die Umwelterklärung wird erst veröffentlicht, wenn sie der Umweltgutachter für gültig erklärt hat (validiert oder zertifiziert hat) durch seinen Prüfvermerk. Der Gutachter bestätigt, daß die einzelnen Elemente und Vorgänge der Verordnung entsprechen und die Angaben der Erklärung zuverlässig sind.

Die Zulassung der Gutachter und der Gutachter-Organisationen durch die Deutsche Akkreditierungs- und Zulassungsgesellschaft für Umweltgutachter sowie deren Beaufsichtigung regelt das Umwelt-Audit-Gesetz, das die Bundesregierung am 7.12.95 erlassen hat. Bisher sind etwa 100 Gutachter zugelassen, wobei nur 50 % der Antragsteller die Prüfung bestanden haben (Hessische Landesanszelt für Umwelt, 8/1996). Die Qualität der Begutachtung wird wichtig sein für die Bedeutung, die das Zertifikat in Zukunft haben wird. In der einschlägigen Presse gibt es schon kritische Anmerkungen zu den bisher vorgelegten Umwelterklärungen wegen der unterschiedlichen Qualität.

Anschließend erfolgt die Eintragung in das Standort-Register der zertifizierten Unternehmen bei der IHK, übrigens mit einem Einspruchsrecht der Umwelt-Behörden. Mit dieser Abfolge ist der Zyklus in Gang gesetzt.
Die nach einem bis maximal 3 Jahren fällige Umweltbetriebsprüfung dient der Überprüfung des Datenmaterials, des Grades der Umsetzung von Umweltzielen und Umwelt-Programmen sowie der Bewertung der Organisation und des Umweltmanagements (Tab. 2 (Hessische Landesanstalt für Umwelt, 1996). Sie wird durch ein Audit-Team des Unternehmens und/oder auch durch externe Berater durchgeführt. Als Folge werden Anpassungen vorgenommen und eine neue Umwelterklärung wird erstellt und

anschließend zertifiziert. In eigener Regie des Unternehmens sollten zwischendurch interne Audits stattfinden.

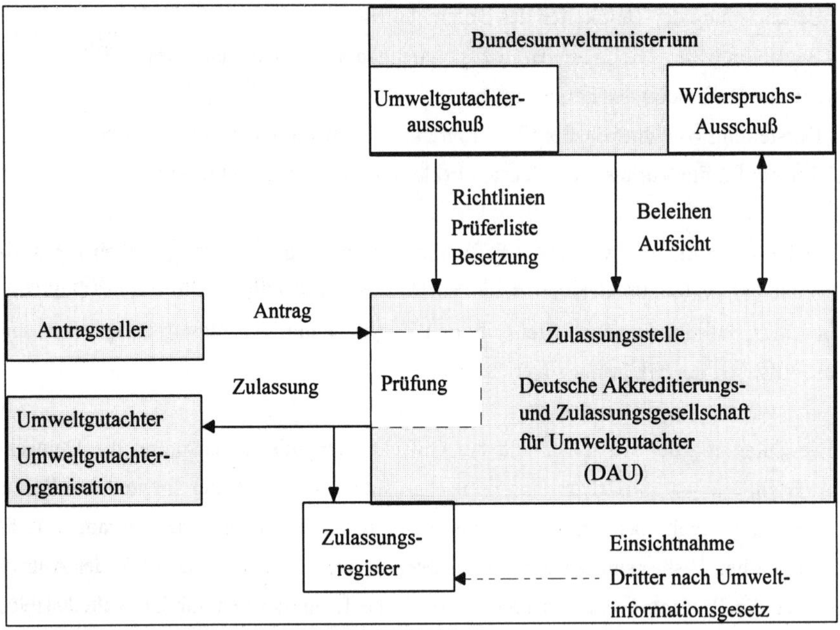

Abbildung 3: Zulassung und Registrierung von Umweltgutachtern und Umweltgutachter-Organisationen nach dem Umwelt-Audit-Gesetz

Tabelle 2: Umweltbetriebsprüfung

1. Einstieg in die Umweltbetriebsprüfung	2. Festlegung des Programms der Umweltbetriebsprüfung
3. Vorbereitung der Betriebsprüfungstätigkeiten	4. Prüfung des gesammelten Datenmaterials
5. Überprüfung der Umweltpolitik, -ziele und -programme	6. Vorprüfung der Umweltmanagement-Dokumentation

Tabelle 2: Umweltbetriebsprüfung (Fortsetzung)

7. Überprüfung des Umwelt-managementsystems	8. Analyse des Umwelt-informationssystems
9. Auswertung der Ergebnisse der Umweltbetriebsprüfung	10. Erstellung des Umwelt-betriebsprüfungsberichts
11. Schlußsitzung	12. Folgemaßnahmen der Umweltbetriebsprüfung

Ausführliche Auflistungen von Literatur zur EG-Öko-Audit-Verordnung sind z. B. in Hopfenbeck/Jasch/Jasch 1995 und Hessische Landesanstalt für Umwelt, 1996 enthalten.

3.3 Öko-Controlling

Das Öko-Controlling ist schon in Kap. 3.2 als Teil des Umweltmanagementsystems angesprochen worden. Öko-Controlling gibt es aber in Unternehmen nicht erst seit der EG-Öko-Audit-Verordnung, sondern es ist auch schon früher als Methode verwendet worden, ziel- und erfolgsorientiert den betrieblichen Umweltschutz zu verbessern. Für alle Firmen, die die großen Aufwendungen für die Zertifizierung nach der EG-Verordnung scheuen, ist es der Weg, schrittweise mehr beim Umweltschutz zu leisten. Das Land Schleswig-Holstein hat seit 1993 in kleinen und mittleren Unternehmen den Aufbau des betrieblichen Öko-Controlling gefördert. Im Zusammenhang damit ist ein Leitfaden herausgegeben worden (Gallert/Clausen, 1996), der diesen Weg der kontinuierlichen Verbesserung gut beschreibt. Am Schluß könnte dann durch einige Zusatzarbeiten ein nach EG-Verordnung zertifizierbares Umweltmanagement-System entstanden sein. Tabelle 3 stellt heraus, was noch zusätzlich erforderlich wäre für die Zertifizierung. Hauptsächlich geht es dabei um eine ausführlichere Dokumentation. Hiermit wird also ein Weg aufgezeigt, der kontinuierlich zum Ziel führt. Damit ist die Zertifizierung nicht wie der Sprung über eine Hürde, als was häufig die Zertifizierung von Qualitätsmanagement-Systemen erlebt wird.

Tabelle 3: Elemente eines Öko-Controlling (Gallert/Clausen, 1996)

Elemente des EG-Umweltmanagementsystems	**im Öko-Controlling vorhanden**	**für Zertifizierung erforderlich**
Umweltpolitik	ja (Umweltgrundsätze)	
Klare Umweltziele	ja	
Maßnahmenprogramm und Verantwortlichkeiten	ja	
Zuständigkeitsplan	als einfache Unterlage vorhanden	dokumentieren (z.B. im Umwelthandbuch)
Liste der Rechts- und Verwaltungsvorschriften	wenn vorhanden, oft unstrukturiert	geordnete Liste erstellen
Umweltbeauftragter	ja	
Mitarbeiterinformation	informell	Aufstellen eines Plans
Schulungsplan	informell	Aufstellen eines Plans
Stoff- und Energiebilanz	ja	
Beurteilung der wichtigen Umweltfragen	ja	
Aufbauorganisation	informell	dokumentieren (z.B. im Umwelthandbuch)
Ablauforganisation, Umweltverfahrens- und Arbeitsanweisungen	als einfache Unterlage vorhanden	dokumentieren (z.B. im Umwelthandbuch)
Lieferantenkontrolle	Beschaffungsrichtlinien	Lieferanten-Audits
Interne Ablaufkontrolle	Öko-Controlling mit Stoff- und Energiedaten	
Korrekturmaßnahmen	informell	Aufstellen eines Aktionsplans für den Fall von Abweichungen

Tabelle 3: Elemente eines Öko-Controlling (Gallert/Clausen, 1996) (Fortsetzung)

Elemente des EG-Umweltmanagementsystems	im Öko-Controlling vorhanden	für Zertifizierung erforderlich
Umwelthandbuch, Schnittstellenplan	nein	erstellen
Umwelterklärung	nein	alle 1 bis 3 Jahre erstellen
Umweltaudit	nein	durchführen

3.4 Umweltmanagementnorm ISO 14000 ff

Die ISO 14000 ff ist in diesem Jahr fertiggestellt worden. Sie beschreibt gleichfalls den Aufbau sowie die kontinuierliche Verbesserung von Umweltmanagementsystemen und weist viele Parallelen zur ISO 9000ff auf. Die wichtigsten Unterschiede zu EG-Öko-Audit-Verordnung sind in Tabelle 4 (Dyllick/Hummel, 1995) dargestellt. Weltweit operierende Unternehmen werden sich vermutlich nach dieser Norm zertifizieren lassen müssen, evtl. zusätzlich. Die EU will in Kürze einen Report veröffentlichen, der die Zusammenhänge klärt. Kritiker bezeichnen die ISO 14000 ff auch als Öko-Audit-light, weil die Voraussetzungen für die Zertifizierung einfacher sind, wie in Tabellen deutlich wird.

Tabelle 4: Unterschiede zwischen Öko-Audit-Verordnung und ISO 14000ff

	Öko-Audit-Verordnung	**ISO 14000ff**
Geltungsbereich	EU und EWR	Weltweit
Systembezug	Standort, Industrie und Gewerbe, Handel und Dienstleistungen noch nicht	Keine Beschränkung
Einhaltung der Gesetze	Prüfung verlangt	Einhaltung ist anzustreben, Prüfung ist nicht verlangt

Tabelle 4: Unterschiede zwischen Öko-Audit-Verordnung und ISO 14000ff (Fortsetzung)

	Öko-Audit-Verordnung	ISO 14000ff
Stand der Technik	verlangt	nicht ausdrücklich verlangt
Veröffentlichung	Umwelterklärung	Pflicht nur zur Veröffentlichung der Umweltpolitik
Validierung	zugelassene Gutachter	freigestellt, ISO-Auditor
Überprüfung	Umweltbetriebsprüfung mindestens alle 3 Jahre	regelmäßige Auditierung, ohne absolute Zeitangabe
Leistungskriterien	Kontinuierliche Verbesserung des Umweltmanagementsystems und der Umweltleistung	Vermeidung von Umweltbelastungen, Kontinuierliche Verbesserung des Umweltmanagementsystems

3.5 Basis Qualitätsmanagementsystem nach ISO 9000 ff

Die Vorgehensweisen beim Aufbau von Umweltmanagementsystemen sind denen ähnlich, die beim Aufbau von Qualitätsmanagementsystemen angewendet werden. In der Literatur sind unterschiedliche Übersichten (z.B. in Hering/Steparsch/Linder, 1996) veröffentlicht worden, auf welche Weise die vorhandenen Handbücher verwendet bzw. ergänzt werden können, wenn das Umweltmanagement-System nach dem Aufbau eines Qualitätsmanagement-Systems implementiert werden soll.

4. Zusammenfassung

Die neue EG-Öko-Audit-Verordnung zur Einführung von Umweltmanagement- systemen wird mit ihren Prinzipien und Elementen vorgestellt. Mit ihr verglichen werden, z.T. in Tabellenform, eingeführte Vorgehensweisen zur Verbesserung der Umweltleistung wie die Erstellung von Öko-Bilanzen und das Öko-Controlling sowie die neue Norm ISO 14000 ff zur Einführung von Umweltmanagementsystemen.

Literaturverzeichnis

1) Th. Dyllick, J. Hummel: EMAS und/oder ISO 14001, UmweltWirtschaftsForum, 3. Jg., H. 3 September 1995, S. 24-26

2) Heike Gallert / Jens Clausen: Leitfaden Öko-Controlling, Düsselsdorf 1996

3) E. Hering, W. Steparsch, M.Linder: Zertifizierung nach DIN EN ISO 9000, Düsseldorf, 1996

4) Hessische Landesanstalt für Umwelt: Broschüre: Ein Jahr Öko-Audit, Wiesbaden, 8/1996

5) Hessische Landesanstalt für Umwelt: Umsetzung der Öko-Audit-Verordnung; Branchenleitfaden Chemie, Schriftenreihe der Hessischen Landesanstalt für Umwelt, Wiesbaden 1996

6) W. Hopfenbeck , Ch. Jasch , A. Jasch: Öko-Audit: der Weg zum Zertifikat, Landsberg, 1995

7) H. Keune: Hintergründe und Erfahrungen zur Öko-Auditierung im Wasser- und Entsorgungsbereich Wasser, Luft und Boden, 7-8/1996, S. 22-26

8) U. Lieback, J. Schmallenbach, J.-C. Binetti: Was Unternehmen zur Teilnahme am EG-Öko-Audit motiviert, Z. Umwelttechnik, 9/1996, S. 12-15

9) S. Lohse: Umweltrecht für Umweltmanagement, Berlin, 1995

10) U. Thurmann: Öko-Audit und Deregulierung, 436. Dechema-Kolloquium: Ökoaudit - Notwendigkeit, Nutzen, Erfahrungen, Frankfurt, 19.10.1995

Vom Qualitäts- zum Umweltzertifikat

Bernd Birkenstock

1. Einleitung

2. Aufbau der Managementsysteme ISO 9000 und Umwelt

3. Die Umwelterklärung

   3.1 Vorwort

   3.2 Umweltpolitik

   3.3 Umweltmanagement-System

   3.4 Angaben zum Unternehmen und zum Standort

   3.5 Umweltprogramme und Ziele

   3.6 Tabellen zur Verbrauchsentwicklung

1. Einleitung

Im Jahre 1516 erließ Herzog Wilhelm der IV. von Bayern das Reinheitsgebot für Bier. Dieses Reinheitsgebot ist eines der ältesten Lebensmittelgesetze, das bis zum heutigen Tag seine Gültigkeit hat. Die wesentlichen Elemente des Reinheitsgebotes finden sich heute im vorläufigen Biergesetz und in der Bierverordnung der Bundesrepublik Deutschland wieder. Für den Verbraucher ist vor allen Dingen wichtig, daß Bier aus Wasser, Malz und Hopfen unter Verwendung von Hefe hergestellt wird, sonstige Zutaten oder Zusätze dürfen nicht verwendet werden. In diesem relativ engen Rahmen muß der Brauer verschiedene Biersorten, die den Verbraucherwünschen entsprechen, in bester Qualität herstellen.

Das Reinheitsgebot im heutigen Sinne legt nicht nur die Rohstoffe Wasser, Malz und Hopfen fest, sondern fordert von dem Brauer eine ganzheitliche Betrachtung zu dem Produkt Bier. Dies besagt, daß bei der Herstellung und dem Inverkehrbringen des Bieres Belastungen der Umwelt so niedrig wie möglich gehalten werden müssen.

Durch diese Forderung dokumentiert sich die Verbindung von Qualitäts- und Umweltmanagement. Die erfolgreiche Erfüllung dieser Managementsysteme wird durch die Erteilung von Zertifikaten evident. Diese Zertifizierungen können nur nach erfolgreicher externer Auditierung von amtlich anerkannten Institutionen erteilt werden.

Im Jahre 1993 wurde die Licher Privatbrauerei auf dem Niveau ISO 9003 zertifiziert. Im Anschluß hierzu erfolgte die Zertifizierung nach ISO 9001 im Jahre 1994. Die Validierung nach der EG-Öko-Audit-Verordnung geschah im Jahre 1995. Durch die Dokumentation wird bestätigt, daß das Managementsystem der Licher Privatbrauerei sich auf einem sehr hohen Niveau bewegt.

2. Aufbau der Managementsysteme ISO 9000 und Umwelt

Es wurden zwei selbständige Handbücher für Qualität (DIN-ISO 9001) und Umwelt (EWG Nr. 1836/93) mit der Bezeichnung Band Nr. 1 erstellt. Unter den „Dächern" dieser Handbücher sind in Folge die notwendigen Verfahrensanweisungen und Arbeitsanweisungen für die Qualität und Umwelt in den Handbüchern Band Nr. 2 festgehalten. Die Gliederung der Handbücher Nr. 1 und Nr. 2 beinhalten jeweils 20 Pflicht punkte der Managementsysteme, wobei einige Punkte identisch, andere aufgabenspezifisch sind (vgl. Tabelle 1).

Tabelle 1: Gliederung der Handbücher Nr. 1 und Nr. 2

Nummer	Handbuch Qualität	Handbuch Umwelt
0.	Einleitung	Einleitung
0.1	Formalitäten	Formalitäten
0.1.1.	Herausgabe und Änderungen	Herausgabe und Änderungen
0.1.2.	Verbindlichkeitserklärung	Verbindlichkeitserklärung
0.1.3.	Rechtliche Grundlagen der Bierherstellung	Rechtliche Grundlagen der Bierherstellung
0.1.4.	Unternehmensdarstellung	Unternehmensdarstellung
1.0	Verantwortung der obersten Leitung	Verantwortung der obersten Leitung
1.1.	Qualitätspolitik	Umweltschutzpolitik
1.2.	Organisation	Organisation und Verantwortungsmatrix
1.3.	Aufgaben des Leiters der Abteilung Qualitätssicherung	Aufgaben und Befugnisse des Umweltschutzbeauftragten
2.0.	Qualitätssicherungssysteme	Umweltmanagement-System
3.0.	Vertragsüberprüfung	Vertragsüberprüfung
4.0.	Designlenkung	Umweltschutz in Forschung und Entwicklung
5.0.	Lenkung der Dokumente	Lenkung der Dokumente
6.0	Beschaffung	Beschaffung und Entsorgung
7.0	Vom Auftraggeber beigestellte Produkte	Vom Auftraggeber beigestellte Produkte
8.0.	Identifikation und Rückverfolgbarkeit von Produkten	Identifikation und Rückverfolgbarkeit
9.0.	Prozeßlenkung	Prozeßlenkung und Umweltauswirkungen
10.0	Prüfungen	Prüfungen
11.0	Prüfmittel	Prüfmittel

Tabelle 1: Gliederung der Handbücher Nr. 1 und Nr. 2 (Fortsetzung)

Nummer	Handbuch Qualität	Handbuch Umwelt
12.0	Prüfstatus	Prüfstatus
13.0	Lenkung fehlerhafter Produkte	Lenkung fehlerhafter Produkte
14.0.	Korrekturmaßnahmen	Korrektur- und Vorbeugemaßnahmen
15.0.	Handhabung, Lagerung, Verpackung und Versand	Handhabung, Lagerung, Verpackung und Versand
16.0.	Qualitätsaufzeichnungen	Qualitäts- und Umweltaufzeichnungen
17.0.	Interne Qualitätsaudits	Interne Umweltaudits und Umweltbetriebsprüfung
18.0.	Schulung	Schulung
19.0.	Kundendienst	Kundendienst (Wartung
20.0.	Statistische Methoden	Statistische Methoden
21.0	Produktsicherheit und Produkthaftung	Produktsicherheit und Produkthaftung
22.0.	Vorschlagswesen	Vorschlagswesen
23.0.	Bereichsübergreifende Projektgruppenarbeit	Bereichsübergreifende Projektgruppenarbeit
24.0.	Arbeitssicherheit und Brandschutz	Arbeitssicherheit und Brandschutz

Die unterschiedliche Beschreibung der Managementhandbücher Qualität und Umwelt ist erforderlich, um an dem Gemeinschaftssystem für Umweltmanagement und -betriebsprüfung gemäß der EG-Verordnung Nr. 1836/93 teilnehmen zu können. Qualität und Umwelt unterscheiden sich in unserem Betrieb im wesentlichen durch 8 Punkte, 1.1, 1.2, 1.3, 2.0, 4.0, 9.0, 14.0 und 17.0.

Den jeweils 20 Pflichtpunkten (vgl. Tabelle 1) wurden bisher vier weitere Punkte angegliedert. Diese Vorgehensweise geht über die bestehenden Normen hinaus. Der Vorteil dieser Methode ist die einheitliche Beschreibung weiterer verbindlicher Aufgaben. Durch diese Vorgehensweise wurde eine Erweiterungsfähigkeit der Managementsysteme der Licher Privatbrauerei erreicht. So können nach dem jeweiligen Entwicklungsstand weitere Sicherheitspunkte angegliedert werden. Als Stichwort sei an dieser Stelle das HACCP-Konzept (Hazard Analysis of Critical control points) genannt. Das HACCP-Konzept liegt zur Zeit in Form von Verordnungsentwürfen bei der EG und der Bundesregierung vor.

Die bis hierher beschriebene Vorgehensweise wurde notwendig, um die sehr umfangreichen und unterschiedlichen gesetzlichen Forderungen zwischen dem System der ISO 9001 (vgl. Anhang A) und dem EG-Öko-Audit (vgl. Anhang A) zu erfüllen. So sind für die ISO 31 Gesetze und Verordnungen zu beachten und für die EG-Öko Verordnung über 100. Diese Fülle ist aus der Sicht des Unternehmers bzw. des Betreibers einer Anlage bemerkenswert und mit außerordentlich hohen Kosten auf allen Ebenen eines Unternehmens verbunden.

3. Die Umwelterklärung (sieben Hauptpunkte)

Als Zusammenfassung aller Managementbeschreibungen zur Umwelt wird eine Umwelterklärung erstellt. Diese Erklärung wird den Behörden sowie der Öffentlichkeit freiwillig zur Einsicht zur Verfügung gestellt.

Nachfolgend wird die Umwelterklärung der Licher Privatbrauerei an Hand der normgerechten Gliederung betrachtet, wobei sieben Hauptpunkte unterschieden werden:

- Vorwort
- Umweltpolitik
- Umweltmanagement-System
- Standortbeschreibung
- Umweltprogramm und Umweltziele
- Produktions- und Verbrauchsentwicklung und die damit verbundenen Umweltauswirkungen (Braujahr 1992/93 bis 1994/1995)
- Gültigkeitserklärung

3.1 Vorwort

Mit dem Vorwort wird deutlich gemacht, daß Licher Bier zur Lebensfreude der Menschen beiträgt. Es handelt sich um ein Naturprodukt (kein synthetisches Produkt). Dieses hohe Gut für den Verbraucher wollen wir schützen und bewahren, d.h., wir erklären unsere Verantwortung und Verpflichtung zur Umwelt.

Licher Bier = Lebensfreude
Naturprodukt
Verpflichtung zur Umwelt

Abbildung 1: Das Vorwort der Umwelterklärung der Licher Privatbrauerei Jhring-Melchior

3.2 Umweltpolitik

In der Umweltpolitik sind die verbindlichen Richtlinien unseres Hauses schriftlich festgelegt. Die gesamten Aufgaben der Umweltpolitik wurden hierbei in folgende acht Bereiche untergliedert:

- Weiterentwicklung umweltbezogenen Handels
- Verantwortung aller Mitarbeiter
- Schonung der natürlichen Ressourcen
- Nachhaltigkeit
- Produktverpackung und Ökologie
- Vermeidungsprinzip
- Dialog mit Partnern und der Gesellschaft
- Fortschreitender Prozeß

3.3 Umweltmanagement-System

Das Umweltmanagement-System wird ausführlich beschrieben, um sowohl nach Innen als auch nach Außen eine möglichst hohe Transparenz herstellen zu können. Jeder Mitarbeiter muß die Funktionsweise des Umweltmanagement-Systems kennen, damit er die Bedeutung seines Beitrags in diesem System nachvollziehen kann. Zur Erzielung der vollen Akzeptanz und Anerkennung durch die Behörden und die Öffentlichkeit ist es ebenfalls wichtig, daß die einzelnen Elemente des Umweltmanagement-Systems nachvollziehbar sind.

Der Aufbau des Umweltmanagement-Systems erfolgte in zehn Abschnitten:

- Zweck des Systems
- Organisation des Systems
- Umweltfreundliche Beschaffung und Entsorgung
- Prüfung und Überwachung
- Erfassung/Planung und Bereitstellung von Mitteln
- Maßnahmen bei Abweichungen
- Verzeichnis der Umweltauswirkungen
- Beurteilung der Umweltauswirkungen
- Verzeichnis von Rechts- und Verwaltungsvorschriften
- Beurteilung des Umweltmanagement-Systems

3.4 Angaben zum Unternehmen und zum Standort

Unter diesem Punkt werden die Rechtsverbindlichkeiten des Betriebes festgehalten. Neben der genauen Anschrift des Unternehmens wird auch die Gemarkung, die Gebietscharakterisierung sowie die Fläche des Unternehmens aufgeführt. Die nächsten Punkte beinhalten einen kurzen Abriß der Gründung und Entwicklung des Unternehmens und dessen Haupttätigkeiten am Standort. Anschließend werden die Geschäftsführer, die Prokuristen sowie die Beauftragten des Unternehmens für Qualitäts- bzw.

Umweltaspekte aufgeführt. Abgeschlossen wird dieser Punkt durch eine Übersicht über die Biernamen, die Handelswaren sowie einigen betriebswirtschaftlichen Angaben. In Anhang B sind die Angaben zum Unternehmen und zum Standort komplett abgedruckt.

3.5 Umweltprogramm und Ziele

Im Zeitraum von jeweils 3 Jahren erfolgt die erneute externe Überprüfung des Unternehmens. Es werden Ziele, Verantwortlichkeiten, Programme (Projekte) und Umsetzungszeiten festgelegt. In Tabelle 2 sind einige dieser Ziele und Programme aufgeführt.

Tabelle 2: Ausschnitt aus den Zielen und Programmen der Licher Privatbrauerei Jhring-Melchior GmbH & Co.KG

Ziele	**Verantwortlichkeit**	**Programm**	**Umsetzung**
Umweltorientierte Rohstoffbeschaffung		100% Malz aus integriertem, kontrolliertem Anbau	1 Jahr
		100% Hopfen aus kontrolliertem Vertragsanbau	ca. 2 Jahre
Prozeßleittechnik Filtration und Abfüllung und Maschinenhaus		Optimierung des Systems zur technischen, technologischen und umweltrelevanten Sicherheit	ca. 3 Jahre
Verwertung von Nebenprodukten		Verbesserung der Rückgewinnung von Gärungskohlensäure von derzeit 1,36 kg/hl auf mind. 1,62 kg/hl	ca. 2 Jahre
Wissenschaftliche Untersuchung		Wissenschaftliche Betreuung, Begutachtung der Abwasserqualität mit dem Ziel, das bisher erreichte Betriebsergebnis noch zu verbessern	ca. 2 Jahre

Tabelle 2: Ausschnitt aus den Zielen und Programmen der Licher Privatbrauerei Jhring-Melchior GmbH & Co.KG (Fortsetung)

Ziele	Verantwortlichkeit	Programm	Umsetzung
		Limnologische Vorschläge zur Verbesserung der Gewässerqualität	kontinuierlich
Verbrauchsinformationen		Verbrauchsinformationen an alle Mitarbeitet über alle Betriebsstoffe (sparsamer Umgang)	ca. 1 Jahr
Benzineinsparung		Umstellung aller Außendienstfahrzeuge auf Diesel PKW's und damit Einsparung von ca. 60.000 Liter Benzin/Jahr	bis Ende 1996
Naturschutz		Naturschutzprojekte, insbesondere Auenschutz	kontinuierlich
		Stipendien für am praktischen Naturschutz ausgerichtete Diplomarbeiten	kontinuierlich
Umweltmanagementsystem		Weiterentwicklung des Umweltmanagementsystems	3 Jahre

3.6 Tabellen zur Verbrauchsentwicklung

Die gesamten Verbrauchsentwicklungen des Unternehmens werden mit Hilfe von EDV-Systemen einer ständigen Festschreibung unterzogen.
Diese Zahlen bedürfen zum besseren Verständnis der Mitarbeiter, Behörden und der Öffentlichkeit eines schriftlichen Kommentars. Es liegen 15 Tabellen in der Umwelterklärung vor, die ebenso wie die Kommentare zur Verbrauchsentwicklung bei Bedarf beim Autor angefordert werden können.

Anhang A: Rechtsvorschriften ISO 9001 / EG-Öko-Verordnung

ISO 9001

Reinheitsgebot
Trinkwasser-Verordnung
Biersteuergesetz
Vorläufiges Biergesetz und Verordnung zur Durchführung des vorläufigen Biergesetzes
Alkohol-Verordnung
Lebensmittel- und Bedarfsgegenstände-Gesetz
Wasserhaushaltsgesetz
Zusatzstoffezulassungs-Verordnung
Lebensmittel-Kennzeichnungsverordnung
Zusatzstoff-Verkehrs-Verordnung
Abfallbestimmungs-Verordnung
Reststoffbestimmungs-Verordnung
TA-Luft
Futtermittel-Verordnung
Gewerbeordnung
Diät-Verordnung
Branntwein-Monopol-Gesetz
TA-Lärm
Fertigpack.-Verordnung
Eichordnung
Druckbehälter-Verordnung
Verpackungs-Verordnung
Getränkeschankanlagen-Verordnung
Schankgefäß-Verordnung
Arbeitsstellen-Verordnung
Abwasserabgaben-Verordnung
Produkthaftungsgesetz
TA-Abfall
Gaststättenverordnung u.s.w

EG-Öko-Verordnung

Trinkwasser-Verordnung
Biersteuergesetz
Vorläufiges Biergesetz und Verord. zur Durchf. des vorl. Biergesetzes
Lebensmittel-Strahlungs-Verordnung
Wasserhaushaltsgesetz
Gesetz über die Herkunft des Hopfens
Pflanzenschutzmittel-Höchstmengen Verordnung
Aflatoxin Verordnung
Zusatzstoffezulassungs-Verordnung
Alkohol-Verordnung
Wasserhaushaltsgesetz
Lebensmittel-Kennzeichnungs- Verordnung
Zusatzstoff-Verkehrs-Verordnung
Abfallbestimmungs-Verordnung
Rohstoffbestimmungsverordnung
Reststoffverordnung
TA-Luft
Futtermittel-Verordnung
Gewerbeordnung
Diät-Verordnung
Branntwein-Monopol-Gesetz
TA-Lärm
Fertigpack.-Verordnung
Eichordnung
Druckbehälter-Verordnung
Verpackungsverordnung
Baurecht u.s.w.

Basiswissen zum Recht der Qualitätsorganisation

Ein Überblick aus arbeits-, zivil-, versicherungs- und strafrechtlicher Sicht

Friedrich-Karl Feyerabend

1. Arbeitsrechtliche Aspekte
   1.1 Qualifizierungsmaßnahmen
   1.2 Qualitätsgerechte Arbeitsleistungen
   1.3 Leistungs- und Verhaltenskontrolle der Mitarbeiter
   1.4 Zertifizierungsverfahren nach DIN EN ISO 9000 ff.
2. Zivilrechtliche Aspekte
   2.1 Gewährleistungsansprüche im Kaufrecht
   2.2 Produzentenhaftung
      2.2.1 Deliktsrechtliche Produzentenhaftung
      2.2.2 Produzentenhaftung nach dem Produkthaftungsgesetz
   2.3 Arbeitsteiligkeit Endhersteller – Zulieferer – Qualitätssicherungsvereinbarungen
3. Bedeutung und Funktion der Betriebshaftpflichtversicherung
4. Strafrechtliche Produktverantwortung
5. Resümee

Der juristische Aspekt gehört - gleichgewichtig mit dem technischen und wirtschaftlichen - zum Thema „Qualitätsmanagement über die Norm hinaus". Er wird bisweilen auf die Produzentenhaftung sowie Qualitätssicherungsvereinbarungen beschränkt, so daß man sich - auch im Hinblick auf die zur Verfügung stehende Zeit - auf praktische Beispiele hierzu konzentrieren könnte. In diesem Buch steht jedoch nicht Spezialistenwissen, sondern ein möglichst breiter Überblick zum Einstieg im Vordergrund, so daß auch darüber hinausgehende Aspekte angesprochen werden sollten. Die hierdurch zwangsläufig fehlende Tiefe wird durch den Hinweis auf weiterführende aktuelle Literatur[1] ausgeglichen. Eine weitere Rahmenbedingung ist die Interdisziplinarität. So sagt der Naturwissenschaftler was ist, der Techniker zeigt, was sein kann, während der Jurist nach dem handelt und urteilt, was sein soll. Ziel des Beitrages ist nicht Juristenausbildung, sondern die Sensibilisierung von Kaufleuten und Technikern für ein juristisches Thema. Dabei gilt es folgenden Grundsatz zu falsifizieren: Die Wissenschaft zeigt der Praxis das, was sie ohnehin schon weiß, in einer Sprache, die sie nicht versteht.

1. Arbeitsrechtliche Aspekte

Alle Anstrengungen um ein effizientes Qualitätsmanagementsystem bleiben erfolglos, wenn die Arbeitsergebnisse der Mitarbeiter nicht den qualitativen Anforderungen entsprechen[2]. Unter diesem Aspekt muß der einzelne Mitarbeiter und die vertrauensvolle Zusammenarbeit mit dem Betriebsrat im Mittelpunkt aller Maßnahmen der Qualitätssicherung stehen.

Entsprechend der Normenhierarchie im Arbeitsrecht empfiehlt es sich bei allen Maßnahmen, von denen Mitarbeiter betroffen werden, die notwendigen rechtlichen Prüfungen nach folgendem Katalog vorzunehmen:

- Welche Rechte und Pflichten hat der Arbeitnehmer nach dem Arbeitsvertrag?
- Was kann im Wege des Direktionsrechts einseitig angeordnet werden?
- Gibt es tarifvertragliche Bestimmungen oder Betriebsvereinbarungen, die beachtet werden müssen?
- Welche Beteiligungsrechte hat der Betriebsrat?

Abbildung 1: Systematik des Arbeitsrechts

Unter dem Gesichtspunkt „Qualität" ist nahezu das gesamte Arbeitsrecht relevant, wie etwa Beteiligungsrechte des Betriebsrates bei Einstellungen, Eingruppierungen oder Kündigungen von Arbeitnehmern etc.. Bei Qualitätszirkeln und Gruppenarbeit kommen beispielsweise Informations- und Beteiligungsrechte nach §§ 90 und 106 BetrVG sowie Mitbestimmungsrechte nach §§ 98, 99 und 87 BetrVG in Betracht. Auch muß vor einer Umsetzung von Vorschlägen aus Qualitätszirkeln in jedem Fall geprüft werden, ob Mitwirkungs- und Mitbestimmungsrechte des Betriebsrates bestehen. Aus Zeitgründung erfolgt hier jedoch eine Konzentration auf Qualifizierungsmaßnahmen, qualitätsgerechte Arbeitsleistungen sowie die Einführung von Zertifizierungsverfahren nach DIN EN ISO 9000 ff.

1.1 Qualifizierungsmaßnahmen

Bei betrieblichen Maßnahmen zur Qualifizierung durch berufliche Fortbildung hat der Betriebsrat folgende Beteiligungsrechte:

- Nach § 97 BetrVG hat der Arbeitgeber mit dem Betriebsrat über die **Errichtung** und **Ausstattung** betrieblicher Einrichtungen zur Berufsbildung, die Einführung betrieblicher Berufsbildungsmaßnahmen und die Teilnahme an außerbetrieblichen Berufbildungsmaßnahmen zu beraten. Dies bedeutet, der Betriebsrat ist über entsprechende Vorhaben zu informieren und kann Vorschläge machen, die der Arbeitgeber mit ins Kalkül ziehen muß. Die Entscheidung, ob er eine Bildungsmaßnahme ausrichten will, trifft er jedoch alleine.

- Nach § 98 BetrVG hat der Betriebsrat bei der **Durchführung** betrieblicher Bildungsmaßnahmen jedoch ein erzwingbares Mitbestimmungsrecht. „Betriebliche Maßnahmen" liegen vor, wenn sie auf Betriebsangehörige beschränkt sind sowie Trägerschaft, Organisation und Durchführung beim Betrieb liegen, unabhängig davon, ob sie innerhalb oder außerhalb des Betriebsgeländes erfolgen. Keine Bildungsmaßnahme i.d.S. und damit mitbestimmungsfrei ist dagegen die Unterrichtung eines Arbeitnehmers über seine Aufgaben, seine Verantwortung und die Art seiner Tätigkeit sowie seine Einordnung in den Arbeitsablauf des Betriebes gemäß § 81 BetrVG. Gleiches gilt für das Einweisen und Einarbeiten sowie Anlernen eines Mitarbeiters und sonstige Maßnahmen und Veranstaltungen, mit denen lediglich Informationen über die nach dem Arbeitsvertrag geschuldete Tätigkeit und die hierfür benötigten Kenntnisse gegeben werden. Nach § 98 Abs. 1 BetrVG hat der Betriebsrat ein Mitbestimmungsrecht nur bei der **Durchführung** von Fortbildungs- und Umschulungsmaßnahmen (nicht über das Ob) und nach Abs. 3 hat er besondere

Befugnisse bei der Auswahl der Teilnehmer, so ist er berechtigt, Vorschläge für die Teilnahme einzelner Mitarbeiter oder bestimmter Arbeitnehmergruppen zu machen.

1.2 Qualitätsgerechte Arbeitsleistungen

Unter diesem Aspekt sind die Fragen zu beantworten: Gibt es Möglichkeiten, durch materielle Anreize qualitativ bessere Arbeitsergebnisse zu erreichen?
Wann muß ein Mitarbeiter für Schäden aufkommen, die er unter Ausübung seiner Tätigkeit im Betrieb verursacht hat? Im erst genannten Punkt kommen vor allem Qualitätsprämien an Stelle oder in Ergänzung des bisher praktizierten Entlohnungssystems in Betracht. Nach § 87 Abs. 1 BetrVG hat der Betriebsrat – soweit eine gesetzliche oder tarifliche Regelung nicht besteht – ein erzwingbares Mitbestimmungsrecht in:

- Nr. 10 Fragen der betrieblichen Lohngestaltung, insbesondere bei der Aufstellung von Entlohnungsgrundsätzen
- Nr. 11 bei der Festsetzung der Akkord- und Prämiensätze und vergleichbarer leistungsbezogener Entgelte.

Dies bedeutet, daß die Einführung von Qualitätsprämien u.a. einer sorgfältigen arbeitsrechtlichen Überprüfung bedarf. Dabei sollte der Betriebsrat von Anfang an einbezogen werden, um zu einer vertretbaren Lösung zu kommen. Die Erfolgschancen liegen vor allem in einem abgewogenen Konzept, das die wirtschaftlichen Interessen des Betriebes berücksichtigt und gleichzeitig den Arbeitnehmern neue Verdienstmöglichkeiten – allerdings bei höherer Leistung – bietet. In Qualitätsprämienregelungen ist die Vorgabe üblich, daß die Prämien nur für einwandfreie, nach den fachlichen Regelungen erzielte, Arbeitsergebnisse („Gutware“) gewährt werden.

Schäden, die ein Arbeitnehmer bei betrieblich veranlaßter Tätigkeit verursacht hat, werden nach der Rechtsprechung des BAG nach folgenden Grundsätzen abgewickelt:

- Schäden, die vorsätzlich oder grob fahrlässig verursacht werden, muß der Mitarbeiter im Regelfall voll ersetzen

- Durch „normale“ (mittlere) Fahrlässigkeit verursachte Schäden werden zwischen ihm und dem Arbeitgeber quotal aufgeteilt
- Für Schäden, die auf leichte Fahrlässigkeit (Versehen) zurückzuführen sind, haftet der Mitarbeiter nicht.

1.3 Leistungs- und Verhaltenskontrolle der Mitarbeiter

Nach § 87 Abs.1 Nr. 1 BetrVG hat der Betriebsrat ein erzwingbares Mitbestimmungsrecht in Fragen der Ordnung des Betriebes und des Verhaltens der Arbeitnehmer im Betrieb sowie nach Nr. 6 bei der Einführung und Anwendung von technischen Einrichtungen zur Überwachung des Verhaltens und der Leistung der Arbeitnehmer. Mitbestimmungspflichtig sind jedoch nur **technische** Überwachungseinrichtungen, hierzu ist nach der Rechtsprechung des BAG Voraussetzung, daß entweder die Erhebung von Daten oder deren Auswertung auf technischem Wege erfolgt. Eine Kontrolle der Mitarbeiter durch Aufsichtspersonen – selbst mit einfachen Hilfsmitteln, z.B. Stoppuhr – unterliegt der Mitbestimmung nicht. Betriebsdatenerfassungs- und Verarbeitungssysteme (BDE-Systeme) und andere EDV- gestützte Einrichtungen, die von ihrer Zweckbestimmung für andere Aufgaben im Betrieb bestimmt sind, fallen jedoch unter die Mitbestimmung nach § 87 Abs. 1 Nr. 6 BetrVG, wenn Leistungs- und Verhaltensdaten der Mitarbeiter damit ermittelt oder ausgewertet werden können.

1.4 Zertifizierungsverfahren nach DIN EN ISO 9000 ff.

Die grundlegende Entscheidung, ob die Zertifizierung eines Qualitätssicherungssystems eingeführt werden soll, kann der Arbeitgeber grundsätzlich ohne Beteiligung des Betriebsrates fällen. Sie ist Ausdruck der unternehmerischen Entscheidungskompetenz. Bei Bestehen eines Wirtschaftsausschusses ist er in der Regel nach § 106 Abs. 2 BetrVG zu unterrichten.

Im Zuge der praktischen Umsetzung der Zertifizierung im Betrieb, kommen u.U. Fragen der Verfahrens- und Arbeitsanweisungen (Qualitätshandbuch) sowie Schulungsmaßnahmen etc. in Betracht – hier sind selbstverständlich die oben dargestellten Mitbestimmungsrechte des Betriebsrates zu beachten.

Als Resümee ist herauszustellen, daß die unternehmerische Entfaltungsfreiheit bei Zertifizierungsverfahren nach DIN EN ISO 9000 ff. betriebsverfassungsrechtlich nur in geringem Ausmaß eingeschränkt wird. Es gilt aber auch und gerade hier der Grundsatz, daß einvernehmliche Lösungen durch die Einbeziehung des Betriebsrates – von Anfang an – gesucht werden sollten.

2. Zivilrechtliche Aspekte

Eine Übersicht über zivilrechtliche Ansprüche im Außenrechtsverhältnis gibt nachstehende Abbildung 2. Sie zeigt, welchen Ansprüchen der Verkäufer, Werkunternehmer oder Hersteller bei Lieferung von nicht qualitätsgerechten Produkten ausgesetzt ist. Es liegt in seinem eigenen Interesse eine Realisierung dieser Risiken durch ein funktionierendes Qualitätsmanagementsystem zu vermeiden.

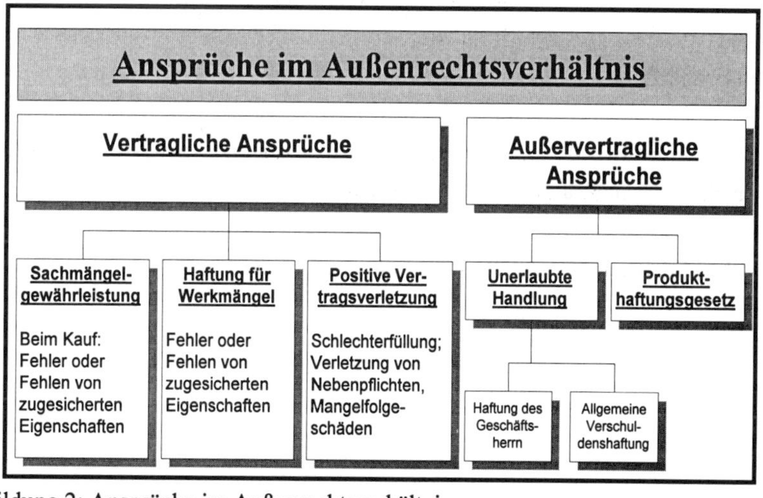

Abbildung 2: Ansprüche im Außenrechtsverhältnis

Die Ansprüche lassen sich in folgende Kategorien einordnen:

a) Vertragliche Ansprüche

- Die Haftung des Verkäufers gegenüber dem Käufer aus §§ 459 ff BGB – Sachmängelgewährleistung – für Fehler oder das Fehlen zugesicherter Eigenschaften der gekauften Sache selbst, sog. Mangelschaden.

- Die Haftung des Werkunternehmers gegenüber dem Besteller nach §§ 633 ff BGB wegen eines Fehlers oder des Fehlens zugesicherter Eigenschaften, sog. Mangelschaden.

- Haftung aus positiver Vertragsverletzung beim Kauf- oder Werkvertrag, etwa durch die Verletzung von Aufklärungs- oder Beratungspflichten. Hierunter fallen auch Ansprüche des Käufers oder Bestellers auf Ersatz von Mangelfolgeschäden. Es handelt sich um Schäden, die der Käufer in Folge eines Fehlers an seinen sonstigen Rechtsgütern erhalten hat, wie z.B. Gesundheitsschäden, Sachschäden, aber auch allgemeine Vermögenseinbußen.

b) Außervertragliche Ansprüche

- Die Haftung des Herstellers aus §§ 823 ff BGB für Mangelfolgeschäden im Zusammenhang mit der Benutzung seiner Produkte – sog. deliktsrechtliche Produkt- oder Produzentenhaftung, verschuldensabhängige Produkthaftung.

- Die Haftung (des Herstellers) aus dem Produkthaftungsgesetztes (ProdhaftG) – verschuldensunabhängige Gefährdungshaftung.

Unter dem Stichwort „Qualität“ ist von besonderem Interesse:

2.1 Gewährleistungsansprüche im Kaufrecht

Wie bekannt, haftet der Verkäufer nach §§ 459 Abs. 1, 462 BGB auf Wandelung oder Minderung, wenn die Kaufsache einen Fehler aufweist[3]. Nach §§ 459 Abs. 2, 463 S. 1 BGB haftet er auf Schadenersatz wegen Nichterfüllung, wenn der Kaufsache eine zugesicherte Eigenschaft fehlt. Der Unterschied zwischen einer Beschaffenheitsvereinbarung nach § 459 Abs. 1 BGB und einer zugesicherten Eigenschaft nach Abs. 2 kommt daher – etwa in einer Qualitätssicherungsvereinbarung – herausragende Bedeutung zu. Dies gilt um so mehr, da die Haftung des Verkäufers wegen Eigenschaftszusicherung durch AGB nicht wirksam ausgeschlossen werden kann, da im nicht-kaufmännischen Bereich der Verbotstatbestand von § 11 Nr. 11 AGB-Gesetz Anwendung findet, während im kaufmännischen Verkehr Haftungsfreizeichnungs- und Haftungsbegrenzungsklauseln an § 9 Abs. 2 Nr. 1 AGB-Gesetz scheitern. Für den Verkäufer bedeutet daher jede Eigenschaftszusicherung ein hohes Haftungspotential.

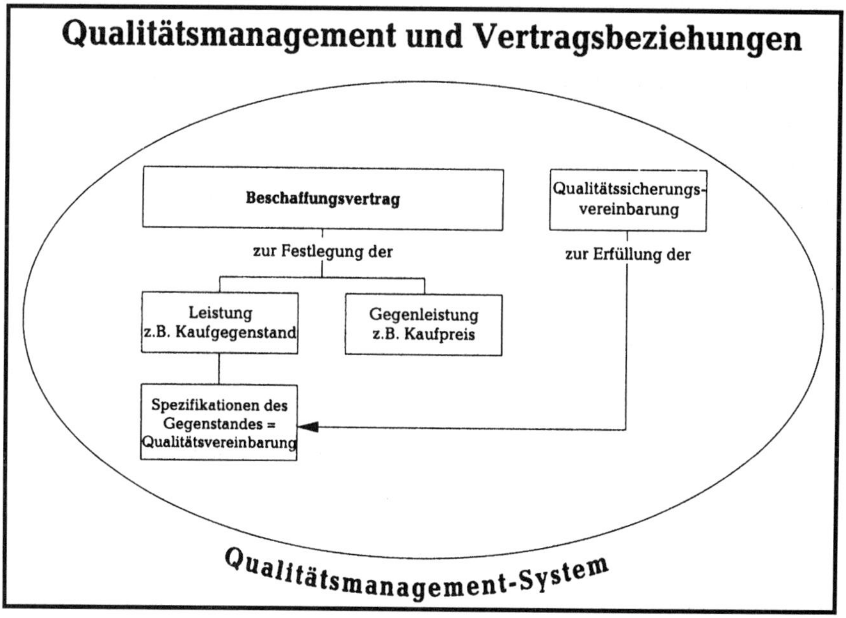

Abbildung 3: Qualitätsmanagement und Vertragsbeziehungen

Aus:. Hess/Werk (Hrsg), Qualitätssicherung und Produktehaftung, Zürich 1994; S 242

Die notwendige Spezifikation des Kaufgegenstandes im Beschaffungsvertrag zeigt schematisch Abbildung 3.

In diesem Zusammenhang ist herauszustellen, daß die Bezugnahme auf Zertifikate und Prüfzeugnisse, wie z.B. DIN-Normen, grundsätzlich lediglich als Warenbeschreibungen im Sinne von § 459 Abs. 1 BGB zu werten ist und so nicht eine Eigenschaftszusicherung nach Abs. 2 darstellt. Auch das Verlangen nach einem Prüfzeugnis ist nicht ohne weiteres geeignet, eine Zusicherungshaftung zu begründen. Es kommt darauf an, ob derartige Bescheinigungen lediglich die Vornahme von Prüfungen zum Gegenstand haben oder ob darin weitergehende Zusicherungserklärungen begründet werden sollen, so z.B. die Fehlerfreiheit des geprüften Materials. Entscheidend sind jedoch stets die besonderen Umstände des Einzelfalls.

In Kaufverträgen wird bisweilen vereinbart, daß der Verkäufer eine „Garantie" während einer bestimmten Zeitdauer für das beanstandungsfreie Funktionieren der gelieferten Sache übernimmt – sog. Haltbarkeitsgarantie. Im Regelfall liegt hier ein unselbständiger Garantievertrag vor, nach dem der Verkäufer für alle während der Garantiezeit auftretenden Mängel haftet. Der Käufer muß also nicht den Nachweis führen, daß die Sache bereits im Zeitpunkt der Übergabe – des Gefahrenübergangs – fehlerbehaftet war.

2.2 Produzentenhaftung

Die Haftung des Herstellers für Folgeschäden durch den Gebrauch seines Produktes unterfällt in die deliktsrechtliche Produzentenhaftung auf Grundlage der §§ 823 ff. BGB und in die Haftung nach dem ProdhaftG[4].

2.2.1 Deliktsrechtliche Produzentenhaftung

Dieser „traditionelle" Produzentenhaftung ist eine der Höhe nach nicht begrenzte Verschuldenshaftung. Der Hersteller muß also fahrlässig oder sogar vorsätzlich gehandelt haben, wobei nach richterlicher Rechtsfortbildung ein Verschulden vermutet wird, d.h. der Hersteller muß beweisen, daß ihn ein Verschulden nicht trifft – Beweislastumkehr zu seinen Lasten. Er muß für die Verletzung von Gefahrsteuerungs- oder –abwendungspflichten – **„Verkehrssicherungspflichten"** – einstehen. Von der deliktsrechtlichen Produzentenhaftung werden sog. Ausreißer nicht erfaßt; es handelt sich hierbei um einen Fehler an einem Einzelstück oder einer Serie, der mit vertretbaren Mitteln nicht feststellbar und damit vermeidbar war (Nachweis vom Hersteller zu führen, in der Praxis kaum möglich).

Die Verkehrssicherungspflichten werden in verschiedene Kategorien eingeordnet:

- **Konstruktionsfehler** – das Produkt ist schon seiner Entwicklung nach so beschaffen, daß es den gebotenen Sicherheitsstandard nicht erreicht. Die Gründe können etwa in unnötig gefährlichen Materialien oder in einer gefährlichen Bauweise liegen, wobei Konstruktionsfehler der gesamten Serie anhaften und daher zu außerordentlich hohen Ersatzansprüchen führen können.

- **Fabrikationsfehler** – sie entstehen bei der Herstellung selbst, das Produkt hat nicht das Sicherheitsniveau, das bei ordnungsgemäßer Umsetzung der fehlerfreien Konstruktion möglich wäre. Die Gründe liegen z.B. in manueller Ungeschicklichkeit, Unzulänglichkeit einer Maschine sowie in fehlerhafter Bedienung.

- **Instruktionsfehler** – unzureichende Warnung vor gefährlichen Wareneigenschaften.

- **Produktbeobachtungsfehler** – der Hersteller hat auch nach Inverkehrbringen sein Produkt zu beobachten, er muß vor neu auftretenden Gefahren warnen und die Konsumenten, falls notwendig, durch Rückrufaktionen schützen.

- **Organisationspflicht** – der Unternehmer hat für eine sachgerechte Organisation eines Betriebes zu sorgen. Dabei kann er einen Teil seiner Verkehrssicherungspflichten auf Arbeitnehmer übertragen und sich so u. U. nach § 831 BGB exkulpieren, jedoch verbleibt eine nicht deligierbare Mindestpflicht des Unternehmers bzw. der von einer AG oder GmbH bestellten Organe. So obliegt ihnen generell die „allgemeine Oberaufsicht" über den Betrieb. Sie umfaßt die Personalorganisation – die Zahl und den Zuschnitt der Arbeitsplätze und die grundlegenden Anweisungen – sowie den technisch-gegenständlichen Bereich.

Eine Konkretisierung der Verkehrssicherungspflichten erfolgt durch technische Standards, wobei sie in Anlehnung an gesetzliche Sprachgebräuche in ein Dreistufenmodell eingeteilt werden:

- allgemein anerkannte Regeln der Technik = Mindestsorgfalt

- Stand der Technik = mittleres Sicherheitsniveau

- Stand von Wissenschaft und Technik = höchste Anforderungen, sie werden in erster Linie im Konstruktionsbereich und bei der Qualitätskontrolle verlangt.

2.2.2 Produzentenhaftung nach dem Produkthaftungsgesetz

Auf Grund der EG-Produkthaftungsrichtlinie vom 25.07.1985 trat zum 01.01.1990 das ProdhaftG in Kraft. Es normiert in § 1 Abs. 1 als Haftungsprinzip eine verschuldungsunabhängige Gefährdungshaftung. Danach gibt es keine Einschränkungen mehr für „Ausreißer" und dem Hersteller werden auch Fehler der Zulieferer zugeordnet, er wird also so behandelt als sei er Produzent, der in seinem Produkt verwendeten Zwischen- und Teilprodukte.

Zentraler Begriff ist der in § 3 ProdHaftG genannte „Fehler". Hiernach ist u. a. das Preis- Leistungsverhältnis sowie der Zeitpunkt der Sicherheitserwartung von Bedeutung. Der Begriff des Fehlers wird wesentlich durch die Inhalte der Verkehrssicherungspflichten bestimmt.

Den Kreis der Haftungsadressaten nennt § 4 ProdHaftG:

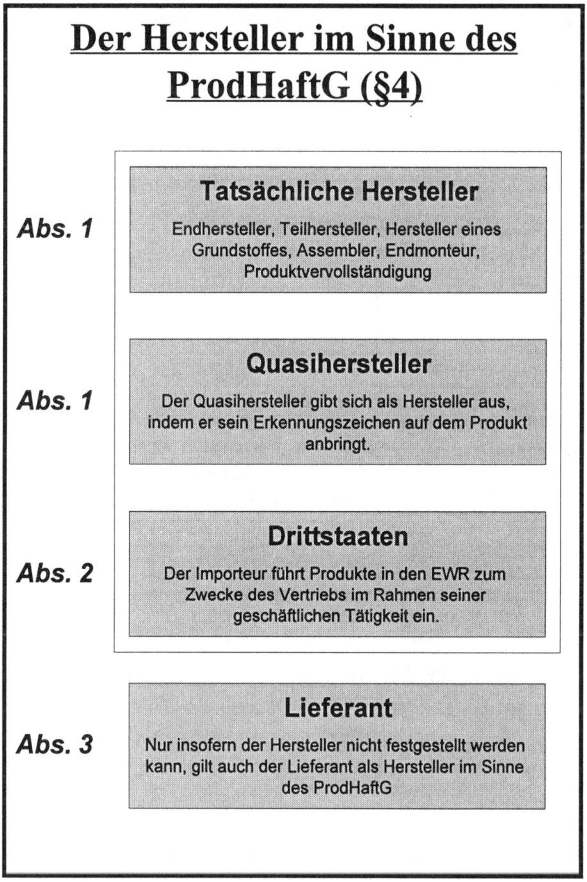

Abbildung 4: Haftungsadressaten nach dem ProdHaftG

Die Haftungssysteme der deliktsrechtlichen Produzentenhaftung und der Haftung nach dem ProdhaftG stehen nebeneinander, Unterschiede und Gemeinsamkeiten zeigt nachstehende Übersicht.

Produzentenhaftung/ Produkthaftung

Haftung auf zwei Ebenen

Deliktsrechtliche Haftung §§ 823ff. BGB = Verschuldenshaftung	Produkthaftungsgesetz § 3 ProdHG = Gefährdungshaftung
Zentraler Begriff und Anknüpfungspunkt für die Haftung: Verkehrssicherungspflichten (siehe. Kap. A.2.3)	Zentraler Begriff und Anknüpfungspunkt für die Haftung: Fehler (siehe Kap. A.3.1)
Verkehrssicherungspflichten können vertraglich auf andere Unternehmen übertragen werden Folge: Endhersteller verlagert Haftungsrisiken auf den Zulieferer (im Außenverhältnis)	Entlastung im Außenverhältnis nicht möglich, § 14 ProdHaftG Folge: Der Endhersteller haftet 'voll', der Teilehersteller 'voll', entsprechend seiner Beteiligung
Problem: Wie umfangreich können Verkehrssicherungspflichten übertragen werden?	Problem: Inwieweit können im Innenverhältnis Ausgleichsansprüche begründet werden?

Beide Haftungssysteme stehen nebeneinander

Abbildung 5: Überblick zur Produzentenhaftung/Produkthaftung
Aus: Ensthaler, Füßler, Nuissl; Juristische Aspekte des Qualitätsmanagements, Berlin, Heidelberg, New York 1997, S 20

2.3 Arbeitsteiligkeit Endhersteller – Zulieferer – Qualitätssicherungsvereinbarungen

Ein zentrales Problem ist die Aufteilung von Schadenersatzansprüchen im Innenverhältnis zwischen Endhersteller und Zulieferer. Nach § 5 Satz 2 ProdhaftG hängt das Verhältnis der Ersatzpflichtigen zueinander, soweit nichts anderes bestimmt ist,von den Umständen, insbesondere davon ab, inwieweit der Schaden überwiegend von dem einen oder dem anderen Teil verursacht worden ist. Maßgeblich ist, wer (Endhersteller oder Zulieferer) in welchem Umfang für den Schaden verantwortlich ist. Dies kann bedeuten, daß der Zulieferer dem Endhersteller voll haften muß. Die Interessenlage zeigt nachstehende Übersicht.

Produkthaftungsvereinbarungen zwischen Hersteller und Zulieferer

Ausgangslage: Zulieferer und Endhersteller unterliegen beide für ihre Produkte dem ProdHaftG, Die Einschränkung der Entlastungsmöglichkeiten führt aber dazu, daß der Hersteller nach «außen», gegenüber dem Konsumenten, ein größeres Risiko eingeht als der Zulieferer gegenüber dem Hersteller (Vertragsverhältnis - Nachweis mangelnden Verschuldens möglich).

Zu beachten sind daher:

- Vereinbarungen betreffend die gegenseitige Qualitätssicherung (QS-Vereinbarung; Zertifizierung nach ISO 9000-9004; Einhaltung der Leistungsvorgaben des Herstellers, Wareneingangskontrolle: Festlegung der Verantwortlichkeiten, Qualitätssicherungskontrollen beim Zulieferer durch autorisiertes Fachpersonal des Herstellers)
- Freistellungsanspruch des Herstellers bei Produkthaftungsfällen (angemessene Risikoverteilung)
- Einbeziehung des Zulieferers in die Produktbeobachtung
- Nachweis der Produkthaftpflichtversicherung des Zulieferers
- Unterstützungspflichten des Herstellers

Abbildung 6: Produkthaftungsvereinbarungen zwischen Hersteller und Zulieferer
Aus:. Hess/Werk (Hrsg), Qualitätssicherung und Produktehaftung, Zürich 1994, S 99

Regelungen zur Gewährleistung oder zur Produkthaftung und ihre Verteilung im Innenverhältnis können im Liefervertrag oder in den Allgemeinen Geschäftsbedingungen enthalten sein, darüber hinaus gehen umfassende Qualitätssicherungsvereinbarungen. Die rechtliche Relevanz zeigt nachstehende Abbildung 7, ein Beispiel ist als Anlage 1 beigefügt.

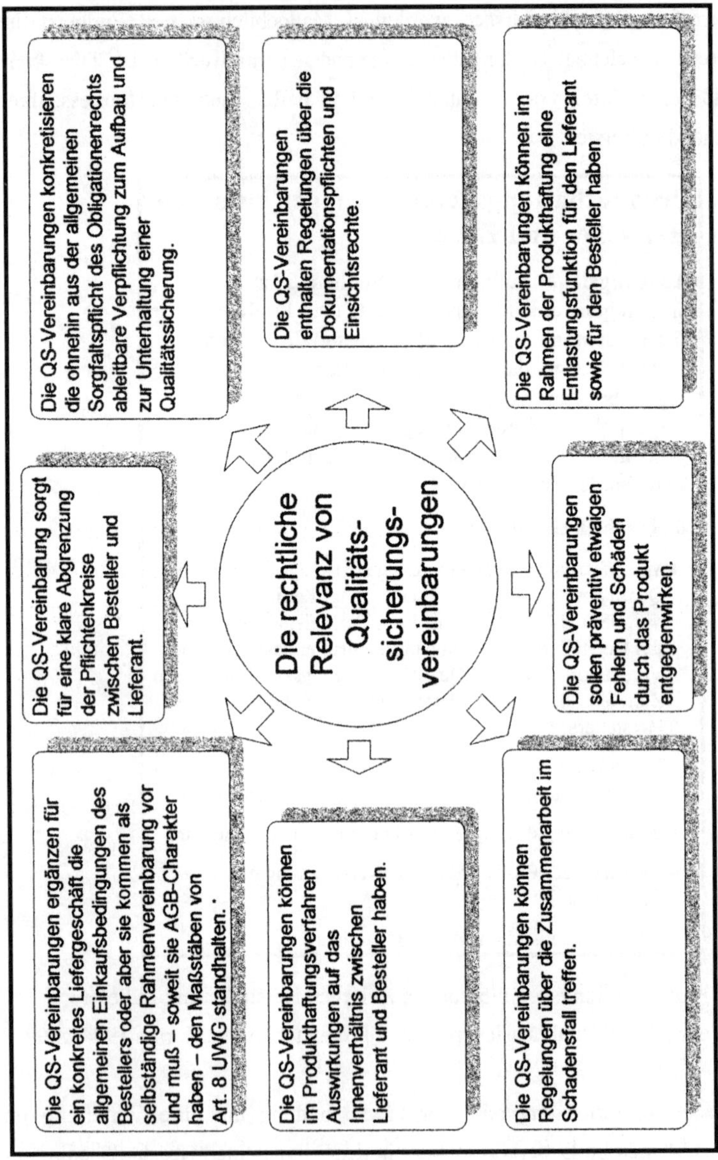

Abbildung 7: Die rechtliche Relevanz von Qualitätssicherungsvereinbarungen

Aus: Hess/Werk (Hrsg.), Qualitätssicherung und Produktehaftung, Zürich 1994, S. 250

*In Deutschland: § 9 AGB-Gesetz

Die Bedeutung von Qualitätssicherungsvereinbarungen als Verantwortungsverteilung bei der Abwicklung von Schäden aus der Produkthaftung darf nicht überschätzt werden. Nach übereinstimmender Einschätzung eines deutschen Industriehaftpflichtversicherers sowie einer auf Schadensersatzprozesse für Industrieerzeugnisse spezialisierten, überörtlich tätigen, großen Anwaltskanzlei haben die Klauseln keine entscheidende Rolle gespielt. Sie wurden vielmehr in Schadensersatzansprüchen von keiner Partei herangezogen oder nur erwähnt. Wichtiger als juristisch umstrittene Klauseln in Qualitätssicherungsvereinbarungen sind Sorgfalt, Vollständigkeit und Zuverlässigkeit organisatorischer Regelungen an vorhersehbaren Schnittstellen. Technisch angemessene, sorgfältige Ingenieurarbeit und deren ständige, zuverlässige, anwendungsbezogene Ausführung zur vorbeugenden Schadensverhinderungen erwiesen sich als bessere Konzepte[5].

Qualitätssicherungsvereinbarungen sind regelmäßig allgemeine Geschäftsbedingungen, so daß ihr Inhalt dem AGB-Gesetz genügen muß[6]. Eine in diesem Zusammenhang häufig diskutierte Frage ist, inwieweit ein Abbedingen der Wareneingangskontrolle des Endherstellers in Qualitätssicherungsvereinbarungen noch in Einklang mit dem AGB-Gesetz steht. Nach herrschender Meinung und nach einem Urteil des BGH vom 19.06.1991[7] ist ein formularmäßiger Ausschluß der Untersuchungs- und Rügepflicht (§§377, 378 HGB) gemäß § 9 Abs. 2 Nr. 1 AGB-Gesetz unwirksam. Das BGH-Urteil bezieht sich allerdings nicht ausdrücklich auf den Ausschluß der Wareneingangskontrolle in Qualitätssicherungsvereinbarungen, ob eine derartige Regelung hierin ebenfalls unwirksam ist, ist in der Literatur umstritten[8].

3. Bedeutung und Funktion der Betriebshaftpflichtversicherung

Vor dem geschilderten Hintergrund der Haftungsrisiken etwa des Herstellers aus der Produzentenhaftung liegt eine Betriebshaftplichtversicherung auf der Hand[9]. Das Produktrisiko ist ein Großrisiko, da Fehler eines Produktes oftmals einer ganzen Serie anhaften und so der Hersteller vielen Geschädigten gegenübersteht. Ein Überblick über die Abwicklung von Produkthaftpflichtschäden gibt nachstehende Abbildung 8.

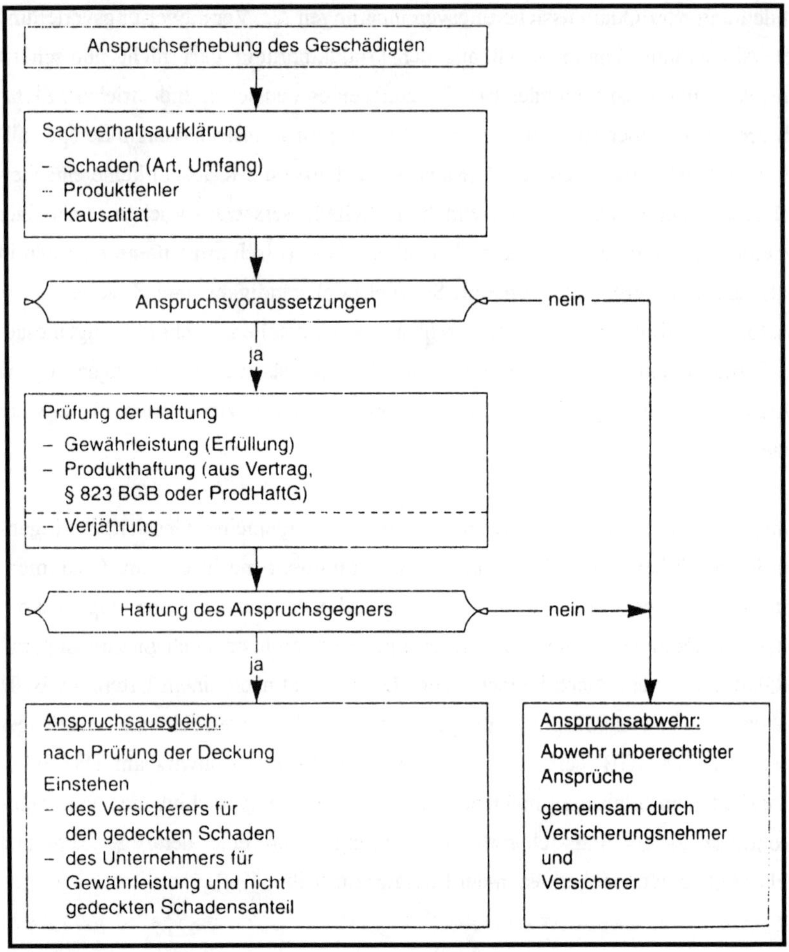

Abbildung 8: Abwicklung von Produkthaftpflichtschäden
Aus: Bauer/Graf von Westphalen (Hrsg.), Das Recht zur Qualität, Berlin, Heidelberg, New York 1996, S 342

Den Haftpflichtversicherungsverträgen liegen regelmäßig die Allgemeinen Versicherungsbedingungen für die Haftpflichtversicherung (AHB) zu Grunde.

Danach sind vertragliche Gewährleistungsansprüche wegen Mängel der Sache – Wandelung, Minderung, Nachbesserung – ausgeschlossen. Diese Ansprüche auf Vertragserfüllung gehören zum Unternehmensrisiko und sind nicht versicherbar.

Bei der Wahl des Haftplichtversicherers sollte Professionalität bei der Schadensbearbeitung entscheidendes Kriterium sein. Wird ein Unternehmen etwa im Ausland verklagt, ist die Auslandserfahrung des Versicherers (u.a. Kenntnis der rechtlichen Situation des Landes, Kontakte zu ausländischen Rechtsanwälten) von herausragender Bedeutung. Bei Abschluß von Haftpflichtverträgen mit ausländischen Versicherern ist zu prüfen, ob der Haftplichtvertrag auch die Rechtsverteidigungpflicht und die Übernahme der Rechtsverteidigungskosten – wie im Inland – umfaßt.

Zu den erforderlichen Deckungssummen gibt es in den zivilrechtlichen Haftungsnormen grundsätzlich keine Haftungshöchstgrenzen, an denen sich das Unternehmen orientieren kann. Letztlich sind folgende Fragen zu beantworten:

- Welche Schäden sind in dem betreffenden Betriebszweig wahrscheinlich (u.a. Gesetzgebung in dem betreffenden Land, USA oder Entwicklungsland)?
- Welche Versicherungsprämie kann/soll finanziert werden?

Es ist generell zu beachten, daß sich die Prämie bei höheren Deckungssummen stark degressiv entwickelt. Ein Angebot für eine höhere Deckungssumme sollte daher stets eingeholt werden. Üblich sind für mittelständische Unternehmen Deckungssummen von 5 Mio. DM, 20 Mio. DM kommen nicht selten vor. Bis zu 2 Mio. DM gibt es häufig getrennte Deckungssummen für Personen- und Sachschäden, bei darüber hinausgehenden Summen wird aus Kostengründen meist eine Pauschaldeckungssumme gewählt.

4. Strafrechtliche Produktverantwortung

Anhand von drei bekannten Entscheidungen soll abschließend noch Bewußtsein für die strafrechtliche Produktverantwortung geweckt werden[10]. Zunächst ist hervorzuheben, daß nicht „das Unternehmen", also die Gesellschaft strafbar ist, sondern die strafrechtliche Verantwortlichkeit für Schäden aufgrund von Produktfehlern bzw. der Verletzung der Verkehrssicherungspflichten beruht auf der persönlichen Haftung für eigenes Fehlverhalten, also auf der persönlichen Vorwerfbarkeit. Anlage 2 enthält eine beeindruckende Liste von in Betracht kommenden Straftatbeständen.

Durch das Contergan-Verfahren[11] (1971, Mißbildung von Neugeborenen) wurden erstmals strafrechtliche Aspekte in der Qualitätssicherung einer breiten Öffentlichkeit bekannt. Gegenstand der Entscheidung war die strafrechtliche Verantwortung von Mitgliedern des Herstellerunternehmens für Thalidomid-Präparate. Im Monza–Steel –Verfahren[12] wurde 1978 ein Abteilungsleiter wegen fahrlässiger Tötung und Körperverletzung zu einem Jahr Freiheitsstrafe auf Bewährung verurteilt. Das Unternehmen hatte Autoreifen in den Verkehr gebracht, deren Laufflächen sich bei hoher Geschwindigkeit lösten, wodurch es zu schweren Unfällen mit Toten und Verletzten kam. Dem Abteilungsleiter wurde die Freigabe der Reifen zur Serienfertigung zur Last gelegt, obwohl keine Dauer- Hochgeschwindigkeitsprüfungen durchgeführt worden waren. Von herausragender Bedeutung für den gesamten Komplex Qualitätssicherung und Strafrecht ist die Lederspray – Entscheidung[13] von 1990. Die Geschäftsführer einer Herstellerfirma und von Vertriebsfirmen wurden wegen (vorsätzlicher) gefährlicher Körperverletzung und wegen fahrlässiger Körperverletzung zu Freiheitsstrafen von acht oder zwölf Monaten mit Bewährung oder zu Geldstrafen verurteilt, da sie es teilweise unterlassen hatten, in Verkehr gebrachten Lederspray-Dosen rechtzeitig zurückzurufen bzw. Produktion und Vertrieb fortführen ließen.

Hervorzuheben ist, daß bei innerbetrieblicher Delegation der Verkehrssicherungspflichten diese nicht untergehen, sondern zu Aufsichts- und Organisationspflichten werden. In einem Strafprozeß können daher neben Mitarbeitern auch die Führungskräfte angeklagt werden. Vor allem das Lederspray-Verfahren mit seinem breiten öffentlichen Interesse dürfte das Bewußtsein von Führungskräften für die strafrechtliche Produktverantwortung beträchtlich erhöht haben. Darüber hinaus ist generell der Imageschaden für ein Unternehmen durch die Berichterstattung über Strafverfahren zu beachten, der wiederum wirtschaftlich Nachteile, so z.B. Kursverluste an der Börse, nach sich ziehen kann.

5. Resümee

Der bewußt breit angelegte Tour d'horizon zum Recht der Qualitätsorganisation birgt die Gefahr der Resignation nach dem Motto: Die Rechtsregeln sind so kompliziert, daß ein regelgerechtes Verhalten in unserem Betrieb ohnehin nicht möglich ist. Um diesen Eindruck entgegenzuwirken, seien – statt eines Schlußwortes – zwei Selbstverständlichkeiten ins Bewußtsein gerufen:

1. Ein noch so gutes Qualitätsmangementsystem ist noch keine Garantie für Produktqualität.

Gleichzeitig gilt aber auch:

2. Es ist gerade ein wesentliches Ziel des Qualitätsmanagementsystems Gewährleistungs- und Produkthaftungsansprüche sowie strafrechtliche Ermittlungsverfahren zu vermeiden.

Literaturverzeichnis

1 Bauer/Graf von Westphalen (Hrsg.), Das Recht zur Qualität, Berlin, Heidelberg, New York 1996

Ensthaler, Füßler, Nuissl, Juristische Aspekte des Qualitätsmanagements, Berlin, Heidelberg, New York 1997

Hess/Werk (Hrsg.), Qualitätssicherung und Produktehaftung, Zürich 1994

Johannsen/Krieshammer, Was der Qualitätsmanager vom Recht wissen muß, Köln 1996

Nettelbeck, Produktsicherheit, Produkthaftung, Berlin, Heidelberg, New York 1995

2 zu arbeitsrechtlichen Fragen der Qualitätssicherung siehe Weiss in Bauer/Graf von Westphalen (Hrsg.) (Fn 1), S.3ff, 6, 46 (Qualifizierungsmaßnahmen), 48 (Qualitätsgerechte Arbeitsleistung), 52 (Leistungs- und Verhaltenskontrollen), 66 (Zertifizierungsverfahren nach DIN EN ISO 9000 ff)

3 zu Gewährleistungsansprüchen siehe Graf von Westphalen in Bauer/Graf von Westphalen (Hrsg.) (Fn 1), S 87 ff, 91, 135

4 zur Produzentenhaftung siehe Ensthaler, Füßler, Nuissl (Fn 1), S 19 ff, 25; Graf von Westphalen in Bauer/Graf von Westphalen (Hrsg.) (Fn 1), S 138 ff, 173 ff (Organisationspflicht)

5 Graf von Westphalen in Bauer/Graf von Westphalen (Hrsg.) (Fn 1), S 287

6 siehe hierzu z.B. Graf von Westphalen in Bauer/Graf von Westphalen (Hrsg.) (Fn 1), S 190 ff

7 BGH WM 1991, S 1634

8 siehe hierzu Graf von Westphalen in Bauer/Graf von Westphalen (Hrsg.) (Fn 1), S 195 m. w. N.

9 siehe hierzu Otto in Graf von Westphalen in Bauer/Graf von Westphalen (Hrsg.) (Fn 1), S 341 ff sowie Nettelbeck (Fn 1), S 135ff

10 siehe hierzu auch Heine in Bauer/Graf von Westphalen (Hrsg.) (Fn 1), S 361 ff sowie Nettelbeck (Fn 1), S 89 f

11 LG Aachen JZ 1971, S 507 ff

12 LG München II Urteil vom 21.04.1978 siehe Schmidt-Salzer, Entscheidungssammlung zur Produkthaftung Band IV Loseblattsammlung, S 296 ff

13 BGHSt 37, S 106 ff

Anlage 1: Aus: Bauer/Graf von Westphalen (Hrsg.) (Fn 1), S 284 ff

Unverbindliche Konditionenempfehlung des Zentralverbandes Elektrotechnik- und Elektronikindustrie (ZVEI) e. V. – Stand: Jan 1995

Qualitätssicherungsvereinbarung

zwischen

____

(Besteller)

____

(Werk, Bereich oder sonstige Organisationseinheit des Bestellers, für die diese Vereinbarung ausschließlich gelten soll)

____

(Lieferer)

____

(Werk, Bereich oder sonstige Organisationseinheit des I.ieferers, für die diese Vereinbarung ausschließlich gelten soll)

I. Geltungsbereich

1. Diese Vereinbarung gilt ausschließlich für die in der Anlage 1 zu dieser Vereinbarung aufgeführten Produkte, die der Lieferer aufgrund der Bestellungen liefert, die er während der Dauer dieser Vereinbarung vom Besteller erhält und annimmt.
2. Die Produkte müssen der vereinbarten Beschreibung (z. B. Spezifikationen, Datenblättern, Zeichnungen) und/oder den vereinbarten Mustern entsprechen. Mit der Beschreibung der Produkte und mit der Vorlage von Mustern sichert der Lieferer keine Eigenschaften zu, sofern nichts anderes vereinbart ist. Der Lieferer wird jeweils unverzüglich prüfen, ob eine vom Besteller vorgelegte Beschreibung offensichtlich fehlerhaft, unklar, unvollständig oder offensichtlich abweichend vom Muster ist. Erkennt der Lieferer, daß dies der Fall ist, wird er den Besteller unverzüglich schriftlich verständigen.

II. Qualitätssicherung

1. Der Lieferer unterhält ein Qualitätsmanagementsystem, das die in der Anlage 2 zu dieser Vereinbarung aufgeführten Anforderungen erfüllt, und wird die Produkte entsprechend den Regeln dieses Qualitätsmanagementsystems herstellen und prüfen. Darüber hinausgehende Anforderungen sind in der Anlage 3 zu dieser Vereinbarung festgelegt. Der Lieferer wird sich unverzüglich vergewissern, daß diese Anforderungen mit seinem Qualitätsmanagementsystem vereinbar sind.
2. Bezieht der Lieferer für die Herstellung oder Qualitätssicherung der Produkte Produktions- oder Prüfmittel, Software, Dienstleistungen, Material oder sonstige

Vorlieferungen von Vorlieferen, so wird er diese vertraglich in sein Qualitätsmanagementsystem einbeziehen oder selbst die Qualität der Vorlieferungen sichern.

3. Der Lieferer wird für die Durchführung vorgenannter Qualitätssicherungsmaßnahmen, insbesondere über Meßwerte und Prüfergebnisse Aufzeichnungen führen und diese Aufzeichnungen sowie etwaige Muster der Produkte übersichtlich geordnet verwahren. Er wird dem Besteller in nötigen Umfang Einsicht gewähren und Kopien der Aufzeichnungen sowie etwaige Muster aushändigen. Art, Umfang und Aufbewahrungsfristen dieser Aufzeichnungen und Muster sind in der Anlage 2 zu dieser Vereinbarung beschrieben.

III. Nachweis- und Informationspflichten des Lieferers

1. Der Lieferer wird es dem Besteller in angemessenen Zeitabständen ermöglichen, sich von der Durchführung der im Abschnitt II. genannten Qualitätssicherungsmaßnahmen zu überzeugen. Der Lieferer wird dem Besteller zu diesem Zweck in angemessenem Umfang und nach vorheriger Vereinbarung eines Termins einen fachlich qualifizierten Mitarbeiter zur Unterstützung zur Verfügung stellen. Einblicke in geheimhaltungsbedürftige Fertigungsverfahren und sonstige Betriebsgeheimnisse können verweigert werden.
2. Vor Änderungen von Fertigungsverfahren, Materialien oder Zulieferteilen für die Produkte, Verlagerungen von Fertigungsorten, ferner vor Änderungen von Verfahren oder Einrichtungen zur Prüfung der Produkte oder von sonstigen Qualitätssicherungsmaßnahmen wird der Lieferer den Besteller so rechtzeitig benachrichtigen, daß dieser prüfen kann, ob sich die Änderungen nachteilig auswirken können. Die Benachrichtigungspflicht entfallt, wenn der Lieferer nach sorgfältiger Prüfung solche Auswirkungen für ausgeschlossen halten kann.
3. Stellt der Lieferer eine Zunahme der Abweichungen der Ist-Beschaffenheit von der Soll-Beschaffenheit der Produkte fest (Qualitätseinbrüche), wird er den Besteller hierüber und über geplante Abhilfemaßnahmen unverzüglich benachrichtigen.
4. Der Lieferer wird durch Kennzeichnung der Produkte oder, falls sie unmöglich oder unzweckmäßig ist, durch andere geeignete Maßnahmen dafür sorgen, daß er bei Auftreten eines Fehlers an Produkten unverzüglich feststellen kann, welche weiteren Produkte betroffen sein könnten. Einzelheiten sind in der Anlage 3 zu dieser Vereinbarung festzulegen. Der Lieferer wird über sein Kennzeichnungssystem oder seine sonstigen Maßnahmen den Besteller so unterrichten, daß dieser im nötigen Umfang eigene Feststellungen treffen kann.

IV. Eingangsprüfungen durch den Besteller*

1. Der Besteller wird unverzüglich nach Eingang von Produkten prüfen, ob sie der bestellten Menge und dem bestellten Typ entsprechen, ob äußerlich erkennbare Transportschäden oder, äußerlich erkennbare Fehler vorliegen. Soweit die Partner weitere Prüfungen durch den Besteller für tunlich halten, ergeben sich diese aus der Anlage 4 zu dieser Vereinbarung.

2. Entdeckt der Besteller bei den vorgenannten Prüfungen einen Schaden oder einen Fehler, wird er diesen dem Lieferer unverzüglich anzeigen. Entdeckt der Besteller später einen Schaden oder Fehler, wird er dies ebenfalls unverzüglich anzeigen.
3. Dem Besteller obliegen gegenüber dem Lieferer keine weitergehenden als die vorstehend genannten Prüfungen und Anzeigen.

V. Vertraulichkeit

1. Jeder Partner wird alle Unterlagen und Kenntnisse, die er im Zusammenhang mit dieser Vereinbarung erhält, nur für die Zwecke dieser Vereinbarung verwenden und mit der gleichen Sorgfalt wie entsprechende eigene Unterlagen und Kenntnisse gegenüber Dritten geheimhalten, wenn der andere Partner sie als vertraulich bezeichnet oder an ihrer Geheimhaltung ein offenkundiges Interesse hat. Diese Verpflichtung beginnt ab erstmaligem Erhalt der Unterlagen oder Kenntnisse und endet 36 Monate nach Ende der Vereinbarung.
2. Die Verpflichtung gilt nicht für Unterlagen und Kenntnisse, die allgemein bekannt sind oder die bei Erhalt dem Partner bereits bekannt waren, ohne daß er zur Geheimhaltung verpflichtet war, oder die danach von einem zur Weitergabe berechtigten Dritten übermittelt werden oder die von dem empfangenden Partner ohne Verwertung geheimzuhaltender Unterlagen oder Kenntnisse des anderen Partners entwickelt werden.

VI. Qualitätssicherungsbeauftragter

Jeder Partner benennt dem anderen in schriftlicher Form einen Qualitätssicherungsbeauftragten, der die Durchführung dieser Vereinbarung zu koordinieren und damit zusammenhängende Entscheidungen zu treffen oder herbeizuführen hat. Ein Wechsel des Beauftragten ist unverzüglich schriftlich anzuzeigen.

VII. Dauer der Vereinbarung

Diese Vereinbarung kann von jedem Partner mit einer Frist von drei Monaten jeweils zum Ende eines Kalenderjahres gekündigt werden.

____

(Besteller)

____

Ort, Datum Unterschrift

____

(Lieferer)

____

Ort, Datum Unterschrift

* Wenn nach Art der Produkte denkbar ist, daß ein Fehler zu Haftpflichtfällen führt, dann ist anzuraten, die Qualitätssicherungsvereinbarung einschließlich der ausgefüllten Anlagen zwecks Deckungsbestätigung dem *Betriebshaftpflichtversicherer vorzulegen.*

Anlage 2 Überblick über die Strafvorschriften

Aus: Bauer/Graf von Westphalen (Hrsg.) (Fn 1), S 365 ff

Fahrlässigkeitsdelikte	***Vorsatzdelikte***
Tötung eines Menschen ● § 222 StGB ● Geld- oder Freiheitsstrafe bis zu fünf Jahren	Mord, Totschlag ● §§ 211, 212 StGB ● Freiheitsstrafe von fünf Jahren bis lebenslang
Körperverletzung ● § 230 StGB ● Geld- oder Freiheitsstrafe bis zu drei Jahren	Körperverletzung ● § 223 StGB ● Geld- oder Freiheitsstrafe bis zu drei Jahren
	gefährliche Körperverletzung ● § 223 a StGB ● Geld- oder Freiheitsstrafe von drei Monaten bis zu fünf Jahren
	schwere Körperverletzung ● § 224 StGB ● Geld- oder Freiheitsstrafe von einem bis zu fünf Jahren
	Körperverletzung mit Todesfolge ● § 226 StGB ● Freiheitsstrafe nicht unter drei Jahren
	Sachbeschädigung ● 303 StGB ● Geld- oder Freiheitsstrafe bis zu zwei Jahren
Baugefährdung ● § 323 III StGB (fahrlässige Verursachung einer Gefahr) ● Geld- oder Freiheitsstrafe bis zu drei Jahren	Baugefährdung ● § 323 StGB (vorsätzliche Herbeiführung einer Gefahr) ● Geld- oder Freiheitsstrafe bis zu fünf Jahren
fahrlässige Gemeingefährdung ● § 320 StGB ● Geld- oder Freiheitsstrafe bis zu fünf Jahren	gemeingefährliche Vergiftung ● § 319 StGB ● Freiheitsstrafe von einem bis zu zehn Jahren
Bodenverunreinigung ● § 324 a Abs. III StGB ● Geld- oder Freiheitsstrafe bis zu drei Jahren	Bodenverunreinigung ● § 324 a StGB ● Geld- oder Freiheitsstrafe bis zu fünf Jahren
Gewässerverunreinigung ● § 324 Abs. III StGB ● Geld- oder Freiheitsstrafe bis zu drei Jahren	Gewässerverunreinigung ● § 324 StGB ● Geld- oder Freiheitsstrafe bis zu fünf Jahren
Luftverunreinigung ● § 325 Abs. III StGB ● Geld- oder Freiheitsstrafe bis zu drei Jahren	Luftverunreinigung ● § 325 StGB ● Geld- oder Freiheitsstrafe bis zu fünf Jahren
Verursachen von Lärm, Erschütterungen und nichtionisierenden Strahlen ● § 325 a Abs. III StGB ● Geld- oder Freiheitsstrafe bis zu zwei Jahren	Verursachen von Lärm, Erschütterungen und nichtionisierenden Strahlen ● § 325 a StGB ● Geld- oder Freiheitsstrafe bis zu drei Jahren

umweltgefährdende Abfallbeseitigung ● § 326 Abs. V StGB ● Geld- oder Freiheitsstrafe bis zu drei Jahren	umweltgefährdende Abfallbeseitigung ● § 326 StGB ● Geld- oder Freiheitsstrafe bis zu fünf Jahren
unerlaubter Umgang mit radioaktiven Stoffen und anderen gefährlichen Stoffen und Gütern ● § 328 Abs. V StGB ● Geld- oder Freiheitsstrafe bis zu drei Jahren	unerlaubter Umgang mit radioaktiven Stoffen und anderen gefährlichen Stoffen und Gütern ● § 328 StGB ● Geld- oder Freiheitsstrafe bis zu fünf Jahren
schwere Gefährdung durch Freisetzen von Giften ● § 330 a III StGB (fahrlässige Herbeiführung einer Gemeingefahr) ● Geld- oder Freiheitsstrafe bis zu fünf Jahren	schwere Gefährdung durch Freisetzen von Giften ● § 330 a StGB ● Freiheitsstrafe von sechs Monaten bis zu zehn Jahren
Verstöße gegen das Lebensmittelbedarfgesetz ● § 51 Abs. IV LMBG ● Geld- oder Freiheitsstrafe bis zu einem Jahr	Verstöße gegen das Lebensmittelbedarfgesetz ● § 51 LMBG ● Geld- oder Freiheitsstrafe bis zu drei Jahren
Verstöße gegen das Arzneimittelgesetz ● § 95 Abs. IV AMG ● Geld- oder Freiheitsstrafe bis zu einem Jahr	Verstöße gegen das Arzneimittelgesetz ● § 95 AMG ● Geld- oder Freiheitsstrafe bis zu drei Jahren

Die Zukunft der ISO 9000:
Trendsetter Automobilindustrie?

Martin Cziudaj

1. Die „DIN-ISO-Welle“ rollt. Was kommt danach?

2. Die Argumente und Hinweise der Kritiker nutzen!

3. Wie sieht die Zukunft der Zertifizierung aus?
   Sind neue Ansätze erkennbar ?

4. QS-9000 / VDA 6.1 :
   Die neuen Wege zur Zertifizierung in der Automobilindustrie

   4.1 Die QM-System-Forderungen der Amerikaner: QS-9000

   4.2 Der Qualitätsstandard der deutschen Automobilindustrie (VDA 6)

   4.3 Unterschiede zwischen QS-9000 und VDA 6

5. Welchen Trend setzt die Automobilindustrie?

1. Die DIN-ISO-Welle rollt. Was kommt danach?

Unaufhaltsam und mit zunehmender Dynamik überrollt die Welle der Zertifizierung nach DIN EN ISO 9000 ff. Europa und schwappt inzwischen auch machtvoll über die Küsten der übrigen Kontinente. Man könnte vermuten, daß ein geheimnisvoller ISO-Virus systematisch dafür sorgt, daß die folgenschwere Zeichenkette „Zertifikat nach DIN EN ISO 9001 ist erforderlich" weltweit in einem Schneeballsystem in alle Einkaufssysteme und die hier erzeugten Bestellungen hineinkopiert wird. Die aus Befragungen der zertifizierten Unternehmen (Wer genau wird da eigentlich befragt?) abgeleitete Begeisterung über die Erfolge der Zertifizierung steht zwar in seltsamem Widerspruch zu dem, was man vor Ort in den Unternehmen diskutiert, ist jedoch ausreichende Bestätigung, daß der eingeschlagene Weg der richtige ist (vgl. u.a. Benes, Vossebein 1996a,b; Becker 1997; Malorny 1996, S.37-41). Die wenigen harten Kritiker, die sich dieser Welle entgegenstellen, heldenhaft die sichere Deckung der „DIN-ISO-Konformität" verlassen und sich im Kampf um edle Werte wie Selbstverantwortung, Kreativität, umfassende Qualität und unternehmerische Dynamik in die Schußlinie der Qualitäter wagen, erinnern in ihrem vergeblichen Bemühen an Don Quichotes Kampf zur Verteidigung seiner edlen Dulcinea gegen die Windmühlen: Seine Dulcinea will nichts von ihm wissen und die Windmühlen drehen sich ungerührt weiter (vgl. z.B. Haußmann 1993; Rieker 1995; Simon 1996; Sprenger 1996).

Doch da stellt man bereits die Fragen: Was kommt danach? Was passiert, wenn angesichts des derzeitigen Zertifizierungsdrucks bald alle über das Zertifikat verfügen? Werden dann die Argumente, die derzeit vergeblich den Sinn der heutigen Zertifizierungspraxis in Frage stellen, wieder aktuell? Können sie heute zur Vorbereitung auf eine Zeit helfen, in der das Zertifikat für die Einkaufs-„Behörden" als praktisches Selektionskriterium entfällt? Nämlich spätestens dann sind neue Kriterien und Verfahren zu finden, um zu entscheiden, wer im harten Rennen um die Qualitäts- und Wettbewerbsfähigkeit mitfahren darf.

2. Die Argumente und Hinweise der Kritiker nutzen !

Vielleicht lohnt sich die etwas intensivere Beschäftigung mit den Argumenten der Kritiker, um in zukünftigen Entwicklungen die darin aufgezeigten Schwächen zu korrigieren. Riskieren wir daher den Blick auf einige wenige, exemplarisch ausgewählte Kernpunkte der Kritik an der Norm und ihrer Umsetzung in der heutigen Zertifizierungspraxis:

- Das Zertifikat sagt **nichts** über die **Qualität der Produkte** aus! Der gegenteilige Eindruck wird jedoch von zertifizierten Unternehmen in stillem Einvernehmen mit den Zertifizierern gerne vermittelt, so daß auch beim Endverbraucher ein völlig falsches Verständnis von der Aussagekraft eines Zertifikats entsteht (vgl. Abb. 1).

Abbildung 1: Dem Endverbraucher wird suggeriert, daß das Zertifikat eine positive Aussage über die Leistung des Lieferanten bzw. die Qualität des Produktes enthält

- Die Bestätigung der prinzipiellen **Qualitätsfähigkeit** eines Unternehmens durch ein Zertifikat ist praktisch wertlos, da zum einen über eine allgemeine, branchenneutrale

Norm nur Minimalanforderungen an eine Organisation formuliert werden können. „Qualität" wird jedoch heutzutage nicht mehr durch Erfüllung von Minimalanforderungen („Führerschein") erzielt: anspruchsvolle, vom weltweiten Wettbewerb bestimmte Märkte erfordern das konsequente Herantasten an die Grenzen des Möglichen. Zum anderen stellt sich die Frage, was der Kunde mit dem Begriff „Qualitätsfähigkeit" anfangen soll, wenn für ihn nicht nachvollziehbar ist, zu **welcher Qualität** der Lieferant fähig ist? (Der Schrotthändler, der Gebrauchtwagen zum Ausschlachten verkauft, erhält, wenn er dafür eine angemessene Minimalorganisation nachweisen kann, das gleiche Zertifikat wie die Vertriebs- und Servicezentrale von Rolls Royce in Paris.)

◆ Die Elemente-Gliederung der Norm, die in der Regel auf Wunsch der Auditoren im QM-Handbuch übernommen wird, kollidiert mit dem allerorts geforderten Denken in Prozessen und verhindert den konkreten Bezug zur täglichen Arbeit der Mitarbeiter. **Fehlender Bezug zu den Problemen, die den Mitarbeiter wirklich beschäftigen**, führt bestenfalls zum Verstauben der Handbücher zwischen den Auditterminen, häufig jedoch zu einem destruktiven Klima von Skepsis, Unverständnis und Frust.

◆ Zusätzliche Distanz zur Tagesarbeit schafft die aus der intensiven Arbeit mit der Norm entstandene exklusive und im wahrsten Sinne ausgrenzende, akademisch-verwissenschaftliche Sprache, die für den Normalmitarbeiter in allen Hierarchieebenen unverständlich ist und ein erhebliches Maß zur „DINISO*lierung*" der Qualitäter beiträgt: *„Im Rahmen der des Zertifizierungsverfahrens nach DIN EN ISO 9001 wurde vom Lead-Auditor im Element 4.4. im Unterpunkt „Designverifizierung" die Nicht-Konformität mit der Normenforderung festgestellt ..."*

◆ Bürokratielastigkeit, Formalismus, Renaissance überholter militärisch-rationalistisch-tayloristischer Organisationsphilosophien aus der Zeit anspruchslos hungriger Märkte, Wiederaufleben des Harzburger Modells, Top-down-Zielsetzung statt Zielvereinbarung, Mißtrauensorganisation (schriftliche Erteilung und Abgrenzung von Befugnissen, schriftliche Anweisung, Prüfung, schriftlicher Nachweis, schriftliche

Genehmigung, internes Audit, externes Audit, Management Review usw.), ...: Hat sich trotz der seit Peters und Waterman´s Bestseller „Auf der Suche nach Spitzenleistungen" (1982) völlig anders lautenden Empfehlungen der Managementliteratur [vgl. u.v.a. Peters, Austin 1986; Berth 1993; Doppler, Lauterburg 1995; Lukas 1995, Sprenger 1996; Senge 1997] vor dem Hintergrund der (vielleicht falsch verstandenen) Norm DIN EN ISO 9000 ein Organisationsprinzip durchgesetzt, das Vor**schriften**, Ordnung, Disziplin, Kontrolle und Gehorsam wieder zu Eckpfeilern jeglicher Organisation erklärt?

◆ Mangelhafte Qualifikation und falsches Rollenverständnis der Auditoren, überzogene Anzahl und unangemessene, praxisferne (z.B. elementweise) Durchführung der Audits erzeugen um das Führungsinstrument „Audit" herum eine Atmosphäre von Prüfungsangst, so sich bereits der Begriff „Auditterror" eingebürgert hat.

Es wäre wünschenswert, wenn zukünftige Entwicklungen, die spätestens mit der für das Jahr 2000 angekündigten Revision der ISO 9000 in breiterem Umfang zum Tragen kommen werden, diesen kritischen Ansätzen angemessen begegnen.

3. Wie sieht die Zukunft der Zertifizierung aus? Sind neue Ansätze erkennbar ?

Zur Beantwortung der Frage nach der Zukunft der Zertifizierung hilft ggf. ein Blick auf Unternehmen und Branchen, in denen bereits heute das Zertifikat nach DIN EN ISO 9001 nicht ausreicht, um auf die Liste der zugelassenen Lieferanten zu gelangen. Als wichtigster Trendsetter ist hierbei zweifellos die Automobilindustrie mit ihrem dominierenden, weltweiten Beschaffungsvolumen aus allen Branchen, ihren hohen Qualitätsanforderungen und ihren neu formulierten Forderungen an QM-Systeme ins Auge zu fassen. Da hier konsequent der über die ISO 9001/2 eingeleitete Weg der externen (Dritt-) Zertifizierung fortgesetzt wird, die Norm als Grundlage erhalten bleibt und zusätzlich Inhalte der ISO 9004 und der Qualitätspreise (European Quality Award, Malcolm Baldrige National Quality Award) berücksichtigt werden, hat die

Vorgehensweise der Automobilindustrie sicherlich eine nicht zu unterschätzende Signalwirkung für die Revision der ISO 9000 ff. und die in Zukunft zu erwartende Zertifizierungspraxis. Nachdem der internationalen Arbeitsgruppe der Automobilindustrie (IATF) nicht die Anerkennung zugeteilt wurde, formelle Eingaben zur Entwicklung der neuen ISO 9000 einzubringen, ist beabsichtigt, mit der Formulierung einer harmonisierten Forderung „Advanced Quality System", die bis zum Jahr 1999 einen international gültigen Standard für die Zulieferer europäischer und amerikanischer Automobilhersteller setzen soll, deutlichen Einfluß auf die ein Jahr später avisierte Revision der ISO 9000 zu nehmen (Kaiser-Dieckhoff, Raack 1997). Als Vorläufer des „Advanced Quality System" befinden sich zur Zeit die beiden Konzepte der Amerikaner (QS-9000) und Europäer (u.a. VDA 6.1) in der Umsetzungsphase.

4. QS-9000 / VDA 6.1 : Die neuen Wege zur Zertifizierung in der Automobilindustrie

Die bereits angesprochene unzureichende Aussagefähigkeit der Zertifikate nach DIN EN ISO 9000 ff. führte bisher in der Automobilindustrie dazu, daß die Hersteller zur Beurteilung ihrer Lieferanten weiterhin individuelle („Second-Party"-) Audits auf der Basis eigener Richtlinien vornahmen. Vor dem Hintergrund des immensen Auditaufwandes haben sich 1994 die amerikanischen Hersteller unter Führung der „Big Three" Chrysler, Ford und GM auf der Grundlage der DIN EN ISO 9001 auf gemeinsame, gegenüber dem ursprünglichen Normenwerk jedoch deutlich höhere Basisforderungen unter dem Namen „QS-9000" geeinigt und diese Forderungen einem branchenspezifischen Zertifizierungsverfahren („Third-Party-Audit") zugrundegelegt. Um ihren Lieferantenstatus zu erhalten, werden in einem ersten Schritt die „First-Tier"-Lieferanten (Erstlieferanten) aufgefordert, das entsprechende QS-9000 Zertifikat zu erwerben. Die Lieferanten müssen wiederum dafür Sorge tragen, daß auch bei Unterlieferanten eine Umsetzung der QS-9000 erfolgt. Der VDA (Verband der deutschen Automobilindustrie) hat in Abstimmung mit den Forderungen der französischen und italienischen Verbände (EAQF, AVSQ) mit einer Aktualisierung seiner Forderungen an QM-Systeme (VDA-Band 6.1), nachgezogen. In beiden Fällen wurde mit der Einarbeitung von Aspekten, die sich bisher nur im unverbindlichen Leitfaden DIN EN

ISO 9004 oder in den Kriterienkatalogen der Quality Awards finden ließen, der inhaltliche Anspruch an das Qualitätsmanagement der Zulieferer deutlich in Richtung TQM ausgeweitet. Der Branche liegen nunmehr zwei Richtlinien vor, auf deren Basis Erstlieferanten in Zukunft den jeweiligen Herstellergruppen über unterschiedliche (!) Zertifikate ihre Qualitätsfähigkeit nachweisen müssen. (Anmerkung: Ausrüster, d.h. Maschinen und Werkzeuglieferanten benötigen kein Zertifikat). Das Zertifikat wird ausgestellt von Zertifizierungsgesellschaften, die besonderen unterschiedlichen (!) Zulassungsbedingungen der beiden Gruppen genügen müssen.

4.1 Die QM-System-Forderungen der Amerikaner: QS-9000

Der Name der Richtlinie QS-9000 enthält bereits den Hinweis auf die enge Anbindung an die internationale Norm ISO 9000 ff., die mit dem Darlegungsmodell ISO 9001 Abschnitt 4 in vollem Umfang in den Forderungskatalog aufgenommen wurde. Eingeflossen in die Inhalte der QS-9000-Handbücher (vgl. Abb.2) sind zusätzlich die jeweiligen QM-Systemforderungen der „Big Three“: das „**Supplier Quality Assurance Manual**“ von Chrysler, Fords´s „**Q-101 Quality System Standard**“ und die „**Targets of Excellence**“ von General Motors ergänzt durch Forderungen der amerikanischen Nutzfahrzeugindustrie.

Im Hauptabschnitt I orientiert sich die QS-9000 streng an den Elementen und der Gliederung dieser Norm, erweitert jedoch durch Einfügungen, Präzisierungen und einige zusätzliche Unterpunkte deutlich deren Inhalte (vgl. Abb. 2).

Der Hauptabschnitt II enthält zusätzliche, nicht in die Struktur der ISO 9001 integrierte, als „branchenspezifisch“ ausgewiesene Forderungen.
Die „kundenspezifischen“ Forderungen in Hauptabschnitt III enthalten neben einigen speziellen Vorgaben der „Big Three“ u.a. zur Behandlung von sicherheits- oder funktionsrelevanten Merkmalen vor allem weitere bibliographische Hinweise.
Zur Vermittlung eines ersten Eindrucks zu den Forderungen aus Hauptabschnitt I sind in Tabelle 1a, b zu ausgewählten Elementen der ISO 9001 die jeweils <u>zusätzlichen</u> Forderungen der QS-9000 in gekürzter Fassung wiedergegeben.

Abbildung 2: Die QS-9000 Handbuchpalette (Cziudaj, Söhn 1997)

Abbildung 3: Struktur der QS-9000 QM-System-Forderungen (Cziudaj, Söhn 1997)

Tabelle 1a : Auszug aus QS-9000, Hauptabschnitt I (Auszug aus: Cziudaj, Söhn 1997)

QS-9000 Hauptabschnitt I: ISO 9000 basierte Forderungen (Auszug !)			
ISO 9001 / **QS 9000**			**Zusatzforderungen zu ISO 9001 (Auszug)** (gekürzt, *ggf. Interpretation ergänzt*) Leg.: ❄ Wichtige Anmerkung ❍ Soll-Forderung, Empfehlung ● Zwingende Forderung (Muß)
4.1	***Verantwortung der Leitung***		
4.1.2	*Organisation*		
-	**Organisatorische Schnittstellen**	●	Systeme, die die *Koordination und* Ausführung angemessener Tätigkeiten in der Konzept-, Prototypen- und Serienphase gewährleisten (Verweis auf APQP)
		●	Verfahren zur interdisziplinäre Zusammenarbeit (Entscheidungsfindung) in und zwischen den an der (insbesondere technischen) Auftragsabwicklung beteiligten, vor- und nachgelagerten, direkten und indirekten Bereichen der Produktion
		●	Fähigkeit zur Kommunikation in der vom Kunden vorgeschriebenen Form (Formblätter, Datenformate für elektronischen Datenaustausch)
4.1.3	*QM-Bewertung*	●	QM-Bewertung (*und auch Zertifizierungsaudit*) umfaßt alle Elemente des Systems *(incl. der über die QS-9000-Forderungen hinaus zusätzlich formulierten Forderungen)*
4.1.4	**Geschäftsplan**	●	Nachweis einer formellen, dokumentierten und umfassenden Geschäftsplanung *(Im Zertifizierungsaudit wird nur die Planungssystematik nicht der Inhalt bewertet)*
		❍	Empfohlene Komponenten der Planungssystematik: - Wettbewerbsanalysen und Benchmarking (innerhalb und außerhalb der Branche) - strategische Ziele und Wege zur Ermittlung und Erfüllung der Kundenwünsche - Wege zur methodischen Umsetzung der Planungsinhalte - Systematische Informationsnutzung für ständige Verbesserung - Einplanung geeigneter Resourcen, Befähigung der Mitarbeiter
		❍	kurzfristige (1-2 Jahre) und langfristige (> 3Jahre) Planungshorizonte
		●	Einsatz von Methoden zur Erfassung und Prognose der Kundenerwartungen
		●	Festlegung eines Verfahrens hinsichtlich Inhalt, Zeitdauer und Methode der Informationserfassung
		●	Dokumentierte Verfahren zur Generierung, Aktualisierung, Revision und Prüfung des Plans
		●	Angemessene Verbreitung der Inhalte im Unternehmen
		●	"soweit erforderlich": Abstimmung von Verfahren u. Inhalt des Geschäftsplans mit Kunden
		❍	Forcierung der kontinuierlichen Verbesserung
		❄	Lieferanten, die in direktem Wettbewerb mit einem Geschäftsbereich des Kunden stehen, sind von der Vorlage detaillierter Kostendaten befreit
4.1.5	**Analyse und Nutzung von Daten**	●	Dokumentation von Qualitäts- und Leistungsentwicklungen (Produktivität, Wirtschaftlichkeit, Wirksamkeit), Vergleich mit Zielen
		●	Benchmarking mit Wettbewerb und/oder ähnlichen Unternehmen
		❍	Nutzung der Informationen zur Festlegung von Prioritäten für die Lösung kundenbezogener Probleme
		❍	Unternehmenscontrolling: Auswertung der wesentlichen kundenbezogenen Trends für Entscheidungsfindung und längerfristige Planung
4.1.6	**Kundenzufriedenheit**	●	Dokumentiertes Verfahren zur Ermittlung der Kundenzufriedenheit
		●	Festlegung der Häufigkeit und Gewährleistung von Objektivität und Richtigkeit
		●	Interpretation und Vergleich von Trends in der Kundenzufriedenheit
		❍	Benchmarking mit Wettbewerb und/oder ähnlichen Unternehmen
		❍	Bewertung von Trends in der Kundenzufriedenheit durch Geschäftsführung
		❍	Sowohl unmittelbarer Kunde als auch Endverbraucher sind in Analysen einzubeziehen
4.2	***Qualitätsmanagement-System***		
4.2.3	*Qualitätsplanung*	●	Referenzhandbücher "APQP" und "PAPP" sind zu beachten
		●	"Special characteristics" (besondere Merkmale), sind im Rahmen von FMEA und QM-Planung zu ermitteln
		●	Für die Realisierung der "special characteristics" sind angemessene Prozeßlenkungsmaßnahmen festzulegen
		❄	"Special characteristics" sind Merkmale, die im besonderen die Sicherheit, Einhaltung gesetzlicher Vorschriften, Funktionsfähigkeit u.a. betreffen. Sie werden mit kundenspezifischen Symbolen besonders gekennzeichnet (Vgl. Hauptabschnitt III u. Anhang C)

Tabelle 1b : Auszug aus QS-9000, Hauptabschnitt I (Fortsetzung)

ISO 9001 / **QS 9000**		**Zusatzforderungen zu ISO 9001 (Auszug)** (gekürzt, *ggf. Interpretation ergänzt*)
		● Qualitätsplanungsverfahren zur Entwicklung von robusten Prozessen und QM-Plänen für die Phasen - Programmplanung - Produktentwicklung - Prozeßentwicklung - Produkt- und Prozeßvalidierung - Feedback der Ergebnisse, Bewertung, Korrektur ● Einsatz bereichsübergreifender Teams in den jeweiligen Phasen mit folgenden Aufgaben: ❍ - Einsatz angemessener analytischer Methoden und Techniken (Empfehlungen s. APQP) ❍ - Ermittlung und besondere Berücksichtigung (u.a. FMEA) der "special charakcteristics" ❍ - Entwicklung und Prüfung von FMEAs ❍ - Ableitung von Maßnahmen zu Reduzierung der Fehlerpotentiale ❍ - Entwicklung und Prüfung von QM-Plänen ● Herstellbarkeitsprüfung vor dem Abschluß von Verträgen ● Prozeß-FMEAs (ggf. unter Berücksichtigung spezieller Forderungen der Kunden) ● Prozeß-FMEAs müssen alle "special characteristics" berücksichtigen ● Strategie: Fehlervermeidung statt Fehlerentdeckung ● QM-Plan für (falls erforderlich: Prototypen-,)Vorserien- und Serienphase (vgl. APQP) ● Genehmigung der QM-Pläne durch Entwicklung und Qualitätswesen des Kunden ● Fortentwickl´g / Anpassung der QM-Pläne an veränderte Produkte und Prozesse (s.PPAP)
4.3	***Vertragsprüfung***	
4.3.2	*(Vertrags-) Prüfung*	● Fähigkeit zur Erfüllung der kundenspezif. Forderungen in Hauptabschnitt III der QS-9000
4.4	***Designlenkung***	
4.4.2	*Design und Entwicklungsplanung*	❍ Qualifizierung der D&E-Abteilung soweit angemessen in definierten Methoden /Techniken des Qualitätsmanagements (u.a. GD&T, QFD, DFM/DFA, VE, DoE, FEM, CAE/CAD)
4.4.4	*Designvorgaben*	● Angemessene CAD/CAE - Einrichtungen und Kapazitäten ● elektronischer Datenaustausch mit Kundensystemen ● Forderung CAE/CAD kann durch Kunden aufgehoben werden
4.4.5	*Designergebnis*	● Designergebnisse müssen Ergebnisse eines Prozesses sein, der folgendes beinhaltet: - Anstrengungen zur Vereinfachung, Optimierung, Innovation und Vermeidung von Verschwendung - Verwendung von Form- und Lagetolerierung (wenn angemessen) - Analyse von Kosten-/Leistungs-/Risikozusammenhängen - Berücksichtigung von Feedback aus Versuchen, Fertigung und Anwendung - Anwendung von Design-FMEAs
4.4.7	*Designverifizierung*	● Umfassendes Prototypenprogramm (wenn nicht durch Kunden ausgesetzt) ● alle Randbedingungen (Unterlieferanten, Werkzeuge, Prozesse) soweit machbar wie in Serienfertigung ● Funktionsprüfungen mit Aussagen zu Lebensdauer, Zuverlässigkeit und Funktionsfähigkeit ● Terminplanung und -verfolgung aller Aufgaben zur Funktionsprüfung; Übereinstimmung mit Kundenforderungen ● Bei Vergabe an Unterauftragnehmer: Sicherstellung der technischen Leitung
4.4.9	*Designänderungen*	● bei allen Designänderungen schriftliche Genehmigung des Kunden vor Fertigungsfreigabe (Verweis auf PPAP) ● Änderungen an Teilen mit lieferanteneigener Designverantwortung sind mit Kunden im Hinblick auf Auswirkungen in anderen Bereichen abzustimmen
4.5	***Lenkung der Dokumente und Daten***	
4.5.1	*Allgemeines*	● Leichte Verfügbarkeit aller Referenzdokumente in aktueller Version, auf die in Kundenzeichnungen und -spezifikationen Bezug genommen wird, in allen betroffenen Abteilungen ● Besondere Kennzeichnung von Dokumenten, die "special characteristics" betreffen
4.5.2	*Genehmigung und Herausgabe von Dokumenten*	● Verfahren zur rechtzeitigen (Tagesfrist) Prüfung, Verteilung und Einführung aller vom Kunden erhaltenen technischen Normen und Spezifikationen (incl. Änderungen) ● Dokumentation, wann jeweilige Änderungen in der Fertigung wirksam wurden

Der Auszug macht deutlich, daß bereits die Ergänzung der ISO-9001-Elemente zu einem erheblich höheren Anspruchsniveau führt. Hervorzuheben ist die besondere Betonung der Aspekte „Strategische Planung“, „Methodenanwendung“ und insbesondere „Nachweis der Wirksamkeit (Ergebnisse)“.

Die **branchenspezifischen Forderungen** im Hauptabschnitt II der QS-9000 heben zusätzlich 3 Schwerpunkte der Forderungen besonders heraus:

1. **Produktionsteil-Freigabeverfahren**
2. **Kontinuierliche Verbesserung**
3. **Fähigkeiten der Fertigung**

Mit diesen Schwerpunkten wird der hohen Bedeutung zahlreicher spezifischer, technologisch anspruchsvoller Fertigungs- und Montageabläufe für ein fehlerfreies, komplexes Großserienprodukt Rechnung getragen (vgl. Tabelle 2).

Das Produktionsteil-Freigabeverfahren, dem ein eigenes Handbuch (PPAP) mit zwingend vorgeschriebenen Inhalten gewidmet ist, bildet die entscheidende Überwachungsinstanz des Kunden zur Gewährleistung sicherer Qualität der Einzelteile. Hier wird daher besonderer Wert auf intensive Abstimmung und detaillierte Genehmigungsverfahren unter Einhaltung exakt vorgeschriebener Abläufe gelegt.

Eine zusätzliche Dimension kommt mit der Forderung nach „kontinuierlicher Verbesserung“, mit der alle Unternehmensbereiche angesprochen werden, ins Spiel: Hier müssen geeignete systematische Verfahren, entsprechende Methodenkenntnisse und vor allem Ergebnisse der Maßnahmen in Form von Statistiken und Trends nachgewiesen werden. Wenn der Sinn dieser Forderung in den Unternehmen angemessen vermittelt wird, könnte sie zu einem wesentlichen Schub in Richtung TQM beitragen.
Gesamtheitliche, prozeß- und materialflußorientierte Planung der Fertigungsabläufe in bereichsübergreifenden Teams in Verbindung mit Methoden zur systematischen Fehlervermeidung - diese Forderung des Kapitels „Fähigkeiten der Fertigung“ läßt sich ebenfalls hervorragend mit einer Zielrichtung „TQM“ verbinden. Daß hierbei der Werkzeugorganisation ein eigener Abschnitt gewidmet ist, ergibt sich aus der Schlüsselrolle der Werkzeuge für die Produktqualität in fertigungstechnisch geprägten Branchen.

Tabelle 2: QS-9000, Branchenspezifische Forderungen (Kurzform) (Cziudaj, Söhn 1997)

QS-9000 Hauptabschnitt II: Branchenspezifische Forderungen		
Legende:	○	Soll-Forderung, Empfehlung
	●	Zwingende Forderung (Muß)
II 1 Produktionsteil-Abnahmeverfahren		
1.1 Allgemeines	●	Erfüllung aller Forderungen aus Referenzhandbuch PPAP
	●	Für jede Teilenummer, jeden technischen Änderungsstand, Fertigungsort, Materiallieferanten und jede Änderung im Fertigungsprozeß ist eine Abnahme erforderlich
	●	Änderungen dieser Punkte erfordern die Information des Kunden und ggf. eine Neueinstufung
	●	Lieferanten sind für die Qualität ihrer Unterlieferanten verantwortlich
	●	Zusätzliche Abnahme für aussehensabhängige Teile
1.2 Prüfung von technischen Änderungen	●	Lieferant muß sicherstellen, daß Änderungen ausreichend validiert werden (s.a. PPAP)
II 2 Ständige Verbesserung		
2.1 Allgemeines	●	Philosophie der ständigen Verbesserung muß in der gesamten Organisation erkennbar sein
	●	ständige Verbesserung von Qualität, Service (incl. Termintreue, Lieferzuverlässigkeit) und Preisen
	●	Ständige Verbesserung ersetzt nicht Innovation
	●	für wichtige Prozesse sind spezifische Maßnahmenpläne zur ständigen Verbesserung zu erstellen
	●	Bei attributiven Merkmalen sind perfekte Prozesse anzustreben
	●	für Meßwerte ist ein Zielwert und die Minimierung der Streuung um diesen Wert anzustreben
2.2 Verbesserung der Qualität und Produktivität	●	Aufzeigen von Möglichkeiten zur Verbesserung der Qualität und Produktivität
	●	Einführung entsprechender Umsetzungsprojekte
2.3 Techniken der ständigen Verbesserung	●	Nachweis über Kenntnisse und angemessene Anwendung folgender QM-Methoden/-Aspekte (u.a.): - Fähigkeitsanalyse (Cp, Cpk) - Qualitätsregelkarten - Versuchsmethodik (DoE) - Theorie der Spannungsverteilung (theory of constraints) - Gesamteffektivität der Einrichtungen - Qualitätskosten - PPM-Analysen - Wertanalyse - Problemlösungstechniken - Benchmarking - Bewegungsanalyse, Ergonomie - Fehlervermeidung
II 3 Fähigkeiten der Fertigung		
3.1 Planung und Nutzung von Einrichtungen, Anlagen und Prozessen	●	Einsatz bereichsübergreifender Teams für die Entwicklung von Anlagen, Prozessen und Einrichtungen im Rahmen des Qualitäts(voraus)planungsprozesses.
	●	Erstellung eines Werkslayouts
	○	Synchroner Materialfluß mit minimaler Materialbewegung und -handhabung
	○	bestmögliche Flächennutzung
	●	Methoden zu Beurteilung der Wirksamkeit der Fertigungsprozesse hinsichtlich folgender Faktoren - ganzheitlicher Arbeitsablauf - angemessene Automatisierung - ergonomische Gestaltung und menschengerechte Arbeitsbedingungen - Abgleich von Bedienungskapazität und Taktzeiten - Lager- und Zwischenlagerbestand - Anteil wertschöpfender Arbeit
	●	Einsatz von Prozeß- und Designmaßnahmen, die eine Fertigung fehlerhafter Produkte ausschließen
3.2 Fehlervermeidung	●	Erkannte Fehlerpotentiale bzw. deren Ursachen müssen durch Maßnahmen der Fehlervermeidung im
	●	Einsatz angemessener technischer Mittel für Konstruktion, Fertigung und umfassende Maßprüfung von Werkzeugen und Prüfmitteln.
3.3 Werkzeugkonstruktion und Fertigung	●	Bei Vergabe an Unterlieferanten Einsatz eines Überwachungs- und Verfolgungssystems
	●	Dauerhafte Kennzeichnung kundeneigener Werkzeuge und Einrichtungen
3.4 Werkzeuglenkung (Wzg-Verwaltung)	●	Das Werkzeuglenkungs- und -verwaltungssystem muß eingeführt sein und folgende Punkte berücksichtigen: - Einrichtungen und Personal für Instandhaltung und Reparatur - Lagerung und Überholung - Einrichten und Rüsten - Werkzeugwechselprogramme für Verschleißwerkzeuge Bei Vergabe einer dieser Aufgaben an Unterlieferanten Einsatz eines Überwachungs- und Verfolgungssystems

Im eigentlichen Sinne „branchenspezifisch“ für die Automobilindustrie ist an dem so überschriebenen Teil der QS-9000 lediglich das Kapitel „Produktionsteil-Freigabeverfahren“: In Verbindung mit dem Referenzhandbuch PPAP sind hier detaillierte, auf die Automobilindustrie zugeschnittene Vorgaben bis hin zu vorgeschriebenen Formblättern enthalten.

Dagegen ist die Forderung nach „ständiger Verbesserung“ sicherlich branchenneutral und auch die unter „Fähigkeiten der Fertigung“ formulierten Forderungen können problemlos auf andere produzierende Branchen übertragen werden. Es ist zu vermuten, daß mit dem Etikett „branchenspezifisch“ weniger eine Eingrenzung des Geltungsbereiches als eine bewußte Betonung der Bedeutung gerade dieser Inhalte beabsichtigt ist.

Die Referenzhandbücher zur QS-9000

Auch wenn die übrigen Referenz-Handbücher keine zusätzlichen verpflichtenden Forderungen formulieren, sondern „nur“ praktische Hinweise, Empfehlungen zum Methodeneinsatz und Orientierungshilfen anbieten, so schränkt dies ihre Bedeutung nicht im mindesten ein. Im Gegenteil: Erst die Auseinandersetzung mit diesen Referenz-Handbüchern eröffnet den eigentlichen Zugang zum Verständnis und zur praktischen Umsetzung der QS-9000-„Paragraphen“ (-Elemente).

„Advanced Product Quality Planning“ - zunächst verwundert die überwiegend anzutreffende Übersetzung dieses Kernbegriffs der QS-9000 mit „Produktqualitätsvorausplanung“, da doch Planung wohl immer eine Vorausplanung ist! Die Vermutung, daß die amerikanischen Autoren mit dem Begriff „advanced“ eher einen besonderen Anspruch an die Qualitätsplanung bzw. die Vorstellung von einer Qualitätsplanung auf hohem, fortgeschrittenen Niveau verbinden, wird durch den Inhalt des entsprechenden Referenzhandbuches „APQP“ nachhaltig unterstützt: Der Anwender erhält hervorragende Orientierungshilfen für den Aufbau einer gesamtheitlichen, „proaktiven“ Qualitätsplanung mit folgenden wesentlichen Schwerpunkten:

- Empfehlungen zur Grundstrategie der Qualitätsplanung auf der Basis des PDSA-Qualitätsplanungs-Zyklus´ (vgl. Abb.4),

- ein Phasenmodell für die Projektplanung (vgl. Abb. 5) mit Hinweisen auf wichtige Eingangs- und Ergebnis-Größen zu den Planungsphasen

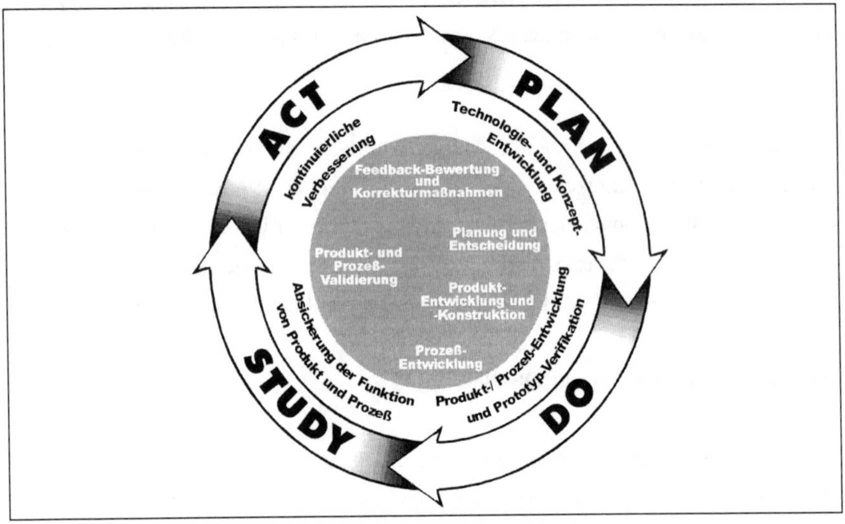

Abbildung 4: Der PDSA-Qualitätsplanungszyklus (vgl. APQP, S. VI)

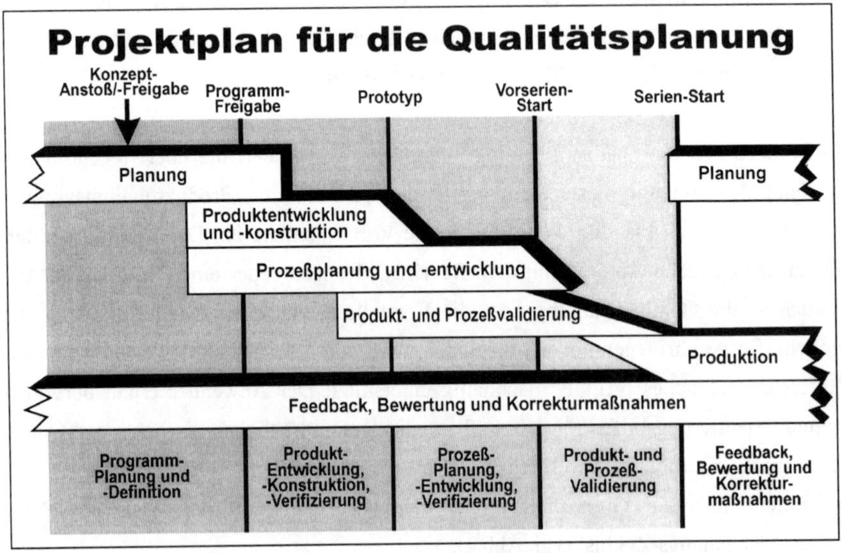

Abbildung 5: Phasenmodell für die Qualitätsplanung (vgl. APQP)

►Programmplanung

►Produktentwicklung und Konstruktion

►Prozeßplanung

►Produkt- / Prozeß-Validierung

►Feedback, Bewertung, Korrektur

- Eine wertvolle, an diesen Planungsphasen orientierte Zusammenstellung von Methoden, Checklisten und Hinweisen
- Eine Anleitung und Methodik zur Erstellung von Kontroll-Plänen, in denen systematisch für jedes Teil und jeden Prozeß die wichtigen Merkmale, die jeweils relevanten Parameter, Überwachungsmethoden und mögliche Korrekturmaßnahmen erarbeitet werden.

Bei den drei Referenz-Handbüchern

►Statistical Process Control (SPC)

►Potential Failure Mode and Effect Analysis (FMEA)

►Measurement Systems Analysis (MSA)

handelt es sich um jeweils gut aufbereitete (Schulungs-) Unterlagen, die ausgehend von den für ein Verständnis wichtigen Grundlagen die für den Anwender notwendigen Inhalte anschaulich und anwendungsorientiert (leider nur in Englisch) darstellen.

Der Auditfragenkatalog QSA kann wie folgt genutzt werden:

►zur Selbstbewertung des Lieferanten

►zur Bewertung von Lieferanten durch Kunden

►zur Bewertung von Unterlieferanten

►als Teil (!) der Auditfragenliste eine Zertifizierers.

QSA bietet ein Grundgerüst an Fragen, die allerdings die Forderungen der QS-9000 nicht in vollem Umfang abdecken. Für ein Bestehen des Audits die Erfüllung des QSA-Fragenkatalogs zwar erforderlich, jedoch nicht ausreichend.

Im Rahmen eines QS-9000 Zertifizierungsaudits sind zusätzlich zu den QS-9000 Forderungen alle im Unternehmen aufgestellten Regeln (Elemente des QM-Systems) Gegenstand des Audits. Geprüft wird jeweils die „wirksame Einführung“ als auch

„deren wirksame Umsetzung in der Praxis“. Im Vorfeld des Assessments muß mindestens ein vollständiger interner Auditzyklus mit umfassender Bewertung des QM-Systems durch die Geschäftsführung erfolgt sein. (QS-9000, S.79) Jede Entwicklungsstätte und jedes Werk des Lieferanten muß für sich auditiert und auf dem Zertifikat erwähnt werden.

Das Vor-Ort-Audit muß folgendes umfassen:

- ►Kundenreklamationen und Reaktionen des Lieferanten
- ►Ergebnisse interner Audits
- ►Fortschritte hinsichtlich der Ziele ständiger Verbesserung

Für die im 3-Jahres-Rhythmus geforderten Zertifizierungsaudits und die fortlaufenden (zur Zeit noch) halbjährlichen Überwachungsaudits sind den Zertifizierungsstellen Mindestanzahlen an Vor-Ort-Manntagen vorgeschrieben vgl. QS-9000, S. 93). Die Feststellung der Konformität (Gesamtbewertung „bestanden“) setzt voraus, daß beim Audit **weder Haupt- noch Nebenabweichungen** festgestellt werden! Eine oder mehrere Nebenabweichungen bei verschiedenen Forderungen führen zum Bewertungsstatus „offen“ und können innerhalb von 90 Tagen korrigiert werden („Nebenabweichungen“ sind kleinere, formale Abweichungen und „führen nach Einschätzung und Erfahrung wahrscheinlich nicht zu einem Systemversagen“).*(vgl. QSA, S. 2-3)*

4.2 Der Qualitätsstandard der deutschen Automobilindustrie (VDA 6)

(vgl. Gaster, 1997)

Als „Antwort auf die amerikanische Herausforderung“ (?) wurde vom VDA im Mai 1996 die VDA 6 - Strategie „Qualitätsstandard der deutschen Automobilindustrie“ vorgestellt, die sich in insgesamt 7 Teilen des VDA Bandes 6 widerspiegelt (Abb. 6).

Als Besonderheit des VDA-Ansatzes wird betont, daß neben den Produktionswerken und Zulieferanten „die gesamte Wertschöpfungskette einschließlich der dem Endkunden näher zugeordneten Glieder eingebunden“ werden. Dabei soll der zunehmenden Bedeutung der Dienstleistungsanteile an der Wertschöpfung Rechnung getragen werden (Abb. 7*) (vgl. Gaster, 1997, S.4).*

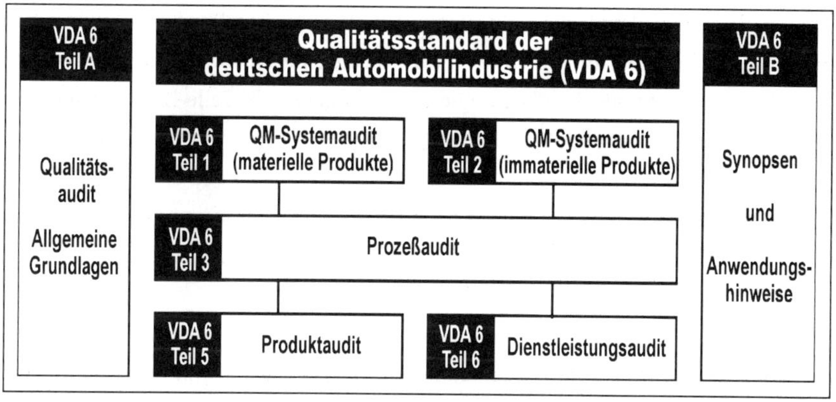

Abbildung 6: Die VDA 6 - Strategie (*Gaster, 1997, S.3*)

Abbildung 7: VDA 6 - Strategie - von der Sachleistung bis zur reinen Dienstleistung (*Gaster, 1997*)

Angesichts der Darstellung in Abbildung 7, die ausweist, daß in den meisten Fällen eine Kombination aus Sach- und Dienstleistungen vorliegt, verwundert allerdings die getrennte Betrachtung der beiden Leistungskomponenten insbesondere im Rahmen des Systemaudits.

Zentrale Bedeutung innerhalb des Gesamtwerks kommt dem Band 6.1 „Systemaudit Materielle Produkte“zu: Er enthält den Fragenkatalog für ein QM-System-Assessment und ist als Grundlage zur Zertifizierung der QM-Systeme von Teile-Lieferanten unmittelbares Pendant zur QS-9000.

Die Absicht, auf der Basis des Bandes 6.2 auch die Zertifizierung von Dienstleistungsunternehmen innerhalb der Automobilbranche vorzuschreiben, wurde nach Angaben des VDA in der Zwischenzeit fallengelassen.

Mit dem Ziel, den Auditaufwand zu reduzieren, wird in Band 6.3 („Prozeßaudit“) eine standardisierte Vorgehensweise zur Beurteilung der Fähigkeit von Produktions- und Dienstleistungsprozessen auf der Basis von Fragenkatalogen angeboten. Als Hauptthemen des Prozeßaudits sind vorgesehen:

- ►Abgrenzung und Gliederung von Prozessen,
- ►Festlegung des Prozeß-Eigners
- ►Prozeßbeschreibung
- ►Prozeßanweisungen
- ►Arbeits- und Prüfanweisungen
- ►Arbeits- und Prüfpläne

Band 6.5 behandelt das Produktaudit, d.h. die Überprüfung von Produkten anhand vorgegebener Spezifikationen im Verlauf von Entwicklung, Herstellung und Vermarktung. Für die Planung, Durchführung, Auswertung und Dokumentation von Prüfungen wird ein umfassendes Auditprogramm angeboten.

Das Dienstleistungsaudit umfaßt die Gesamtheit der Funktionen eines Unternehmens im Innen- und Außenbereich mit ihrer Auswirkung auf die Kundenzufriedenheit. Mit seinen wesentlichen Instrumenten

- ►Ermittlung des Dienstleistungs-„Standards“
- ►Kundenbefragung und
- ►Mitarbeiterbefragung

werde Arbeitsweisen, Wahrnehmungen und Wirkungen hinterfragt und aktuelle Handlungsbedarfe aufgezeigt.

In den „Allgemeinen Grundlagen" (Bd. 6A) zum Qualitätsaudit werden die Regularien festgelegt, die im Rahmen des Zertifizierungsprozesses wirksam werden und die Vergleichbarkeit von Auditergebnissen unterschiedlicher Organe (Second- oder Third-Party) ermöglichen. Unter anderem sind hier folgende Festlegungen enthalten:

- Benennung von QM-Element-Verantwortlichen als Gesprächspartner der Auditoren,
- Gliederung der QM-Dokumentation und Empfehlungen zum Umfang je Element und Verfahrensanweisung,
- prozeßorientierte Audit-Durchführung
- Qualifikation und Kompetenz der Auditoren:
  - Forderungen nach DIN ISO 10011-2:1996-06
  - EOQ-Qualitätsauditor mit Prüfung
  - min. 4 Jahre Praxis in der verarbeitenden Industrie
  - min. 2 Jahre Praxis im Qualitätswesen in der Automobilindustrie

  sind Zulassungsvoraussetzungen zur

  - Ausbildung mit Abschlußprüfung zum „zertifizierten Auditor VDA 6.1"

Der Band 6B, der nach neuesten Ankündigungen in den Band 6A integriert werden soll, bietet Unterstützung beim Vergleich der unterschiedlichen Regelwerke der weltweiten Automobilindustrie, deren parallele Umsetzung dem einzelnen Lieferanten sehr viel Interpretationsarbeit zumutet.

Als jüngste QM-Richtlinie innerhalb der internationalen Automobilindustrie deckt der Band VDA 6.1 nach Aussage der Autoren neben allen Elementen der DIN EN ISO 9004-1 alle wichtigen Forderungen der französischen (EAQF), der italienischen (AVSQ) und der amerikanischen Hersteller (QS-9000) ab. Als Quelle weiterführender

Aspekte wird das TQM-Modell der EFQM (European Foundation for Quality Management) genannt.

4.3 Unterschiede zwischen QS-9000 und VDA 6

Auffällig ist, daß sich auf den ersten Blick nicht die geringste Ähnlichkeit mit der QS-9000 zeigt: Weder das Gesamtkonzept, noch die Gliederung, noch die Aufbereitung und Formulierung der Forderungen erleichtern dem Anwender den in vielen Fällen erforderlichen parallelen Zugang zu beiden Regelwerken. Hier ist der Unmut der unter Zertifizierungsdruck gesetzten Lieferanten vorprogrammiert. Eine Hilfe bietet lediglich der in beiden Regelwerken (soweit möglich) vorhandene Bezug zur ISO 9001. Darüber hinaus wird notdürftig in einer Mitteilung des VDA (1997) ohne weitere Erläuterung die Höherwertigkeit einzelner Forderungen im Vergleich zu entsprechenden Elementen der QS-9000 vorläufig und einseitig festgestellt *(vgl. VDA QM-Info Nr. 5, S.2)*.

Der zweite Blick, der den groben Inhalten gilt, bringt nur noch wenige offensichtliche Unterschiede zutage. Hier finden sich in den VDA-Forderungen folgende Stichworte, zu denen die QS-9000 (inkl. ISO 9001) kein unmittelbares Äquivalent aufweist:

- ► Anwendung von Abschnitt Z1 (Unternehmensstrategie) nur nach Absprache
- ► Mitarbeiterzufriedenheit (Z 1.5)
- ► Finanzielle Überlegungen zu QM-Systemen (5.1 - 5.4)
- ► Grundsätze der Produkthaftung (6.1)
- ► Notfallpläne (6.4)
- ► Funktion Marketing (7.1)
- ► Angebotsgliederung nach kaufmännischen und technischen Kosten (7.3)
- ► Verfahren zur Erstellung von Gebrauchs- und Einbauanleitungen (21.1)
- ► Frühwarnsystem über Produktausfälle in der Gebrauchsphase (21.2)

Dagegen weist die QS-9000 u.a. folgende zusätzliche Aspekte auf:

- ► Einhaltung von gesetzlichen Vorschriften (4.6.1,3)

- Verantwortung für die Einführung und Umsetzung der QS-9000 Forderungen bei Unterlieferanten (4.6.2)
- präzise Vorgaben für das Produktionsfreigabeverfahren (II 1.1, PPAP)
- Jede zusätzliche über die QS-9000 hinausgehende Regelung im Unternehmen wird Gegenstand des Zertifizierungsaudits.

Vorteil des VDA 6: Anwendbarkeit bei der praktischen Arbeit:

Läßt man die Problematik, daß eine Vergleichbarkeit zur QS-9000 hergestellt werden muß, einmal beiseite, birgt die im Vergleich zu den Regelwerken ISO 9001 oder QS-9000 völlig andere Darstellung der VDA 6.1 - Forderungen einen nicht hoch genug einschätzbaren Vorteil: Der Anwender erhält einen für die praktische Qualitätsarbeit hervorragend aufbereitetes Handwerkzeug, das sich in dieser Hinsicht wohltuend von anderen Regelwerken abhebt:

- Zu jedem Qualitätselement bzw. jeder Assessment-Frage werden zunächst die notwendigen Definitionen und Begriffserläuterungen aus diversen Normen und technischen Regelwerken zusammengestellt.
- Inhalt und Sinn der zugehörigen Forderungen werden dem Leser unmittelbar durch Umsetzungsbeispiele, Erläuterungen und Interpretationshilfen verständlich gemacht.
- Die betroffenen Mitarbeiter im Unternehmen können sich ohne Spezialausbildung, ohne zusätzliches Blättern in Normenwerken und ohne das Durchwühlen von zusätzlichen „Sanctioned Interpretations“ einen schnellen und fundierten Eindruck von den Forderungen verschaffen.
- Die Gliederung in einen Teil „U“ (Unternehmensführung) und einen Teil „P“ (Produkt und Prozeß) faßt die eher strategisch und die eher operativ orientierten Forderungen im Hinblick auf die jeweils angesprochenen Ebenen im Unternehmen sinnvoll zusammen.

5. Welchen Trend setzt die Automobilindustrie?

Zusammenfassend sind aus der QS-9000 und dem VDA Band 6.1 folgende wesentliche Tendenzen für das Qualitätsmanagement herauszufiltern, die sicherlich weit über die Automobilbranche hinaus ausstrahlen werden (vgl. Cziudaj 1997):

- ► Fortsetzung und qualitative Aufwertung der Zertifizierung durch Dritte
- ► Perfektionierung der traditionellen Überwachungsprozeduren zur Absicherung 100%iger Produktqualität (vgl. die diversen Forderungen zur Steuerung und Überwachung der „Special / Critical Characterics")

- ► Deutliche Ausweitung der Inhalte des Qualitätsmanagements über die Erzielung 100%iger Produktqualität hinaus:
  - ⇨ Kundenzufriedenheit,
  - ⇨ absolute Lieferzuverlässigkeit hinsichtlich Menge und Termin,
  - ⇨ Service-Qualität,
  - ⇨ geringe Kosten,
  - ⇨ ständige Verbesserung als Strategie,
  - ⇨ Umweltschutz,
  - ⇨ Produktsicherheit (Produkthaftung),
  - ⇨ Arbeitsbedingungen, Arbeitssicherheit

und last not least:

  - ⇨ Mitarbeiterzufriedenheit

sind zusätzliche, unabdingbare Qualitätskriterien mit weitreichenden Konsequenzen für die Inhalte des Qualitätsmanagements.

- ► Vermehrt gesamtheitliche Betrachtung der Unternehmensprozesse (⇨Schnittstellen, Phasen, QM-Pläne)
- ► Besondere Betonung der strategischen Geschäftsplanung und der QM-Verantwortung des Managements
- ► Kundenzufriedenheit ist systematisch zu ermitteln und sollte von der Geschäftsführung bewertet werden

- Interdisziplinäre Zusammenarbeit in bereichsübergreifenden Teams
- Controlling (u.a. Benchmarking) von Qualitäts-, Leistungs- und Wirtschaftlichkeitsentwicklungen; die Grenzen zwischen den Aufgaben des „klassischen" Unternehmenscontrollings und des Qualitätsmanagements verschwimmen.
- Verpflichtung auf die Anwendung von Methoden zur Fehler**vorbeugung** (FMEA, SPC, vorbeugende Instandhaltung ...)
- Systeme und Verfahren zur Produktionsplanung und -steuerung gewinnen als wesentliche Komponente zur Planung, Optimierung, Überwachung, Kommunikation , Datenanalyse und geregelten Ablauforganisation zentrale Bedeutung im Qualitätsmanagement.
- Geforderte Nachweise der Wirksamkeit von QM-Maßnahmen über Unterlagen, Statistiken und Trends zwingen zur ernsthaften, praktischen Umsetzung von dokumentierten Abläufen .
- Qualifikation und Motivation aller Mitarbeiter wird zum strategischen Potential.
- Der Trend zur Zertifizierung setzt sich unter deutlich verschärften Randbedingungen, die die Aussagefähigkeit von Zertifikaten erhöhen sollen, fort.
- Das Qualitätsmanagement wird zum Unternehmensmanagement und ist nicht mehr als Teilaufgabe an eine Abteilung QM zu delegieren.

Positiv zu vermerken sind die vielen grundlegend wichtigen und wertvolle Anstöße für den Weg zu einem neuen Verständnis von Qualität und Qualitätsmanagement, so daß der Zwang zur intensiven Auseinandersetzung mit ihren Inhalten und zur Bereitstellung entsprechender Mittel einen entscheidenden Schub in Richtung TQM auslösen kann. Der ausschlaggebende Faktor könnte hierbei sein, daß die hohe Bedeutung, die die Kunden ihren Forderungen zumessen, nunmehr sehr konkret die obere Managementebene auf das Thema TQM als Komponente der Unternehmensstrategie verpflichtet. Auf diesem Weg wäre die Chance gegeben, einen Großteil der eingangs genannten Kritikpunkte an der heutigen Zertifizierungspraxis auszuräumen.

Leider ist bereits jetzt zu beobachten, daß die unter DIN EN ISO 9000 ff. in vielen Fällen als pragmatischer Weg zum Zertifikat eingeübten „Fassadenmalereien" (Überbetonung der Dokumentation gegenüber der praktischen Umsetzung) unter der neuen Überschrift

QS-9000 / VDA 6.1 wieder in Ansatz gebracht werden.. Da jedoch die hierfür notwendige Blindleistung nunmehr ganz andere Dimensionen annehmen müßte, kann nur sehr eindringlich vor diesem existentiell gefährlichen Weg gewarnt werden. Angesichts des Umfangs und Anspruchs der Forderungen muß unbedingt eine Umsetzungsstrategie gewählt werden, die die inhaltliche Umsetzung der Forderungen unter organisatorischer Betreuung der QM-Abteilung in die Fachabteilungen verlagert!

Andererseits gefährdet der massive Zeit- und Erfolgsdruck, unter den zur Zeit die Kunden ihre Lieferanten stellen, die organische Entwicklung der Unternehmen in die neuen Anforderungsdimensionen hinein, so daß die alte Tradition der Ergebnisorientierung wieder einmal Oberhand über die viel gepriesene Prozeßorientierung zu gewinnen droht. „KAI-ZEN“ heißt „der gute **Weg**“, „Erfolg“ ergibt sich als **Folge** vorangegangener Maßnahmen: Für das ehrgeizige Ziel „Total Quality“ muß man einen anspruchsvollen Weg einschlagen, der angemessene Zeit erfordert, wenn man gesund das Ziel erreichen will.

Der „**gute** Weg“ findet da seinen Anfang, wo das gesamte Management eines Unternehmens sich angemessene Kenntnisse über Inhalt und Sinn der von außen kommenden Forderungen aneignet, um kompetenten Einfluß auf die Umsetzung zu nehmen. Denn in ganz anderem Umfang als bei Zertifizierungsprojekten nach DIN EN ISO 9000 sind nunmehr Aspekte der Unternehmensführung betroffen, deren Behandlung das Management nicht mehr an eine QM-Abteilung delegieren kann.

Literaturverzeichnis

Becker, A. **Jeder vierte spart sofort**
In: Impulse 3/1997

Benes, G.
Vossebein, U. **Zertifizierung nach DIN ISO 9000 im Mittelstand**
Ein Erfahrungsbericht
In: Genossenschaftskurier (1996a)1, S.34-36

Benes, G.
Vossebein, U. **Wandel in der Gewichtung** - ein Vergleich zweier Umfragen über die Erfahrungen zertifizierter Unternehmen
In: QZ 41 (1996b) 5, S.524-528

Berth, R. **Erfolg**
Düsseldorf, Wien, New York, Moskau 1993

Chrysler u.a.: **QS-9000: Forderungen und Referenzhandbücher**
- **Quality System Requirements QS-9000**
- **Quality System Assessment QSA**
- **Production Part Approval Process (PPAP)**
- **Advanced Process and Quality Planning and Control Plan (APQP)**
- **Measurement System Analysis (MSA)**
- **Potential Failure Mode and Effects Analysis (FMEA)**
- **IASG Sanctioned QS-9000 Interpretations**
- **Quality System Requirements - Tooling and Equipment Supplement (TES)**

Carwin Continuous Ltd; West Thurrock, Grays, Essex 1995

Cziudaj, M. **Marterstrecke für Zulieferer**
In: QZ 42 (1997)8

Cziudaj, M.
Söhn, T. **QS-9000 / VDA 6: Neue Anforderungen an das Qualitätsmanagement bei Automobilzulieferern**
In: H.J. Thomann (Hrsg.): Der Qualitätssicherungs-Berater
Verlag TÜV-Rheinland, Köln, Aktualisierung Juni1997

Freund, F.: **QS-9000/VDA 6.1 aus der Sicht des Zertifizierers**
Referat auf der Tagung „QS-9000/VDA 6.1: Holzweg oder Highway zu TQM“ des Qualitätsinformationskreises (QIK) Friedberg am 29.11.96

Gaster, D. (†) **Die VDA 6 - Strategie**
Beitrag zur Tagungsdokumentation „QS-9000/ VDA 6.1: Holzweg oder Highway zu TQM“ des Qualitätsinformationskreises (QIK) Friedberg 1997

Haußmann, U. **Rasur auf Vorrat**
In: Manager Magazin, 10/1993, S.322

Kaiser-Dieckhoff, U. VDA-Band 6, Teil 1 / EAQF / AVSQ / QS-9000
Raack, E. Europäische Zusammenarbeit und Abstimmung mit US-Herstellern
Unterlagen zur Frühjahrstagung des VDA-Ausschusses Qualitätsmanagement am 16./17.4.1997, Frankfurt

Lukas, A. **Abschied von der Reparaturkultur**
Frankfurt/Main, Wiesbaden 1995

Peters, J. T. **Auf der Suche nach Spitzenleistungen**
Waterman, R. H. Landsberg/Lech, 1986

Peters, J. T. **Leistung aus Leidenschaft**
Austin,N. Hamburg 1986

Rieker, J. **Norm ohne Nutzen**
In: Manager Magazin, 12/1995, S.202-207

Senge, P.M. **Die fünfte Disziplin**
Stuttgart 1996

Simon, W. **Sinn oder Unsinn der DIN/ISO-Zertifizierung**
In: Industriebedarf Februar 1997

Sprenger, R. K. **Das Prinzip Selbstverantwortung**
Frankfurt, New York 1996

Sprenger R. K. **Der große Bluff**
In: Manager Magazin, 8/1995, S. 128-131

VDA: **QM-Info** Nr. 5 / Januar 1997

VDA: **Qualitätsstandard der deutschen Automobilindustrie (VDA Band 6)**
Bd. 6 Teil 1: QM-Systemaudit - Materielle Produkte,
Bd. 6 Teil 2: QM-Systemaudit - Immaterielle Produkte (Dienstleistungen)
Bd. 6 Teil 3: Prozeßaudit
Bd. 6 Teil 5: Produktaudit
Bd. 6 Teil 6: Dienstleistungsaudit
Bd. 6 Teil A: Qualitätsaudit - Allgemeine Grundlagen, Synopsen und Anwendungshinweise
In: VDA-Reihe „Qualitätsmanagement in der Automobilindustrie, Hrsg. VDA, Frankfurt / M, 1996 / 1997

Autorenverzeichnis

Benes, Georg, Prof. Dr.-Ing., vertritt an der Fachhochschule Gießen-Friedberg im Fachbereich Wirtschaftsingenieurwesen und Produktionstechnik (WP) die Bereiche Konstruktion und Qualitätsmanagement. Im Vordergrund seiner Forschungstätigkeit steht das Qualitätsmanagement im F & E-Bereich sowie Kosten– Nutzen–Analysen von QM-Systemen.

Birkenstock, Bernd, Braumeister, ist Prokurist bei der Licher Privatbrauerei. Er leitet das Ressort Technik. Sein besonderes Interesse gilt der Qualität in der Biererzeugung und umweltrelevanten Themen im Brauereibereich.

Börgens, Manfred, Prof. Dr., ist Diplom-Mathematiker und lehrt an der Fachhochschule Gießen-Friedberg im Fachbereich Mathematik, Naturwissenschaften und Datenverarbeitung. Sein besonderes Interesse in Forschung und Lehre gilt den mathematischen und statistischen Methoden der Qualitätssicherung.

Cziudaj, Martin Prof., Dr.-Ing. vertritt an der Fachhochschule Gießen-Friedberg im Fachbereich Wirtschaftsingenieurwesen und Produktionstechnik die Fachgebiete Fabrikplanung, Rationalisierungstechnik, Arbeitswissenschaft und Qualitätsmanagement Mit der Gründung des „Qualitätsinformationskreis Friedberg“ (QIK) hat er ein Forum geschaffen, in dessen Rahmen Professoren, Studenten und Unternehmen gemeinsame Projekte auf dem Gebiet des Qualitätsmanagements bearbeiten.

Esch, Gerhard, EOQ Quality Systems Manager und Auditor ist Geschäftsführer des Beratungsunternehmens TQM-Büro Esch. Der Schwerpunkt seiner Tätigkeit liegt in der Beratung beim Aufbau und Zertifizierung von QM-Systemen.

Feyerabend, Friedrich-Karl, Prof. Dr. vertritt fachbereichsübergreifend Rechtswissenschaften an der Fachhochschule Gießen-Friedberg im Fachbereich Sozial- und Kulturwissenschaften. Sein besonderes Interesse gilt dem Handels- und Wirtschaftsrecht, insbesondere Finanzdienstleistungen.

Grau, Nino, Prof. Dr., vertritt an der Fachhochschule Gießen-Friedberg im Fachbereich Wirtschaftsingenieurwesen und Produktionstechnik (WP) die Fachgebiete Projekt- und Prozeßmanagement. Sein besonderes Interesse gilt der Optimierung der Material- und Informationsflüsse mit dem Schwerpunkt Produktionsplanung und Steuerung (PPS).

Hempfling, Rüdiger Prof. Dr., vertritt er an der FH Gießen-Friedberg im Fachbereich Elektrotechnik II die Gebiete Meßtechnik und Projektmanagement. Schwerpunkte der Forschungstätigkeit ist die Zuverlässigkeit technischer Systeme und Qualitätsmanagement.

Leisenberg, Wolfgang, Prof. Dr., vertritt an der Fachhochschule Gießen-Friedberg im Fachbereich Elektrotechnik II die Fachgebiete Meßtechnik, Steuerungs- und Regelungstechnik. Als Geschäftsführer einer Engineering-Firma liegt sein Interesse an der Umsetzung von qualitätsrelevanten Anforderungen in die Praxis.

Pebalka, Martin, Qualitäts-Beauftragter (DGQ) ist Qualitäts-Beauftragter der Wetterauer Lieferbeton GmbH & Co., Betonprüfer und seit Anfang 1997 freier Berater. Wesentlicher Bestandteile seiner Tätigkeit ist die Implementierung von QM-Systemen.

Piening, Jürgen, Prof. Dr.-Ing., vertritt an der Fachhochschule Gießen-Friedberg im Fachbereich Maschinenbau, Gießereitechnik und Werkstofftechnologie die Fächer Technische Thermodynamik und Energietechnik. Er arbeitet vorwiegend auf den Gebieten Wärmeübertragung, Wärmerückgewinnung und Einsatz von BHKW´s zur Energieeinsparung und Umweltentlastung.

Roth, Richard, Prof. Dr., vertritt an der Fachhochschule Gießen-Friedberg im Fachbereich Wirtschaftsingenieurwesen und Produktionstechnik die Fachgebiete Marketing, Werbung sowie Ergebnis- und Finanzplanung. Seine Interessenschwerpunkte sind Strategisches Marketing, Vertrieb und Handel und Service-Marketing.

Stroiczek, Martin, Dipl.-Ing, selbständiger Unternehmensberater war bis 1996 für Leybold Materials GmbH im Bereich QM tätig. Sein Schwerpunkt liegt in der Bewertung und Implementierung von QM-Systemen.

Vollenbruch, Klaus, Dipl. Ing. (FH), leitet bei der Firma Siemens im Bereich KWU das Qualitätsmanagement-System. Sein Schwerpunkt liegt in der Entwicklung von QM-Systemen.

Vossebein, Ulrich, Prof. Dr., vertritt an der Fachhochschule Gießen-Friedberg im Fachbereich Wirtschaftsingenieurwesen und Produktionstechnik (WP) die Bereiche Marketing und Marktforschung. Seine Interessenschwerpunkte liegen im Bereich Innovationsmanagement, Qualitätsmanagement, Marketing-Controlling und Marktforschung.